Neue
Kleine Bibliothek 113

Ernst F. Fürntratt-Kloep

Venezuela

Der Weg einer Revolution

PapyRossa Verlag

Luxemburger Str. 202, D–50937 Köln
Tel.: ++49 (0) 221 – 44 85 45
Fax: ++49 (0) 221 – 44 43 05
E-Mail: mail@papyrossa.de
Internet: www.papyrossa.de

Umschlag: Willi Hölzel
Satz: Volker Hirsekorn
Druck: Interpress

Die Deutsche Bibliothek verzeichnet diese Publikation in der Deutschen Nationalbibliografie; detaillierte bibliografische Daten sind im Internet über http://dnb.ddb.de abrufbar

ISBN 3-89438-344-5

Inhalt

1 Der Weg der Revolution

Vorgeschichte

Während der zweiten Hälfte des 20. Jahrhunderts war Venezuela, vor allem dank seiner riesigen Erdölreserven, eins der wirtschaftlich stärksten Länder Lateinamerikas, nach seinem Wirtschaftspotential – nicht identisch, aber hoch korreliert mit dem Bruttoinlandsprodukt – unter 160 Ländern auf Platz 48, knapp hinter Uruguay und Argentinien, die die Plätze 43 bzw. 46 innehatten. Zugleich aber war es unter sämtlichen Ländern außerhalb Afrikas dasjenige mit den krassesten sozialen Ungleichheiten. In 35 von insgesamt 45 relevanten Variablen blieb es hinter dem zurück, was seinem Wirtschaftspotential nach zu erwarten gewesen wäre, so vor allem im Gesundheitsbereich, aber auch in dem des materiellen Konsums, der Kultur und der Ausbildungsmöglichkeiten. Den größten Gegensatz stellte zum Meßzeitpunkt (1990) China dar, das in 44 der 45 Variablen seine vom Wirtschaftspotential her gegebenen Möglichkeiten übertraf. Bei einer Zusammenschau der gesamten Information landete Venezuela im Hinblick auf die mehr oder weniger egalitäre Nutzung seiner Möglichkeiten auf Platz 151, vor lediglich neun afrikanischen Ländern (s. »An Stelle eines Literaturverzeichnisses«).

Diese Ungleichheit drückte sich auch darin aus, daß allgemein akzeptierten Schätzungen zufolge 70 bis 80 % der Bevölkerung – heute mindestens 28 Millionen – in Armut oder Elend lebten. An die 20 % mußten als unterernährt gelten. Auf der anderen Seite führte eine zahlenmäßig schwache Elite ein provozierendes Luxusleben im In- und nicht selten im Ausland, wo sie über Guthaben von mindestens 100 Milliarden US-Dollar verfügte.

Die Vierte Republik, die 1958 nach dem Ende der Militärdiktatur des Marcos Pérez Jiménez durch den Pakt von Punto Fijo (benannt nach dem Ort seiner Unterzeichnung) gegründet worden war, funktionierte von Anfang an auf der Grundlage der Verteilung der Öleinnahmen mittels eines Systems des politischen Klientelismus.

In den 60er Jahren gab es blutige Auseinandersetzungen mit diversen marxistisch inspirierten Guerillabewegungen, die zwar fürs erste weitgehend neutralisiert, jedoch nicht wirklich eliminiert wurden. Mehrere ehemalige Guerilleros finden sich heute in wichtigen Regierungsämtern.

Die dann seit den 80er Jahren immer mehr sich durchsetzende neoliberale Politik begünstigte schamlos die einheimischen und nicht zuletzt auch die ausländischen Großunternehmer, Bankiers und Spekulanten. Sie trieb die Landbevölkerung in großer Zahl in die Städte, wo ihr Elend sich womöglich noch verschlimmerte und sie sich der wachsenden Schar informell Beschäftigter – Straßenhändler, Hausangestellte, Losverkäufer, Taxifahrer... – zugesellen mußte. Derart, daß heute 87 % der Bevölkerung dieses riesigen Landes in Städten leben, nachdem es in den 60er Jahren noch um die 60 % gewesen waren.

Die Folgen der »Holländischen Krankheit« – Niedergang vitaler Wirtschaftszweige infolge der Überentwicklung einer einzelnen dominierenden Branche – machten sich bemerkbar. Die Landwirtschaft verkümmerte, Industrien verschwanden, die Ausbeutung verschärfte sich, die Arbeitslosigkeit nahm zu, die Reallöhne sanken.

Die Elite machte mit dem weiter, was sie schon vorher praktiziert hatte: am Staat zu parasitieren, von staatlichen Löhnen oder von – zumeist gekauften – staatlichen Verträgen zu leben. All das zusammen hatte einen dramatischen wirtschaftlichen Abstieg des Landes zur Folge, einen Abstieg, der krasser war als im übrigen Lateinamerika und auch in weltweitem Maßstab gesehen einer der steilsten.

In der Bevölkerung schwand das Vertrauen in die Politiker und ihre Parteien und allgemeine Apathie machte sich breit.

In weiterer Perspektive gesehen, waren dies die Auswirkungen einerseits des enormen Ölreichtums des Landes – zur Zeit fünftgrößter Produzent der Welt – und andererseits, damit zusammenhängend, einer typisch lateinamerikanischen Herrschaftsstruktur: im wesentlichen zwei Parteien, die eine (die Christsozialen, oder auch *Comité de Organización Político Electoral Independiente,* COPEI) ausgesprochen konservativ, die andere *(Acción Democrática,* AD) »sozialdemokratisch«, die sich während besagter Jahrhunderthälfte in der Herrschaftsausübung abwechselten und dabei die Bedürfnisse der Bevölkerung grob vernachlässigten.

In perfekter Arroganz präsentierten sich die »Herren« der Bevölkerung – zu 80 % Schwarze, Mulatten, Eingeborene, Mestizen oder Parden (Personen von mulattisch-mestizischer Abstammung) – buchstäblich vom Pferd herab und stellten ihren »weißen« Rassismus zur Schau.

Am 27. Februar 1989, ein knappes halbes Jahr vor dem Massaker auf dem Platz des Himmlischen Friedens in Peking, kam es in Caracas als Reaktion auf vom Internationalen Währungsfond (IWF) geforderte Sparmaßnahmen zu einem gewaltigen Volksaufstand. Dieser wurde auf Befehl des Sozialdemokraten Carlos Andrés Pérez und unter dem Beifall der Medien blutig niedergeschlagen – in einem Massaker, später »Caracazo« genannt, das eine ähnliche Anzahl von Menschenleben – um die 3.000 – forderte wie das im Westen bis heute unvergessene Massaker von Peking.

Am 4. Februar 1992 versuchten junge Militärs, etwa 6.000 an der Zahl, die Regierung Pérez mit Gewalt zu stürzen. Der Versuch scheiterte und brachte die Rebellen – zunächst um die 300, unter ihnen der Fallschirmjäger-Oberstleutnant Hugo Rafael Chávez Frías – ins Gefängnis. Chávez hatte den Umsturzversuch angeführt und, als er erkannte, daß er gescheitert war, in einer kurzen Fernsehbotschaft abgeblasen. Dabei hatte er – in einer bis dahin unerhörten Weise – die Schuld auf sich genommen, jedoch zugleich durchblicken lassen, daß er sein Ziel nicht aufgeben werde.

Daß ein junger Offizier – mit beträchtlichem Anhang – einen Umsturz unter progressivem Vorzeichen versuchen kann, ist, selbst in Lateinamerika und am allerwenigsten in Venezuela, nicht eigentlich überraschend und auch nicht neu. Abweichend vom üblichen lateinamerikanischen Muster, waren die venezolanischen Streitkräfte nie Teil der Oligarchie, sondern immer ein »Volksstreitmacht«, in der zwar, wie sich bald wieder zeigen sollte, vor allem in Führungspositionen, grob reaktionäre Elemente gediehen, zugleich aber auch eine »Umstürzlerclique« wie Chávez sie schon 1978 in seiner Einheit begründet und 1982 als *Movimiento Bolivariano-200* (MBR-200, »200« in Erinnerung an den 200. Geburtstag des Befreiungshelden Simón Bolívar im Jahr 1983) in eine organisierte Form gebracht hatte.

Pérez wurde später, 1993, – nicht wegen jenes Massakers, sondern wegen ordinärer Korruption – aus dem Amt gejagt, angeklagt und verbrachte zwei Jahre in Hausarrest. 1999, nach einem gescheiterten Versuch, sich in die Versammlung, die die Verfassung der nun angesagten Fünften Republik ausarbeiten sollte, wählen zu lassen, setzte er sich ins Ausland – Dominikanische Republik und USA – ab. Er ist heute der wütendste Feind des Präsidenten Chávez. Seine Partei, die AD, ist nach wie vor Mitglied der Sozialistischen Internationale, Bruderpartei der SPD und der SPÖ sozusagen.

Mitte 1994, unter dem neuen Präsidenten Rafael Caldera, wurden die aufgrund des Umsturzversuchs einsitzenden Gefangenen amnestiert. Chávez und seine zuverlässigsten Getreuen setzten nun ihre umstürzlerische Arbeit fort mit dem erklärten Ziel, die Macht zu erobern und das Land in progressivem Sinn umzuwandeln. Von nun an aber wurden er und seine Bewegung sowohl vom einheimischen wie vom US-amerikanischen Geheimdienst sorgfältig beobachtet.

Im Dezember 1994 besuchte Chávez Havanna. Dort wurde er – zu seiner großen Überraschung – von der politischen Führung und nicht zuletzt von Fidel Castro wie ein Staatsmann empfangen. Gleichzeitig mit diesem Treffen fand in Miami ein von den USA arrangiertes »amerikanisches« Gipfeltreffen statt (natürlich unter Ausschluß von Kuba), mit dem Ziel, Amerika unter der Führung der USA zu einigen. Auf diesem Treffen verhöhnte US-Präsident Clinton den in Südamerika als Held mehrerer erfolgreicher Befreiungskriege gegen Spanien und Verkünder der lateinamerikanischen Einheit und Unabhängigkeit – speziell von den USA – verehrten Simón Bolívar, indem er erklärte, dessen Traum sei nun für das ganze Amerika wahr geworden.

Nach eigener Aussage lernte Chávez durch das Zusammentreffen dieser Ereignisse, vom Protestieren zum Planen einer konkreten Alternative überzugehen.

Danach durchreiste er nahezu zwei Jahre lang mit seinen Getreuen (von denen auf die Dauer sich nicht alle als »getreu« erweisen sollten) das Land, studierend und agitierend, als allmähliche Vorbereitung auf eine zukünftige – diesmal gewaltlose – Übernahme der Macht.

Die Wahl 1998 und die Gründung der Fünften Republik

Am 6. Dezember 1998 – die etablierten Parteien waren da bereits hoffnungslos verbraucht – eroberte Chávez schließlich, in Konkurrenz mit zehn anderen Kandidaten, mit dem Programm seines MBR-200 schon im ersten Wahlgang mit einer Mehrheit von 56,2 % der Stimmen die Präsidentschaft. Im Februar 1999 trat er das Amt an.

In seinem überaus aktiven, von seinem väterlichen Freund Luis Miquilena organisierten (und aus Mitteln unklarer Herkunft finanzierten) Wahlkampf hatte Chávez das ganze Land durchreist und unzählige Ansprachen gehalten. In diesen hatte er, höchst überzeugend, versprochen, mit der gegenwärtigen Republik Schluß zu machen, eine neue Verfassung einzuführen, dem Volk reelle politische Macht zu geben und nicht zuletzt auf die Einigung Lateinamerikas im Geiste des »Befreiers« Simón Bolívar hinzuarbeiten. Damit hatte er seinen Zuhörern neuen Zukunftsglauben eingegossen.

Eine seiner ersten Initiativen zielte denn auch auf die Einlösung des ersten der genannten Versprechen: die bestehende Verfassung durch eine neue zu ersetzen und damit eine neue, die »fünfte« Republik zu gründen. Dem Vorschlag, eine Verfassungsgebende Versammlung zu wählen, wurde im Februar 1999 in einer Volksabstimmung mit 86,4 % der Stimmen stattgegeben. Am 25. Juli 1999 wurde diese Versammlung – 130 Personen – gewählt. Sie machte sich umgehend

– unter Zeitdruck, aber doch mit einer nicht unbedeutenden Beteiligung der Bevölkerung – an die Ausarbeitung eines Verfassungstexts für die neue Republik.

Das schließlich vorgeschlagene Dokument wurde am 15. Dezember 1999 in einer weiteren Volksabstimmung, einem furiosen Widerstand der Oligarchie zum Trotz, mit 71,3 % der Stimmen – bei einer Wahlbeteiligung von allerdings nur 38 % – angenommen. Am 24. März 2000 trat die neue Verfassung in Kraft.

Am 30. Juli 2000 fand auf ihrer Grundlage ein Mega-Wahltag statt. Es wurden der Präsident, 23 Gouverneure, der Oberbürgermeister von Caracas, 334 Bürgermeister und 165 Abgeordnete der Nationalversammlung (alle mit ihren StellvertreterInnen) gewählt. Die Präsidentschaftswahl gewann Chávez mit 59,5 % der Stimmen vor seinem ehemaligen Mitstreiter Francisco Arias Cárdenas, der 37,5 % erhielt. Am 19. August 2000 trat Chávez – nun als erster Präsident der »Bolivarianischen Republik Venezuela« – sein Amt an. Am 3. Dezember fanden dann die Wahlen der Gemeinderäte und Bezirksversammlungen statt.

In der Wahl zur Nationalversammlung hatte Chávez´ Gruppierung, das nunmehr so genannte *Movimiento Quinta República* (MVR, Bewegung der Fünften Republik) 48,1 % der Stimmen gewonnen und zog mit 76 Sitzen ins Parlament ein. Die ehemals regierenden Parteien AD und COPEI sahen sich auf 25 bzw. 8 Sitze reduziert und mußten zusammen mit diversen Splitterparteien eine anfangs hoffnungslos unterlegene, später zwar immer noch unterlegene, aber doch zu Störmanövern fähige Opposition bilden.

Der siegreiche, aus MVR und einigen kleineren Parteien bestehende *Polo Patriótico* und nachmalige *Bloque de Cambio* (Block für den Wandel) konnte sich einer anfangs komfortablen Mehrheit von 109 Sitzen erfreuen. Von dieser Mehrheit sprangen dann freilich immer mehr Abgeordnete ab – darunter auch einige, die Vertrauenspositionen innegehabt hatten –, entweder von der Opposition gekauft und/oder weil ihnen klar wurde, wie ernst Chávez es mit seinen revolutionären Ideen meinte.

Anfang 2002 kam dann ein wirklich schwerer Schlag, als nämlich

Chávez und sein bisheriger Intimfreund Luis Miquilena – aus ungeklärten Gründen – miteinander brachen. Don Luis, wie er genannt wurde, war ein schon seit den 40er Jahren verdienter Kämpfer der Linken gewesen, hatte Chávez gefördert und ihm an die Macht verholfen, hatte dann die Verfassungsgebende Versammlung geleitet, der Regierung als Innenminister angehört und überhaupt beträchtlichen Einfluß gehabt. Nach seinem Bruch mit Chávez schrumpfte die Regierungsmehrheit auf das nur noch »ausreichende« Maß von 86 Sitzen.

Zunehmende Spannungen

Schon am 7. November 2000 hatte Chávez sich von den hierfür erforderlichen drei Fünfteln der Nationalversammlung durch eine *»Ley Habilitante«* ermächtigen lassen, im Lauf eines Jahres zunächst 37 zwecks Anpassung an die neue Verfassung erforderliche Gesetze zu erlassen. Es entstanden so allmählich 49 derart beschleunigt verabschiedete Gesetze, mehrfach *»Leyes Orgánicas«,* d.h. Rahmengesetze mit dem Rang von Verfassungsbestimmungen; unter ihnen das Landreform-, das Fischerei-, das Banken-, das Kooperativengesetz, das Gesetz über Mikrokredite und nicht zuletzt die *Ley de Hidrocarburos,* die die staatliche Oberaufsicht über die fossilen Brennstroffe, deren Förderung, Verarbeitung und Vermarktung bestimmt.

Diese Gesetze sind nicht endgültig, sondern müssen früher oder später von der Nationalversammlung behandelt und gegebenenfalls – im Fall der »organischen« Gesetze mit Zweidrittelmehrheit – angenommen werden. Sie enthalten auch keine Detailbestimmungen, sondern dienen als Grundlage für weitere, von der Nationalversammlung auszuarbeitende und zu verabschiedende Gesetze. Dennoch reagierten die Unternehmerschaft und die politische Opposition schon auf diesen ersten Beschluß mit einem Aufschrei.

Am Tag der Verkündigung der 49 neuen Gesetze, am 10. Dezember 2001, inszenierten sie einen »Generalstreik«. Zu diesem riefen nicht nur der der AD verbundene »gelbe« Gewerkschaftsbund CTV *(Confederación de Trabajadores de Venezuela)* unter der durch keine ordnungsgemäß überprüfte Wahl legitimierten Führung von Carlos Ortega auf, sondern – in makabrer Allianz – auch die in der *Federación de Cámaras y Asociaciones de Comercio y Producción de Venezuela* (FEDECÁMARAS) organisierten Arbeitgeber.

Die Kombination von Streik und Aussperrung, die sich ergab, dauerte zwar nur einen Tag, diente aber als Generalprobe und leitete eine Woge von Protestaktionen und Medienattacken ein.

Dennoch fühlte sich nicht einmal der – allein schon wegen seines nicht ganz weißen Äußeren – verhaßte (und später von »Experten« für verrückt erklärte) Chávez gewarnt.

Am 25. Februar 2002 ersetzte er die regierungsfeindliche Führung des Erdölkonzerns PdVSA *(Petróleos de Venezuela Sociedad Anónima),* des mit Abstand größten und wichtigsten Unternehmens des Landes, durch eine regierungsfreundlichere.

Der erste Putschversuch: April 2002

So kam es dann am 11. April 2002 zu einem veritablen Putschversuch. Die Opposition hatte zu einem Protestmarsch zur PdVSA-Zentrale aufgerufen. Unterwegs allerdings wurde dieser Marsch von Carlos Ortega (der unmittelbar danach vom Schauplatz verschwand) plötzlich in Richtung auf den Präsidentenpalast umdirigiert, wo sich bereits eine große Zahl von Chávez-Anhängern versammelt hatte.

Mitglieder der Hauptstadtpolizei – unter dem Befehl des Ex-Chavisten Alfredo Peña – sowie bis heute unbekannte Heckenschützen schossen nun von Straßen bzw. Hausdächern sowohl auf die anti- wie auf die pro-Chávez-Demonstranten und töteten zunächst 19 Personen, mehrheitlich Chavisten.

Chávez wurde sofort beschuldigt, die Schießereien angezettelt zu haben, und im Lauf der Nacht aus dem Präsidentenpalast Miraflores entführt. Zugleich wurde verkündet, er sei zurückgetreten.

Pedro Carmona Estanga, Chef der FEDECÁMARAS, rief sich – unter dem Jubel der Chávez-Gegner, einschließlich hoher Vertreter der Medien, der katholischen Kirche und des *Opus Dei* – zum Präsidenten aus. Mit einem Federstrich beseitigte er nicht nur den neuen Namen der Republik und deren Verfassung, sondern auch alle unter Chávez beschlossenen Gesetze und löste sämtliche unter der neuen Verfassung zustande gekommenen Institutionen, von der Nationalversammlung bis zum Obersten Gericht, auf. Er erließ ein konterrevolutionäres Dekret, das etwa 400 Personen unterzeichneten, unter ihnen einige, die bis heute hohe Ämter bekleiden.

Die USA und mehrere ihrer mittelamerikanischen Lakaien sowie César Gaviria, Ex-Präsident von Kolumbien und zu jener Zeit Generalsekretär der OEA *(Organización de los Estados Americanos,* zu deutsch auch OAS, *Organisation Amerikanischer Staaten)* und die europäischen Verbündeten der USA akzeptierten oder begrüßten sogar den Putsch – im Gegensatz zu Mexiko, Argentinien, Brasilien, Peru und den karibischen Ländern.

Auch der Internationale Währungsfond (damals unter der Leitung des heutigen Bundespräsidenten Horst Köhler) zeigte sich einverstanden. Er bot der neuen Regierung sofort 10 Milliarden US-Dollar als Darlehen an.

Aus Kuba sandte der im Westen als »Kämpfer für Demokratie und Menschenrechte« verehrte Dissident Osvaldo Payá Sardiñas, Anführer des *»Movimiento Cristiano de Liberación«,* Promotor des Varela-Projekts und Sacharow-Preisträger, eine Jubel-Botschaft an die Putschisten.

Das venezolanische Volk freilich – im Unterschied zu den etablierten westlichen Medien! – verstand rasch, was gespielt wurde, und setzte bereits am Tag nach der Schießerei und wenige Stunden nach der Selbsternennung Carmonas Protestaktionen in Gang. Obwohl sie sich untereinander nur notdürftig verständigen konnten, strömten von den Hügeln rund um Caracas hunderttausende der vormals Ausgeschlossen hinab in die Stadt, um gegen den Putsch zu protestieren und die Wiedereinsetzung von Chávez zu fordern.

Entsprechendes spielte sich auch in der Provinzhauptstadt Maracay ab, wo die Demonstranten in dem lokalen Militärbefehlshaber Raúl Baduel einen entschlossenen Verbündeten fanden.

Carmona hatte von Washington die Instruktion, Chávez töten zu lassen, und gab diese auch als Befehl weiter. Soldaten aber verhinderten an zwei Stellen dessen Ausführung, während Chávez über mehrere Stationen durchs Land transportiert wurde. Von einer dieser Stationen aus gelang es ihm, eine schriftliche Erklärung nach außen zu bringen, des Inhalts, daß er – entgegen der Version der Putschisten – keineswegs zurückgetreten sei.

In Caracas begannen inzwischen Verfolgungen besonders verhaßter Regierungsmitglieder sowie Gewaltakte gegen Chavisten und, als Fortsetzung einer schon am 9. April begonnenen Attacke, gegen die kubanische Botschaft – Aktionen, die insgesamt noch einmal einige Dutzend Menschenleben forderten.

Die Zeit der Putschisten allerdings lief allmählich ab. Der Druck der Massen vor dem Präsidentenpalast und die allzu geringe Unterstützung durch die militärische Führung zwangen Carmona in der Nacht zum 14. April, anderthalb Tage nach seiner Selbsternennung, aufzugeben und aus dem Palast zu fliehen. Vizepräsident Diosdado Cabello wurde vorläufig zum Präsidenten ernannt, bis in den Morgenstunden des 14. April, 47 Stunden nach seiner Entführung, Chávez selbst, von einer jubelnden Menge empfangen, im Hubschrauber wiederkehrte.

Bemerkenswert ist, daß während des größten Teils der kritischen Zeit – 12. und 13. April – die westlichen Medien trotz zahlreicher anwesender Korrespondenten ausschließlich die Putschisten-Version der Ereignisse ausstrahlten und erst bei Chávez´ definitiver Wiederkehr zaghaft anfingen, sich der Wahrheit zu nähern. Kaum der Erwähnung bedarf, daß die venezolanischen Oppositionsmedien (nachdem sie die regierungstreuen Funk- und Fernsehmedien abgestellt sowie das Mobiltelefonnetz blockiert hatten) sich über die Aufstandsbewegungen in Caracas und Maracay vollständig ausschwiegen und statt dessen im Fernsehen Kinderprogramme und Seifenopern ausstrahlten.

Hervorhebenswert andererseits ist die Leistung eines irischen Fernsehteams, das sich zufällig in den kritischen Tagen im Präsidentenpalast aufhielt. Schon vorher hatte dieses Team sowohl Chavisten wie Oppositionelle interviewt und dokumentierte nun sowohl was sich im Präsidentenpalast abspielte als auch die Verfolgungen auf den Straßen in den Tagen danach – alles bis zur triumphalen Rückkehr von Chávez und seiner ersten Pressekonferenz.

Der Dokumentarfilm, der so entstand – *La Revolución no será televisada* –, gewann später große, auch internationale Aufmerksamkeit, während die venezolanischen Oppositionsmedien ihn diffamierten oder jedenfalls ignorierten.

Eine aktive Beteiligung der US- wie auch der spanischen Aznar-Regierung – schon an der Planung der Aktion – konnte später mehrfach nachgewiesen werden.

Der gesamte Vorgang – ein vom Volk zurückgeschlagener US-inspirierter Putschversuch – muß als ein, zumindest in Lateinamerika, historisch einmaliger Vorgang gelten. Und so wird denn auch der entscheidende 13. April in Venezuela bereits wie ein Nationalfeiertag begangen. 2005 fand aus diesem Anlaß ein *Encuentro Mundial de Solidaridad con la Revolución Bolivariana* statt, mit acht mehrtägigen *workshops* an verschiedenen Orten und Teilnehmern auch aus Kanada und sogar den USA.

Nach dem Putschversuch

Nach ihrer Wiedereinsetzung griff die bolivarianische Regierung entgegen allen Erwartungen nicht zu Repressalien. Ganz im Gegenteil rief Chávez zur Versöhnung auf und mäßigte – zum Mißvergnügen vieler seiner Anhänger – seinen manchmal provokativ harten Redestil, ohne freilich seine langfristigen Ziele zu ändern.

Der Putschisten-Clique aus FEDECÁMARAS, CTV, Medien, Episkopat und nicht zuletzt der US-Botschaft ließ er weiterhin freie Hand. Unsicher ob der Stärke seiner Position, kam er der Oligarchie sogar mit Konzessionen entgegen, indem er z.B. einige ihr genehmere Minister ernannte, die alte PdVSA-Führung wieder einsetzte und sogar einige der anstößigen Gesetzesdekrete zur Revision freigab. Lediglich in den Reihen des Militärs konnte er als verfassungsgemäßer Oberbefehlshaber Degradierungen und Zwangspensionierungen anordnen.

Unabhängig davon nahmen der Bewußtseins- und Organisationsgrad der Bevölkerung wie auch die Verständigung zwischen ihr und den Streitkräften sprunghaft zu.

Im Juli/August 2002 wurden vier der aktiv am Putschversuch beteiligten Generäle vor die 20 Richter des Obersten Gerichts *(Tribunal Supremo de Justicia,* TSJ) gestellt. Dieses sollte – einer unzeitgemäßen Verfassungsbestimmung gemäß – darüber entscheiden, ob die Herren sich unter anderem des schwer strafbedrohten Delikts der Rebellion schuldig gemacht hatten und also vor ein ordentliches Gericht zu stellen wären. Die Entscheidung dieses Gremiums, das zu einem wesentlichen Teil aus von dem inzwischen zur Opposition übergegangenen Luis Miquilena praktisch »eingesetzten« Richtern bestand, fiel nach einigem Hin und Her am 14. August mit 11 : 9 zu Gunsten der Beschuldigten aus.

Diese Entscheidung wurde jedoch im März 2005 von dem nunmehr ausgeweiteten und neu zusammengesetzten Obersten Gericht aufgehoben. Im Juli wurde ein neuer Prozeß eröffnet, und im September erging ein Haftbefehl gegen die vier. Da waren allerdings zwei von ihnen verschwunden, während die beiden übrigen (zusammen mit weiteren sechs angeklagten Militärs) sich in Kolumbien aufhielten, wo sie um politisches Asyl ansuchten, allerdings »nur« Aufenthalts- und Arbeitsgenehmigungen erhielten.

Auch von den genannten Personen abgesehen ist bisher nicht einer der in Caracas aktiv gewesenen Putschisten verurteilt worden. Carmona konnte seinem Hausarrest entfliehen und sich über die Botschaft dieses Landes nach Kolumbien absetzen, wo er bis heute Asyl genießt und – in Verletzung des Völkerrechts – seine antirevolutionäre Agitation weiter betreibt.

Der Bürgermeister des Nobelviertels Baruta, Enrique Capriles Radonski, der sich maßgeblich an dem Überfall auf die kubanische Botschaft beteiligt hatte, verbrachte 2004 vier Monate im Gefängnis, wurde dann aber mit der Begründung, die inkriminierten Übergriffe hätten andere begangen, freigelassen. Im Mai 2005 jedoch wurde, auf

Initiative des reformierten Obersten Gerichts, der Prozeß wieder eröffnet, Capriles allerdings bis auf weiteres nicht wieder in Haft genommen.

Auch gegen weitere kleinere Gruppen von am April- oder am späteren Dezember-Putschversuch Beteiligten laufen nun allmählich Voruntersuchungen und in einzelnen Fällen auch schon Verfahren an.

Im westlichen Bundesstaat Táchira wurden im Juni 2003 acht Personen, die in den April-Tagen den dortigen Gouverneurssitz überfallen und, wie filmisch dokumentiert ist, unter anderem den Gouverneur seiner Freiheit beraubt hatten, verhaftet, später vor Gericht gestellt und – bisher allerdings noch nicht rechtskräftig – verurteilt.

Andererseits verbrachten vier Chavisten, die am 11. April, wie mittlerweile zweifelsfrei erwiesen ist (und hunderte von Beobachtern immer schon bezeugt hatten), von der berühmten Llaguno-Brücke aus mit Handfeuerwaffen auf die angreifenden Polizisten geschossen hatten, mehrere Monate in Untersuchungshaft.

Nunmehr sitzen dort allerdings acht ehemalige Mitglieder der Hauptstadtpolizei und mehrere ihrer vormaligen Vorgesetzten und erwarten ihren Prozeß. Einige importierte Schützen sind endgültig entkommen.

Der Staatsanwalt Danilo Anderson, der Ermittlungen gegen die Unterzeichner des genannten Carmona-Dekrets betrieb, wurde im November 2004 durch ein Sprengstoffattentat liquidiert. Von den Tätern konnten bisher drei gefaßt werden. Zwei weitere befinden sich in den USA. Gegen vier der am stärksten verdächtigen Anstifter wurden Anfang November 2005 Haftbefehle erlassen. Die CIA, das FBI und die kolumbianischen Paramilitärs, deren Beteiligung so gut wie erwiesen ist, werden schwerlich zur Verantwortung gezogen werden.

Andersons Ermittlungen laufen zur Zeit auf Sparflamme weiter.

Der Ölputsch von 2002/03

Es begann eine turbulente Zeit. Am 10. Oktober 2002 fand eine riesige Anti-Chávez-Demonstration statt, an der hauptsächlich Angehörige der Mittelklasse teilnahmen. Ihr folgte allerdings drei Tage später eine eher noch größere Pro-Chávez-Demonstration. Damit wurde erneut die enorme Polarisierung der politischen Kräfte – die Mittel- und Oberklasse gegen, die Armen und Elenden für Chávez bzw. dessen »Prozeß« – deutlich.

Auffällig war dabei die nahezu kompakte Anti-Haltung der Mittelklasse. Diese erklärt sich aus mehreren zusammenwirkenden Faktoren: Zum einen waren ihre Angehörigen zu jener Zeit von den ökonomischen Rückschlägen, die das Land – teils in Vorbereitung, teils als Folge des April-Putsches und nicht zuletzt infolge des famosen 11. September 2001 – erlitten hatte, und speziell von der Abwertung der einheimischen Währung mit einer Verteuerung besonders der Waren und Dienstleistungen, die sie zu konsumieren pflegen, im Gefolge, wesentlich härter betroffen als die Armen. Zudem sind sie häufiger als diese von ihren jeweils zu Jahresbeginn festgelegten Einkommen abhängig und verfügen auch über weniger soziale Netzwerke, die die Teuerungseffekte mildern könnten.

Die Abwertung der einheimischen Währung Bolívar (Mehrzahl: Bs.) war eine Folge gewesen der gegen Ende 2001 gefallenen Ölpreise und damit der ebenfalls gesunkenen Staatseinnahmen sowie der wilden Kapitalflucht – zum Teil als Protest gegen die ungeliebte Chávez-Regierung – zur selben Zeit. Die gesunkenen Staatseinnahmen führten zu verminderten Staatsausgaben und damit zu Rezession und steigender Arbeitslosigkeit, was ebenfalls die Mittelklasse stärker traf als die Armen.

Auf der anderen Seite kamen die sozialpolitischen Maßnahmen der neuen Regierung – vor allem die drastischen Verbesserungen im Schulwesen und in der Gesundheitspolitik sowie die Versorgung mit relativ günstigen Krediten – einseitig den vormals rechtlosen und marginalisierten Armen und nicht der Mittelklasse zugute. Dazu kam, daß diese Armen nun plötzlich auch in der Politik zu hören waren und daß die Angehörigen der oberen Mittel- und der Oberklasse erstmalig in der Geschichte Einkommensteuer zu entrichten hatten.

Und schließlich: die von Angehörigen der Mittel- und Oberklasse beherrschten Medien. Diese redeten – ganz abgesehen von ihrer jeder journalistischen Ethik spottenden Art der Berichterstattung – sich und ihren Konsumenten ein, sie seien in der Mehrheit und hätten folglich ein Recht, Chávez das Amt, in das er gewählt und wiedergewählt worden war, wieder abzunehmen, und zwar mit allen ihnen gerechtfertigt erscheinenden Mitteln.

Ebenfalls noch im Oktober 2002 versammelte der Medienmogul Gustavo Cisneros, einer der reichsten Männer Lateinamerikas, der Herkunft nach Kubaner und persönlicher Freund unter anderen von George Bush sr., die Elite seiner Kollegen um sich und erklärte ihnen seinen Plan, wie trotz des gescheiterten Putsches die Chávez-Regierung doch noch gestürzt werden könnte, nämlich durch eine Art Aushungerung und vor allem die vollständige Übernahme und Privatisierung des formell staatlichen Ölkonzerns PdVSA.

Am 18. Oktober wurde – vermutlich unabhängig von Cisneros´ Plänen – ein Raketenanschlag auf das Flugzeug, in dem Chávez aus Europa heimkehrte, vereitelt.

Am 22. Oktober besetzten aufständische Offiziere – wahrscheinlich ebenfalls unabhängig von Cisneros´ Plänen – die Plaza Francia de Altamira, im Herzen des Nobelviertels Chacao gelegen, erklärten sie zu »befreitem Territorium« und hielten sie – mit anfangs frenetischer, dann aber abbröckelnder Unterstützung der Mittel und Oberklasse – bis in die zweite Jahreshälfte 2003 hinein besetzt. Sie wetterten dort, von den privaten Medien angefeuert und massiv assistiert, gegen Chávez und seine Regierung und forderten vor allem lautstark das, was bald zum zweiten Putschversuch werden sollte.

Am 6. Dezember inszenierten sie eine Schießerei, bei der drei Personen starben und 28 verletzt wurden. Der Vorfall wurde sofort und ohne jeden Beweis der Regierung Chávez in die Schuhe geschoben, und obwohl er schon nach wenigen Tagen im wesentlichen aufgeklärt war und die Regierung sich als vollständig unbeteiligt herausgestellt hatte, befeuerte er doch den schon vier Tage zuvor eingeleiteten »Generalstreik«.

Diese Aktion der Opposition – jetzt organisiert als *Coordinadora Democrática* (CD), 20 politische Parteien und 40 »regierungsunabhängige« Organisationen umfassend – sollte sich zu ihrem zweiten und bisher vorletzten Versuch, die Revolution zu stoppen, entwickeln. Sie war wieder – mit hemmungsloser Unterstützung der Medien – von CTV und FEDECÁMARAS gemeinsam in Gang gesetzt worden. Dabei taten sich als allgegenwärtige Antreiber besonders die Vorsitzenden dieser Verbände, Carlos Ortega und Carlos Fernández, hervor.

Und dieses Mal wurde das Land tatsächlich nahezu lahmgelegt. Voll beladene Tankschiffe wurden vor der Küste gestoppt. Ununterbrochen riefen die privaten Medien zur militärischen Rebellion und zum Steuerboykott auf. Die privaten Banken begrenzten ihre Öffnungszeiten und sperrten praktisch die Guthaben der Sparer wie auch der Regierung. Privatschulen und -universitäten wurden geschlossen. Ebenso nicht wenige Fabriken, *fast-food*-Restaurants, Supermärkte, Kinos und Sportarenen. Das meiste davon nicht zuletzt auch zum Schaden der Angreifer. Lebensmittel wurden heimlich gehortet und der Bevölkerung vorenthalten. All dies mit der ständig wiederholten Forderung nach dem Rücktritt von Chávez.

Am empfindlichsten betroffen war dabei die Ölindustrie. Deren Produktion und Exportkapazität sank zeitweilig auf nahezu Null, und das Ölland Venezuela erlebte eine nie zuvor erfahrene Verknappung von Treibstoff und Haushaltsgas. Es ergab sich die historisch einmalige Notwendigkeit, Benzin, Gas und andere Erdölprodukte zu importieren.

Die Regierung aber und die Bevölkerung hielten durch, 63 Tage lang, bis in den Februar 2003 hinein. Ausländische Hilfe, namentlich aus Brasilien, und die Mitarbeit von tausenden pensionierter sowie im Ausland angeheuerter Ölarbeiter kamen hinzu. Der Streik verlor mehr und mehr an Rückhalt, unter seinen Anführern machte sich Uneinigkeit breit, tausende von Betrieben gingen in Konkurs, und als die Aktion definitiv gescheitert war, konnte bzw. mußte Bilanz gezogen werden: Allein der Erdölindustrie war ein Schaden von über 13 Milliarden US-Dollar – überwiegend in Form von nicht realisierten Exporten – entstanden. Dazu kamen für mehrere Milliarden Schäden anderer Art, unter anderem in Form von Ausgaben für Treibstoffimporte. Zudem hatte sich – von der Ölindustrie abgesehen – die Zahl der Arbeitslosen um eine halbe Million vermehrt.

Aber die Öl-Oligarchen, eine privilegierte, zusammengeschweißte und durchwegs oppositionelle Clique, hatten nicht nur Produktion und Export lahmgelegt und Betriebsgeheimnisse an ausländische Interessenten verraten, sondern vor allem auch die verschiedenen, zum Teil hochkomplizierten Anlagen – Raffinerien, Computer, Pumpen und Bohrlöcher – beschädigt und weitgehend unbrauchbar gemacht.

Nur einige der Anlagen, z.B. die Raffinerie in Puerto La Cruz, hatten Arbeiter in Gang halten und verteidigen können. Auch die Streitkräfte waren – gewaltlos – zu deren Schutz angetreten.

Womit die Putschisten nicht gerechnet hatten, war die Fähigkeit ihrer vermeintlich hoffnungslos unerfahrenen Gegner, die angerichteten Schäden – notdürftig zumindest – zu beheben und Produktion und Export allmählich, d.h. im Lauf von etwa drei Monaten, wieder auf das übliche Niveau zu bringen. Dies unbeschadet der Tatsache, daß ein wesentlicher Teil dieser Schäden noch nach zwei Jahren nicht behoben werden konnte und einige von ihnen – 3.800 infolge von unterlassenem Unterhalt unrettbar verlorengegangene Bohrlöcher – dauerhaft sein werden.

Noch weniger gerechnet hatten die Oligarchen mit der politischen Entschlossenheit der Regierenden, ihnen die Kontrolle der PdVSA nun für alle Zeiten abzunehmen, d.h. ernst zu machen mit der *de jure* – aber nie *de facto* – schon fast 30 Jahre zuvor vollzogenen Verstaatlichung dieser Industrie. 18.000 Mitglieder der PdVSA-Verwaltung und -Mitarbeiterschaft hatten sich an dem Streik und den Sabotagen beteiligt, waren von ihren Arbeitsplätzen desertiert und konnten folglich entlassen werden.

Sie brauchten auch nicht ersetzt zu werden, da sich zeigte, daß die Mitarbeiterschaft zu 40 % überflüssig gewesen war. Auch die Produktionskosten pro Einheit sanken um 40 %, und als 2005 die endgültige Bilanz gezogen wurde, zeigte sich, daß die PdVSA im kritischen Jahr 2003 profitabler gewesen war als im Jahr zuvor.

Nach jener Entlassungswelle forderte die Opposition in Aufmärschen die Wiedereinsetzung der abgesetzten PdVSA-Führung, »Meritokratie« genannt. Doch Chávez lehnte das rundweg ab und verlangte im Gegenteil, die Schuldigen, die sich inzwischen zu einem Klub

– »*Gente del Petróleo*« – zusammengetan hatten, wegen ihrer Sabotagen vor Gericht zu stellen.

Was auf diese Weise in die Hände des venezolanischen Staates bzw. Volks zurückkehrte, war die dem Umsatz nach weltweit größte Ölgesellschaft, jedoch zugleich, einer einschlägigen Statistik zufolge, unter 50 vergleichbaren Gesellschaften diejenige mit der niedrigsten steuerrelevanten Nettogewinn-Quote. Die Meritokraten, die das Unternehmen beherrscht hatten, hatten sich wie eine Freimaurerloge gebärdet, als ein Klub von unerreichbaren Experten, und hatten es verstanden, alle ihre Geheimnisse, nicht zuletzt auch die Buchführung, vor Einsicht zu schützen.

Die von ihnen befürwortete und betriebene »Öffnung« des Unternehmens bedeutete unter anderem, daß ausländische – US-amerikanische, britische und niederländische – Ölkonzerne in Venezuela Öl einkaufen, ins Ausland transportieren, dort raffinieren und als Treibstoff verkaufen durften (und immer noch dürfen), was zugleich bedeutet, daß sie gegebenenfalls einen Vorwand haben, in Venezuela zu intervenieren.

Die obersten Meritokraten bezogen astronomische Gehälter, gaben sich aber nichtsdestoweniger dazu her, sich, zum Teil über Strohmänner, in zahlreiche der 189 Zulieferbetriebe des Konzerns einzukaufen.

Auch viele andere Unternehmer hatten sich an der Aktion gegen die Regierung beteiligt und dadurch selbst geschädigt. 6.000 Betriebe blieben ersteinmal mehr oder weniger lange Zeit geschlossen. In den übrigen versuchten die Arbeitgeber, sich an den ausgesperrten Arbeitern schadlos zu halten, indem sie ihnen Löhne vorenthielten, unbezahlte Zwangsurlaube verordneten, Kurzarbeit einführten und dergleichen mehr.

Ein willkommener Effekt bestand in einem erneuten kräftigen Zulauf der »Bolivarianischen Zirkel«, der Städtischen Landverteilungskomitees *(Comités de Tierras Urbanas,* CTUs) und diverser Bürgerversammlungen (von denen weiter unten noch die Rede sein wird).

Außerdem bildeten sich neue Basisorganisationen: Gruppen, die sich die Wiedereröffnung der von der Opposition geschlossenen

Schulen zur Aufgabe machten, Bauern- und Fischerzirkel, Konsumentengruppen, die den Boykott der privaten Medien propagierten, Gruppen zum Schutz der Tankstellen, Tankfahrzeuge, Ölförderungsanlagen, Raffinierien und des Präsidentenpalasts, Gruppen zur Unterstützung von Opfern der vorangegangenen Aktion und nicht zuletzt eine Organisation der bolivarianischen Mittelklasse, die sich *»Clase Media en Positivo«* nennt.

Auch Chávez selbst zog spätestens nun endgültig die Lehre, daß eine Opposition wie diese nicht wie bisher mit Samthandschuhen angefaßt werden darf, und nicht zuletzt wuchs auch der Respekt vor Venezuela und seinem Präsidenten in der Region.

So sehr also das Land unter diesem mächtigen Schlag gelitten hat, so hat er am Ende doch mehr Vor- als Nachteile gebracht (womit insbesondere aber nicht gesagt sein soll, daß in der PdVSA bereits alles so laufe, wie es wünschenswert wäre).

Nach dem Ölputsch

Im Januar 2003, noch während des Streiks, konstituierte sich ein *Grupo de Países Amigos de Venezuela,* eine Allianz, die sich zur Aufgabe machte, bei der Lösung der »Krise« mitzuhelfen. Sie kam auf Initiative des seit kurzem amtierenden brasilianischen Präsidenten Lula da Silva zustande und sollte ursprünglich nur aus Brasilien, Mexiko und Chile bestehen, doch luden sich außerdem noch Portugal, die USA und Aznars Spanien ein.

Die Gruppe koordinierte ihre Arbeit mit der des bereits in der Sache engagierten OEA-Generalsekretärs César Gaviria sowie mit der des selbsternannten Vermittlers James Carter und des *United Nations Development Programs* (UNDP). Gemeinsam wollten sie den »Dialog« zwischen Regierung und Opposition befördern, der bereits seit November des Vorjahres – als Schlagabtausch – in den *»Mesas de Diálogo«* (Dialogkomitees) stattfand. Nach dreimonatigen Verhandlungen kam denn auch tatsächlich am 18. Februar 2003 eine Art Waffenstillstand zwischen der Regierung und den Vertretern der *Coordinadora Democrática* zustande.

Schon im Januar hatte das – im übrigen nach wie vor unberechenbare – Oberste Gericht einen von der damaligen Wahlbehörde unterstützten Antrag der Opposition, eine ratgebende Volksabstimmung (s.u.) gegen Chávez abzuhalten, als verfassungswidrig abgelehnt. Ohne Gehör blieben auch die Vorschläge des vorgeblich neutralen Vermittlers James Carter, das der Verfassung gemäß ohnehin praktisch bevorstehende Abwahl-Referendum gegen Chávez beschleunigt abzuhalten oder holterdipolter, an der hierfür zuständigen Nationalversammlung vorbei, durch Verfassungsänderung seine Amtszeit zu verkürzen.

Mit ihrer zweiten Niederlage, der gescheiterten Attacke auf die Wirtschaft des Landes, jedoch war die putschistische Opposition praktisch bereits geschlagen. Sie setzte nun, führungslos, blind und ohne eigene Alternative, nur wie üblich von »ihren« Medien angefeuert, immer desperater auf alle erdenklichen Störmanöver. Es begannen die anderthalb Jahre der *guarimbas,* der Aufmärsche (vorzugsweise in ihren eigenen Vierteln), Provokationen, Gewaltakte, Straßensperren usw.

Zugleich wurde in der Nationalversammlung eine ständige Obstruktion – gelegentlich auch zum eigenen Schaden – betrieben und die Regierung mit fortwährenden Klagen vor sämtlichen Gerichtsinstanzen beschäftigt, gestört und in Schach gehalten. Dies geht, wenn auch mit abnehmender Intensität, bis heute fort.

Immer wieder wurde versucht, eine Intervention der USA, der OEA oder auch der UNO zu provozieren. Chaos sollte geschaffen und das Land unregierbar gemacht werden. Am 25. Februar 2003 wurden Sprengstoffanschläge auf die diplomatischen Vertretungen Spaniens und Kolumbiens verübt. Für diese wurde reflexartig die Regierung verantwortlich gemacht, eine Anklage, die, wie sich bald herausstellte, nicht nur unbegründet, sondern buchstäblich verkehrt war. Nebenher versuchte die Opposition ständig, die Anhängerschaft von Chávez zu spalten und alle Unzufriedenen, sei´s von rechts oder links, an sich zu ziehen.

Die fast täglichen verbalen Angriffe von Seiten der US-Regierung und ihrer Werkzeuge schufen und schaffen zusätzliche Spannung und erzwingen ständige Wachsamkeit, Antworten und Gegenangriffe.

Chávez aber behielt die Initiative. Noch im Februar 2003 forderte er in seiner sonntäglichen Radio- und TV-Sendung *Aló Presidente* die Entlarvung und nachfolgende juristische Maßnahmen gegen korrupte Staatsanwälte, Oberste Richter und Gouverneure. Unter den letzteren zielte er besonders auf den Gouverneur von Zulia, Manuel Rosales, der im April-Putsch eine wichtige Rolle gespielt hatte, und auf den Gouverneur von Monagas, Guillermo Call. Zugleich empfahl er, gegen die Gouverneure, deren halbe Amtszeit bereits abgelaufen war, Abwahl-Referenden einzuleiten. Diesen Vorschlag wiederholte er im August, er wurde allerdings nie realisiert.

Am 13. Februar war Carlos Fernández, der Nachfolger von Pedro Carmona in der Leitung von FEDECÁMARAS, wegen seiner führenden Beteiligung an den Sabotagen während des zweiten Putschversuchs verhaftet worden. Bald danach allerdings wurde er aufgrund seines angeblich angeschlagenen Gesundheitszustands in Hausarrest entlassen. Aus diesem entfloh er – wie sein Vorgänger – ins Ausland.

Sein Kumpan Carlos Ortega, gegen den aus den gleichen Gründen ebenfalls ein Haftbefehl bestand, war da bereits untergetaucht. Mitte März tauchte er in der Botschaft Costa Ricas wieder auf. Hier suchte und erhielt er politisches Asyl. Vom Exil aus agitierte er weiter für einen Putsch gegen Chávez und sprach unter anderem von der Notwendigkeit einer zehn- bis zwölfjährigen Diktatur, um das, was Chávez durcheinander gebracht habe, wieder in Ordnung zu bringen.

Anfang 2005 kehrte er dann, nach einer Gesichtsoperation, heimlich nach Venezuela zurück, wurde jedoch eingefangen, vor Gericht gestellt und am 13. Dezember 2005 wegen Rebellion, d.h. wegen seiner Beteiligung am Ölputsch von 2002/03, zu 15 Jahren und 11 Monaten hinter Gittern verurteilt

Die Behandlung von Fernández andererseits illustriert eins der bis heute ungelösten Probleme des neuen Venezuela: das unberechenbare und unzuverlässige Funktionieren des Rechtswesens, besonders der unteren Instanzen, die weitgehend noch von Funktionären der Vierten Republik besetzt und beherrscht sind. So effektiv wie die Richter gegen Absetzung geschützt sind und so pedantisch verfassungstreu die Führung unter Chávez sich verhält, ist dieser Zustand auch nicht von einem Tag auf den anderen – bzw. nicht ohne eine durchgreifende Revolution – zu ändern.

Besser steht es mittlerweile mit dem Obersten Gericht und der Wahlbehörde *(Consejo Nacional Electoral,* CNE). Bis Mitte 2003 funktionierten auch diese höchst unzuverlässig. Der CNE zeitweilig überhaupt nicht, bis er im August 2003 vom Obersten Gericht komplettiert und neu konstitutiert wurde (womit eine monatelangen Obstruktion der Opposition in der eigentlich zuständigen Nationalversammlung ihr Ende fand). Das neue Gremium machte sich sofort an die Ausarbeitung von Regelwerken für die verschiedenen Arten von Referenden (s.u.) und hält sich seither streng an diese, so daß es zur Zeit als die vielleicht am gewissenhaftesten arbeitende Behörde im ganzen Land gelten kann.

Das Oberste Gericht wurde im September 2004 auf der Grundlage eines neuen »organischen« Gesetzes erweitert, entsprechend komplettiert und funktioniert seither ebenfalls tadellos.

Am 16. März 2003, nach 1.500 Tagen im Amt, zog Chávez eine erste Bilanz: Die Gesundheitsversorgung der Bevölkerung hatte sich da schon um 41 % erhöht, die Säuglingssterblichkeit war von 21,6 auf 17,3 Promille gesunken, die Versorgung mit Medikamenten, einschließlich solcher zur Verlangsamung von AIDS, war kostenlos geworden, etwa 1 Million Kinder mehr als zuvor waren immatrikuliert, etwa die Hälfte in den neu gegründeten »Bolivarianischen Schulen«.

Ende 2001, vor dem April-Putsch, war man zum Teil schon weiter gewesen. Die Arbeitslosigkeit war da bereits von 18 auf 11 % gefallen, die Auslandsreserven auf 21 Milliarden US-Dollar gestiegen, ebenso wie die Haushaltstitel für Ausbildung und Gesundheit.

Für die Errungenschaften der neuen Regierung interessierte sich die Opposition natürlich nicht. Schon im frühen Februar 2003, Monate bevor die Hälfte von Chávez´ Amtszeit abgelaufen war, hatte sie – von James Carter und durch ihre eigenen zweifelhaften Meinungsumfragen ermutigt – begonnen, von der vorgeblich unabhängigen Organisation *Súmate* Unterschriften zu einer ganzen Reihe von Forderungen sammeln zu lassen. Nach der Mitte des Monats wurden diese Unterschriften – entgegen den Bestimmungen der Verfassung – der Nationalversammlung vorgelegt, darunter angeblich 4,4 Millionen, die eine ratgebende Volksabstimmung zwecks Verfassungsänderung und Verkürzung der Amtszeit des Präsidenten forderten.

Nach einer Überprüfung lehnte nun der CNE die Unterschriften als zweifelhaft und das ganze Anliegen als nicht verfassungsgemäß ab. Eine »ratgebende« Volksabstimmung komme für derartige Anliegen nicht in Betracht.

Das Abwahl-Referendum gegen Chávez

In der ersten Hälfte des Jahres 2004 fanden dann zunächst vom CNE organisierte Unterschriftensammlungen zwecks Erwirkung von Abwahl-Referenden gegen sowohl oppositionelle wie »offizialistische« Abgeordnete statt. Im Falle der letzteren brachte nicht eine die nötige Zahl von Unterschriften, im Falle von 34 oppositionellen Abgeordneten gelang das bei immerhin neun. Dennoch kamen diese Referenden nach einer Entscheidung des Obersten Gerichts nie zustande, nachdem der Termin für ihre Abhaltung verpaßt worden war.

Denn den Vorrang erhielt das Referendum gegen Chávez, dem zu stellen dieser sich wiederholt bereit erklärt hatte. Das kritische Datum für dieses wäre der 19. August 2003 gewesen. Um ein derartiges Referendum in Gang zu setzen, muß die entsprechende Forderung von 20 % der Wählerschaft – zu jenem Zeitpunkt etwa 2,4 Millionen Personen – unterstützt werden. Die Opposition sammelte schon vorher Unterschriften, angeblich weit mehr als die erforderliche Zahl, und legte sie dem CNE vor. Dieses aber wies sie als vorzeitig und regelwidrig eingesammelt zurück.

Statt dessen ließ es dann eine formal korrekte Unterschriftensammlung durchführen, und zwar in zwei Etappen, einer ersten Ende

November 2003 und einer zweiten Ende Mai 2004. Die zweite Etappe war nötig geworden, da die Opposition in der ersten eine Unzahl von zweifelhaften Unterschriften vorgelegt hatte, die in der zweiten »repariert«, d.h. praktisch wiederholt werden mußten.

Von 3,4 Millionen ursprünglich vorgelegten Unterschriften wurden schließlich 2,5 Millionen akzeptiert. Die übrigen stammten von Doppelt- oder Mehrfachunterzeichnern, von nicht als Wähler registrierten und nicht wenige auch von längst verstorbenen Personen. Die 2,5 Millionen überschritten gerade eben die erforderliche Zahl von 2,4 Millionen, so daß zum Referendum gerufen werden konnte.

Dieses fand dann unter intensiver aus- und inländischer Überwachung – unter anderem durch die Europäische Union, die sich verfassungswidrige Privilegien zuzuschanzen versucht und offensichtlich auf eine Niederlage Chávez´ gesetzt hatte – am 15. August 2004 statt.

Die Propaganda für ein Nein, d.h. für Pro-Chávez-Stimmen, war, vor allem an der Basis, von hunderttausenden in sogenannten *Unidades de Batalla Electoral* organisierten Wahlarbeitern betrieben worden. Während des Wahlkampfs gingen sie von Haus zu Haus und am Tag der Befragung waren sie es, die bis zu zwölf Stunden Schlange standen, um ihre Stimme abzugeben.

Um Chávez abzusetzen, wäre eine höhere Stimmenzahl erforderlich gewesen, als dieser bei der Präsidentenwahl von 2000 erreicht hatte. Das wären mindestens 3,7 Millionen Ja-Stimmen gewesen. Außerdem hätte die Zahl der Ja-Stimmen höher sein müssen als die der Nein-Stimmen. Tatsächlich erbrachte die Befragung zwar an die 4 Millionen Ja-, zugleich allerdings 5,8 Millionen Nein-Stimmen.

Es hatten insgesamt wesentlich mehr Personen abgestimmt als in der Wahl vier Jahre zuvor: 71 % der registrierten Wähler, knapp 9,8 gegenüber knapp 6,3 Millionen, ein Triumph auch der stattgehabten Alphabetisierungs- und Wählerregistrierungskampagnen (von der ersteren wird noch die Rede sein) – und natürlich, nach zwei Dritteln der Amtszeit, ein überwältigender Triumph des Präsidenten.

Nun konnten auch die ausländischen Beobachter – einige von ihnen zähneknirschend und die US-Regierung erst nach einigem Zögern und mit Vorbehalt – nicht anders, als diesen anzuerkennen, während führende Vertreter der Opposition sofort von Wahlbetrug sprachen und zum Teil bis heute an dieser Version festhalten.

Damit hat Chávez sich als der in der Geschichte seines Landes bei weitem populärste Präsident legitimiert. Man vergleiche da mit Perus Alejandro Toledo oder mit dem inzwischen verjagten ecuadorianischen Präsidenten Lucio Gutiérrez, deren Popularität konstant bei unter 10 % liegt bzw. lag.

Zugleich zeigten sich die, zumindest in einer Situation extremer Polarisierung, am Ende doch bestehenden Grenzen der Medienmacht.

Nach dem Referendum

Seither jedenfalls haben Chávez und sein – mittlerweile erfahrenes und geschultes – Team einigermaßen freie Hand und ungleich mehr Zeit, ihre Projekte voranzutreiben, da sie sich nur noch der immer verwirrteren und absurderen Sticheleien der Opposition, des US-Außenministeriums, der US-Botschaft und der privaten Medien erwehren müssen.

Am 31. Oktober 2004 fanden dann noch – diesmal mit nur geringfügiger Verspätung – Regionalwahlen, d.h. die Wahlen der Gouverneure, der insgesamt 458 Abgeordneten der *Circuitos Estatales* und der Bürgermeister statt. Auch hier wieder – bei einer Wahlbeteiligung von allerdings nur 46 % – ein Triumph des Offizialismus, der neunte in Folge: Er eroberte 20 der 22 GouverneursPosten. Der 23. Bundesstaat, Amazonas, der flächenmäßig zweitgrößte, der Einwohnerzahl nach aber mit Abstand kleinste, wählte seinen Gouverneur, einen Chavisten, erst im August 2005. Damit hatte die Opposition sechs der acht Gouverneursposten, die sie innegehabt hatte, verloren.

Außerdem und vor allem fielen dem Offizialismus auch der wichtige Posten des Oberbürgermeisters der Hauptstadt zu (woraufhin sich der bisherige Amtsinhaber, Alfredo Peña, der knapp vor dem Wahltag aufgegeben hatte, fluchtartig ins Ausland absetzte). Ebenso 270 der 334 zur Wahl stehenden Bürgermeisterposten, die zuvor mehrheitlich die Opposition innegehabt hatte. Von den verbleibenden 64 entfielen nun 50 – die Hälfte der vorher innegehabten Anzahl – auf die *Acción Democrática*, fünf auf *Proyecto Venezuela* (PV), drei auf *Primero Justicia* (PJ) und die übrigen sechs auf kleinere oppositionelle Gruppierungen, darunter die ehemalige Regierungspartei COPEI.

Auf diese Weise nun endgültig gestärkt, begann Chávez seine innen-, wirtschafts- und außenpolitischen Aktivitäten zu intensivieren. Er erklärte offen den Sozialismus als einzig gangbare Alternative zum gescheiterten Kapitalismus, womit er bei den treuesten seiner Anhänger nur noch offene Türen einrannte, propagierte stärker als zuvor die Entwicklung einer eigenständigen, »endogenen« Wirtschaft, rief zu einer »Revolution innerhalb der Revolution« auf, forcierte die Gründung von Kooperativen und erklärte, mit der Verfassung in der Hand, dem Großgrundbesitz den Krieg.

Bereits im Oktober 2000 war zwischen Venezuela und Kuba ein Zusammenarbeitsabkommen geschlossen worden. In diesem hatte sich Venezuela verpflichtet, 53.000 Faß Öl pro Tag zu liefern – zum Marktpreis, jedoch zu günstigen Zahlungsbedingungen (wie sie auch schon für die meisten anderen karibischen Länder galten), während Kuba die Entsendung von »Gesundheitsarbeitern« und Sporttrainern sowie die Behandlung venezolanischer Patienten in kubanischen Krankenhäusern versprach.

Insgesamt hat sich die innenpolitische Lage etwas beruhigt (im Gegensatz zu dem Konflikt mit den USA, der sich Tag für Tag verschärft). Die Unternehmerschaft trifft sich gelegentlich mit Vertretern der Regierung, und die verbliebenen oppositionellen Gouverneure und Bürgermeister ziehen bei deren Sozialprogrammen mit.

In Vorbereitung auf die Neuwahl der Gemeinderäte und der Bezirksversammlungen *(Juntas Parroquiales)* am 7. August 2005 hatten die Fraktionen des *Bloque de Cambio,* jede für sich, vereinzelte Primärwahlen abgehalten, mit dem Ziel, deren Ergebnisse zu koordinieren und am Wahltag als geschlossene Liste anzutreten. Dennoch waren an der Basis Proteste zu hören gegen die immer noch zum Teil »bürokratische« Form der Kandidatenauswahl.

Chávez´ Gruppierung, das MVR, die eigentlich noch keine »Partei« ist, hatte sich eine 50-prozentige Frauenbeteiligung unter ihren Funktionären zum Ziel gesetzt. Im Ergebnis waren dann 68 % der Nominierten Frauen und 25 % Jugendliche zwischen 21 und 28 Jahren.

Zugleich hatte sich das MVR vorgenommen, den Anteil der Nicht-Wähler auf unter 30 % zu drücken, eine kraß überzogene Zielsetzung, wenn man die traditionell minimale Beteiligung an dieser Art von Wahlen bedenkt.

Diese traditionell minimale Wahlbeteiligung beruht zum Teil auf dem kaum durchschaubaren Wahlmodus: Die Wähler haben gleichzeitig zwei verschiedene Gremien zu wählen, einen gesetzgebenden Gemeinderat von fünf bis 13 Mitgliedern und eine nur beratende Bezirksversammlung von drei bis fünf Mitgliedern. In beiden Fällen können sie sowohl für eine »Liste« als auch für eine/n oder mehrere Kandidatinnen bzw. Kandidaten votieren. Dieses komplizierte Verfahren hatte denn auch zur Folge, daß bei diesen Wahlen ca. 18 % der abgegebenen Stimmen ungültig waren (im Jahr 2000 waren es nahezu 25 % gewesen).

Trotz dessen und trotz des Aufrufs einiger Oppositionsparteien zum Wahlboykott, angeführt von *Súmate,* die sich auf die Wahlbehörde einschoß, stieg die Wahlbeteiligung gegenüber der gleichartigen Wahl im Jahr 2000 um nahezu 8 Prozentpunkte, von 23,7 auf 31,6 % – weit entfernt freilich von den angestrebten 70+ %.

In absoluten Zahlen ausgedrückt, nahm sie von 2,8 auf 4,2 Millionen zu, was sich zum Teil daraus erklärt, daß die Zahl der registrierten Wähler in der Zwischenzeit von 11,8 auf 14,3 Millionen zugenommen hatte.

Der *Bloque de Cambio* – am Ende hatten sich nur die vier größten Fraktionen zusammengetan – eroberte eine ansehnliche Stimmenmehrheit und mit dieser etwa 80 % der Plätze in den Gemeinderäten und den Bezirksversammlungen. Sämtliche internationalen Beobachter haben diese Wahlen als einwandfrei anerkannt – ein weiterer Triumph der revolutionären Kräfte, nun der zehnte in Folge.

Am Tag nach den Wahlen begannen dann die 16. Weltfestspiele der Jugend und der Studenten, ein ineffizient organisiertes Spektakel, auf dem viel Kluges, Wahres und vermutlich auch Nützliches gesagt wurde, wenn auch Chávez´ Meinung, daß die versammelten 15.000 Jugendlichen und sonstigen Sympathisanten der Revolution die »Jugend der Welt« repräsentierten und eine »Atombombe für das Leben« darstellten, als Wunschdenken erscheinen mag.

Dezember 2005: Neuwahl zur Nationalversammlung

Am 4. Dezember 2005 fanden die Neuwahlen zur Nationalversammlung (nunmehr 167 Sitze) statt; gleichzeitig auch die zu zwei übernationalen Versammlungen, dem Anden- und dem Lateinamerikanischen Parlament (PARLANDINO, 5 Sitze bzw. PARLATINO, 12 Sitze). Für diese Wahlen hatte sich die Führung des MVR bereits im September mit den Führungen von drei weiteren revolutionären Parteien - PODEMOS *(Por la Democracia Social,* Für die Soziale Demokratie), PPT *(Patria Para Todos,* Vaterland für alle) und PCV *(Partido Comunista de Venezuela)* sowie mit zahlreichen kleineren regionalen Organisationen - zusammengetan und (ohne die in der Verfassung vorgesehenen Primärwahlen...) dem CNE ihre Kandidaten benannt.

Einige Tage später benannte auch die Opposition (ebenfalls ohne Primärwahlen) ihre Kandidaten – unter anderen mehrere »politische Häftlinge«, d.h. in Untersuchungshaft einsitzende Putschisten. Der von der AD für das PARLATINO vorgesehene Carlos Ortega jedoch zog kurzfristig seine Kandidatur zurück.

Für diese Wahlen waren bereits 14,6 Millionen Wähler registriert. Ein Woche vor dem angesetzten Datum hätten sie noch unter 5.516 Kandidaten, die von 355 (!) politischen Organisationen aufgestellt worden waren, zu wählen gehabt. Sämtliche Prognosen deuteten auf eine Zweidrittelmehrheit des »Offizialismus« hin. In der letzten Woche aber zogen sich – ohne einleuchtende Begründung und trotz eines ausdrücklich gegebenen Versprechens, unter einer bestimmten Bedingung (die von der Wahlbehörde erfüllt wurde), an den Wahlen teilzunehmen – sämtliche bedeutenderen Oppositionsparteien (außer einer) zurück, und zwar zuerst die Parteiführungen und danach erst, wie es das Wahlgesetz vorschreibt, nach und nach die meisten der einzelnen Kandidaten. Dadurch verringerte sich die Zahl der Kandidaten um 556. Die ehemalige Regierungspartei AD hatte schon von vornherein keinerlei Wahlkampf betrieben.

In den Tagen unmittelbar vor der Wahl wurde ein Sprengstoffanschlag vereitelt, zwei aber mit Erfolg ausgeführt, davon einer gegen eine wichtige Ölleitung im Norden des Landes.

Das aber war nur das sofort und an der Oberfläche Sichtbare. In den Tagen nach der Wahl und in der Woche darauf noch einmal gaben gewichtige Abgeordnete der Nationalversammlung in Pressekonferenzen – mit überzeugenden Beweisen – bekannt, daß der Geheimdienst eine Serie von schwersten Anschlägen gleicher Art vereitelt hatte.

Diese Anschläge waren von einigen der am Putschversuch vom April 2002 beteiligten hohen Militärs in Konspiration mit zwei der oppositionellen Fernsehgesellschaften, der CIA, der anticastristischen Mafia in Miami und der US-Botschaft in Caracas geplant gewesen und hatten Angriffe mit Kriegswaffen auf Militäreinrichtungen, Ölleitungen, Gouverneurssitze, den Sitz der Nationalversammlung, die Wahlbehörde und den Präsidentenpalast vorgesehen.

Mit enormen Zerstörungen, dem Tod von bis zu 15.000 Personen und einem nachfolgenden Chaos, das für den geplanten Umsturz genutzt werden sollte, war kalkuliert worden.

Dieser Plan liefert sehr wahrscheinlich die Erklärung für den plötzlichen Rückzug der Oppositionsparteien vor der Wahl.

Die Generalstaatsanwaltschaft wie auch die Militärgerichtsbarkeit nahmen sich sofort der nötigen Ermittlungen an.

Bei der Wahl selbst hatten der Rückzug der Opposition, der damit schon sichere Ausgang der Wahl sowie schlechtes Wetter zu einer Beteiligung von lediglich 25 % beigetragen, eine Ziffer, die freilich – trotz der wesentlich vergrößerten Anzahl Wahlberechtigter – sogar etwas höher liegt als die im Jahr 2000 erzielte und auf demselben Niveau wie die bei Wahlen zum Repräsentantenhaus in den USA gewöhnlich registrierte.

Das Ergebnis der Wahl war natürlich ein Triumph des *Bloque de*

Cambio. Chávez' MVR eroberte 114 der 167 Sitze im Parlament. Der Anteil von gewonnenen Wählern an der Gesamtheit der Wahlberechtigten lag trotz allem noch höher als der je von einer Partei in der Vierten Republik und auch höher als der vom MVR im Jahr 2000 erreichte, der damals schon – mit 17 % – einen Rekord gebrochen hatte. Auch in die beiden internationalen Parlamente wurden ausschließlich regimefreundliche Abgeordnete gewählt.

Die 167 Abgeordneten der neuen Nationalversammlung repräsentieren nun sechs verschiedene Parteien sowie die Gruppe der Eingeborenen. Etwa 30 % sind Frauen, 117 sind neu gewählt und 12 sind pensionierte Militärangehörige. Die Abgeordnete, die die höchste Stimmenzahl – nahezu eine halbe Million – erzielte, war die Führerin der Eingeborenen-Gruppe im Parlament Nohelí Pocaterra.

Die katholische Kirche, die die Wahlboykotteure in ihr Geschäft einzubeziehen versucht hatten, spielte dieses Mal nicht mit, und auch die sonst regierungsfeindliche Menschenrechtsorganisation *Human Rights Watch* (HRW) sowie das ebenfalls regierungskritische Meinungsforschungsinstitut *Datanálisis* verweigerten ihnen die Unterstützung.

Wie nicht anders zu erwarten, begannen andererseits *Súmate,* die Führer der ausgeschiedenen Oppositionsparteien und deren Medien sowie nicht zuletzt das Weiße Haus sofort mit der – vermutlich schon vorbereiteten – Delegitimisierungskampagne und der Darstellung des venezolanischen Regimes als »totalitär«.

Sämtliche Wahlbeobachter, vor allem auch die der Europäischen Union und der OEA, akzeptierten die Wahl und ihr Ergebnis als durchsichtig und korrekt und äußerten Unverständnis für den Rückzug der Opposition. Die Europäer freilich konnten es nicht lassen, im Glashaus mit Steinen um sich zu werfen und der Wahlbehörde für die Zukunft weise Ratschläge zu erteilen.

Die Kommission der EU distanzierte sich etwas später sogar – durch das österreichische Kommissionsmitglied Benita Ferrero-Waldner – auch noch davon und beklagte, daß die venezolanische Regierung nicht mehr getan habe, um die Durchsichtigkeit der Wahlen zu verbessern.

Unbelehrt durch das warnende Beispiel Fidels, der 1970 mit seiner Ansage einer 10-Millionen-Tonnen Zuckerernte zum ersten – und letzten – Mal ein unrealistisches Vorhaben verkündet und propagiert hatte, wiederholte Chávez in den Tagen nach der Wahl seine Absicht, in der Präsidentenwahl 2006 10 Millionen Stimmen zu erobern (was etwa dem Vierfachen der in der eben absolvierten Wahl erreichten Stimmenzahl entsprechen würde).

2 Die Bolivarianische Republik

Die neue Verfassung

Hätte Hugo Chávez keine anderen Verdienste, so bliebe doch sein Anstoß zur Ausarbeitung einer neuen Verfassung für sein Land und damit zur Gründung einer neuen Republik ein Verdienst von historischer Bedeutsamkeit, das freilich im Westen kaum registriert und von Leuten wie James Carter schlicht ignoriert wird. Hinzu kommt, ebenfalls ziemlich einmalig, sein strikter Gehorsam – nicht selten zu seinem eigenen Nachteil – gegenüber dieser Verfassung.

Die Bezeichnung der neuen Republik als »fünfte« und ihre Definition als »bolivarianisch« bringt einen zentralen Punkt des oben skizzierten Programms zum Ausdruck, nämlich das Streben nach lateinamerikanischer Einheit und Souveränität, namentlich gegenüber dem ständig zum Angriff bereiten »Koloß im Norden«.

Hiervon abgesehen enthält die neue Verfassung eine Reihe von Neuerungen, die sie insgesamt als die zur Zeit fortschrittlichste und demokratischste Verfassung der westlichen Welt ausweisen:

* Es sind nicht nur drei, sondern fünf voneinander unabhängige Gewalten oder »Mächte« vorgesehen: außer den drei üblichen – Legislative, Exekutive und Judikative – eine unabhängige »Bürgermacht« (die eine *ombudsman*-Behörde, die Generalstaatsanwaltschaft und eine Aufsichtsbehörde von der Art eines Rechnungshofs umfaßt) sowie eine ebenfalls unabhängige Wahlbehörde. Die Neuerung besteht hier vor allem in der Unabhängigkeit der beiden neuen Mächte, namentlich auch von der eventuell wechselnden Exekutive und Legislative. Außerdem erscheint bemerkenswert, daß die Generalstaatsanwaltschaft nicht der Regierung un-

Meine Anschrift (bitte gut leserlich):

Bitte senden Sie mir – kostenlos und unverbindlich – regelmäßig Ihr Gesamtverzeichnis zu. Ich interessiere mich vor allem für

- [ ] Politik/Geschichte/Gesellschaft/Ökonomie
- [ ] Frauenthemen/Geschlechterverhältnisse
- [ ] Erziehung/Schule/Familie

Sonstige Anmerkungen:

Bitte ausreichend frankieren

Antwortkarte

PapyRossa Verlag
Luxemburger Str. 202

D - 50937 Köln

PapyRossa Verlag
Luxemburger Str. 202, D-50937 Köln
Tel.: 0221/44 85 45, Fax: 44 43 05
E-Mail: mail@papyrossa.de
Internet: www.papyrossa.de
Foto: Beate Knappe

tersteht, sondern der von dieser unabhängigen »Bürgermacht« zugehört.

* Der Präsident als Chef der Exekutive hat gegenüber den übrigen Mächten, insbesondere gegenüber dem Obersten Gericht, als der höchsten Instanz der Judikative, eine vergleichsweise beschränkte Macht.
* Wie anderswo auch besteht die Legislative aus der Nationalversammlung sowie 23 Bundesstaats- und 335 Gemeindeparlamenten (mit sieben bis 15 bzw. fünf bis 13 Mitgliedern). Jeder Bundesstaat hat seinen Gouverneur, jede Gemeinde ihren Bürgermeister und der *Distrito Capital* (Caracas und Teile des umliegenden Bundesstaats Miranda, derzeit insgesamt fünf Gemeinden umfassend) seinen Oberbürgermeister.
* Die Staatsmacht ist nicht, wie in den meisten Ländern, auf drei, sondern auf vier Ebenen verteilt: unterhalb der nationalen Ebene ist da die bundesstaatliche und unter dieser die Gemeindeebene. Die Gemeinden können sich noch in *parroquias* (Bezirke) aufteilen, in denen Bezirksversammlungen von drei bis fünf Mitgliedern – jedoch ohne gesetzgeberische Kompetenz – zu wählen sind.
* Die Nationalversammlung ist das eigentliche Machtzentrum. Sie bestimmt – mit Zweidrittelmehrheit – die Zusammensetzung der übrigen Mächte, mit Ausnahme der Exekutive.
* Präsidentschaftswahlen sollen alle sechs, die Wahlen zur Nationalversammlung sowie zu den Gemeinde- und Bezirksversammlungen alle fünf und die Wahlen der Gouverneure, Bürgermeister und bundesstaatlichen Parlamente alle vier Jahre stattfinden. Der/die Präsident/in sowie die Gouverneure bzw. Gouverneurinnen und Bürgermeister/innen können jeweils ein Mal unmittelbar wiedergewählt werden, die Abgeordneten der Parlamente zwei Mal.
* Sämtliche gewählten Amtsträger können nach der Hälfte ihrer Mandatszeit in einem Abwahl-Referendum *(Referendo Revocatorio)* abgewählt und die Parlamentsabgeordneten – nicht aber Bürger meister, Gouverneure oder der/die Präsident/in – für

die nächste Mandatsperiode von der Kandidatur ausgeschlossen werden.

* Kein Mitglied der Exekutive darf gleichzeitig der Legislative oder irgendeiner anderen Macht angehören. Überhaupt ist praktisch jede Ämterhäufung verboten.
* Die bolivarianische Demokratie versteht sich als sowohl repräsentativ wie partizipativ, ja *protagónica,* d.h. das bisher entmündigte Volk soll so direkt wie möglich das Sagen haben. Dies letztere soll gewährleistet werden vor allem durch die Einrichtung von Bürgerversammlungen, die Gesetzesinitiativen vorlegen, mit den entsprechenden Parlamenten zusammenarbeiten und diese kontrollieren können sowie von verschiedenen Formen von Volksabstimmungen. Diese basisdemokratische Orientierung, in der ein deutliches Mißtrauen gegenüber dem Repräsentations-Konzept zum Ausdruck kommt, erweist sich in der Praxis bereits als wichtiger denn jenes und wird von der Regierung zielstrebig gefördert.
* Es sind vier Formen von Referenden vorgesehen: *Referendo Aprobatorio* (Zustimmung zu Gesetzesvorschlägen), *Abrogatorio* (Ablehnung von bereits beschlossenen Gesetzen oder Paragraphen), *Consultivo* (Befragung über Angelegenheiten von nationaler Bedeutung) und das schon genannte *Referendo Revocatorio.* Die Voraussetzungen für das eventuelle Zustandekommen dieser Referenden und die Folgen ihres Ausgangs sind in der Verfassung recht genau festgelegt. In allen Fällen ist es die Wahlbehörde, der *Consejo Nacional Electoral* (CNE), die sie organisiert und überwacht.
* Ein Öffentlichkeitsprinzip oder gar ein Informantenschutz als Teil der Pressefreiheit (wie sie in einigen nordischen Ländern bestehen) sind nicht vorgesehen, wohl aber eine Rechenschaftspflicht aller gewählten Amtsträger.
* Die Verfassung hat einen deutlich antiimperialistischen Geist. Souveränität und Selbstbestimmung sind ihr zufolge nicht verhandelbar.
* Der Ursprungsbevölkerung, die zwei bis drei Prozent der Bevölkerung umfaßt, ist eine Repräsentation in der Nationalversamm-

lung garantiert. Ihr wird außerdem erstmalig das Recht auf ihre eigenen, oft sehr lokalen Sprachen, zuerkannt, ebenso wie das Recht auf ihre traditionellen sozialen, politischen und wirtschaftlichen Organisationsformen und nicht zuletzt ein kollektives, nicht veräußerbares Recht auf das Land, das sie bewohnen. Auch wird ihnen eine Mitsprache bei eventuellen Plänen der Regierung, auf ihrem Land Bergbau zu betreiben, und ein Recht, an den dabei etwa anfallenden Gewinnen teilzuhaben, zugesprochen. Eventuelle Unterrichtsprojekte sollen zweisprachig ablaufen und die Werte und Traditionen der Ursprungsbevölkerung widerspiegeln. Ausdrücklich anerkannt werden auch die traditionelle Medizin und traditionellen Therapieformen sowie der Schutz von intellektuellem Eigentum, Wissen, Technologien und Innovationen eingeborener Völker.

* Generell verboten ist die Patentierung von genetischen Ressourcen und tradiertem Wissen.
* Im Verfassungstext wird durchgängig – textverlängernd – von »der Präsident oder die Präsidentin/Gouverneurin/Ministerin/Richterin usw.« gesprochen – eine nicht unbedeutende Markierung.
* Hausarbeit wird ausdrücklich als produktive Arbeit anerkannt und den Hausfrauen ein Recht auf Sozialversicherung zugesprochen – eine weltweit einmalige Bestimmung, die sich früher oder später in der Berechnung des Bruttoinlandsprodukts niederschlagen muß.
* Im Abschnitt über Ökonomie wird »der Staat« vor der »Privatinitiative« genannt, und staatliche Eingriffe in die Wirtschaft sind ausdrücklich vorgesehen – eine weitere wichtige Markierung.
* Das Privateigentum wird ausdrücklich geschützt, doch werden als gleichrangig – außer dem staatlichen – auch das »kooperative« und das »assoziative« Eigentum genannt und damit die Tür für sozialistisch inspirierte Veränderungen und Institutionen offen gelassen, derart daß der Kapitalismus durchaus »schleichend« abgeschafft werden kann.
* Über das sozioökonomische System heißt es, daß es auf den Prin-

zipien der »sozialen Gerechtigkeit, Demokratisierung ... und Solidarität« aufbaue, womit der Weg frei gemacht wird für die Einrichtung von »Missionen« (von denen noch die Rede sein wird) und von *Núcleos de Desarrollo Endógeno* (Zentren endogener Entwicklung), für die Finanzierung regional initiierter Projekte und für staatliche Einkäufe bei Kooperativen.

* Der Großgrundbesitz wird ausdrücklich als »dem sozialen Interesse zuwiderlaufend« bezeichnet.

Erste Aufenthalte in Caracas

Einer der stärksten Eindrücke beim ersten Besuch des Autors in Caracas, im Sommer 2002, war die auf Schritt und Tritt wahrnehmbare Politisierung der Bevölkerung. An jeder Straßenecke wurden Taschenbuchexemplare der Verfassung sowie die Texte der bis dahin beschlossenen Gesetze verkauft. Viele Leute trugen Exemplare der Verfassung wie Gebetbücher bei sich. Praktisch jedermann war an politischem Gedankenaustausch interessiert, viele zeigten sich in den roten Mützen der Chavisten, an der zentralen Plaza Bolívar gab es eine »heiße Ecke«, und wenn irgendeine Manifestation anstand, wußten alle Beteiligten bzw. Betroffenen Bescheid.

Diese in kurzer Zeit – zumindest in den Großstädten – erreichte Politisierung und Aktivierung einer zuvor entmündigten und passivisierten Bevölkerung war das sichtbarste Zeichen der tiefgreifenden Veränderung, die begonnen hatte. Viele sehen das hauptsächliche Verdienst des »Prozesses«, wie man gerne sagt, in der *dignificación,* der Begabung mit einer Würde, die der Mehrheit zuvor vorenthalten worden war.

Wie ernst das Volk seine neue Verfassung und seine neuen Rechte nimmt, zeigt sich auch in der Unzahl neuer Vereinigungen und Organisationen – sei´s von Nachbarn, Arbeitern, Bauern, Frauen, Studenten, Eingeborenen... – und in einer geradezu verwirrenden Vielfalt der Formen der Zusammenarbeit und nicht selten der Auseinandersetzung.

Denn unvermeidlich mit all dem verbunden waren auch die Ausdrucksformen des weltgeschichtlich härtesten Klassenkampfs seit dem, der 1916/17 zur Bolschewistischen Revolution führte. In gewissen Gegenden wurde man gewarnt, sich als »Chavist« zu erkennen zu geben, die Hauptstadtpolizei fuhr bedrohlich auf ihren Motorrädern herum und die Regierungsgegner zelebrierten, mit Haßparolen auf den Lippen und auf Plakaten, ihre Aufmärsche.

Ein Jahr später erschienen sie allerdings schon etwas gedämpft und von den erlittenen Niederlagen mitgenommen. Die Chavisten andererseits begeisterter und selbstsicherer denn je, wenn auch mehrheitlich ohne merkbare Veränderung ihres in langen Jahrzehnten gewachsenen Egoismus, ihres Konsumismus und ihrer, zumindest was die Männer betrifft, nicht sehr einnehmenden Umgangsformen.

Hugo Rafael Chávez Frías

Hugo Chávez ist ohne Zweifel der Protagonist der revolutionären Entwicklung. Er hat, ähnlich wie seinerzeit Fidel Castro, wenn auch etwas langsamer, gelernt und verfolgt mit jugendlichem Schwung – er ist am 28. Juli 1954 geboren – einen klaren Kurs. Dabei steht ihm zwar eine Schar mittlerweile ebenfalls erfahrener Mitarbeiter zur Seite, dennoch ist deutlich, daß die meisten Ideen und Initiativen von ihm (und wahrscheinlich indirekt von Fidel) kommen.

Schon seit seinem ersten Amtsjahr steht er im Zentrum eines nationalen zunächst Radio-, bald aber Radio/TV-Programms, das sonntäglich von den staatlichen Medien ausgestrahlt wird. In diesem Programm – *Aló Presidente* –, das jeweils direkt von wechselnden Stellen des Landes und gelegentlich auch vom Ausland aus gesendet wird und stundenlang dauern kann, gibt er, entspannt, leger gekleidet, in lockerem, unterhaltendem, nicht selten auch angriffslustigem – die Opposition unvermeidlich irritierendem – Stil kleine und manchmal auch ausführlichere Rechenschaftsberichte und Programmerklärungen ab, erzählt Geschichten, singt, beantwortet Fragen von Anwesenden und Anrufern und unterhält sich mit eingeladenen Personen – Arbeitern, Aktivisten, Mitarbeitern, Bürgermeistern, Gouverneuren...

Dieses Programm richtet sich bevorzugt ans »Volk«, weit weniger an die Mittelklasse, und erfreut sich bei diesem großer Beliebtheit. Es ist einer der wirkungsvollsten Gegenzüge der Regierung gegen den ständigen Ansturm der mächtigen Oppositionsmedien. Ihm sind sicherlich zum Teil die hohe Popularität des Präsidenten, seines politischen Programms und bis zu einem gewissen Grad auch seine Wahltriumphe zu verdanken.

Von Fernsehauftritten abgesehen, besitzt Chávez, hier wieder wie Fidel Castro, ein außergewöhnliches Interesse und Talent, Menschen zu treffen und sich mit ihnen auszutauschen, sei es bei Festivitäten, bei der Eröffnung neuer Institutionen, beim Besuch von Arbeitsplätzen, Schulen usw.

Dasselbe geschieht auch auf internationaler Ebene. Wo immer er erscheint, zieht Chávez die Massen an und versteht es, sie für seine Ideen und Projekte zu begeistern.

Auf dem Weg seiner ideologischen Entwicklung, die mit dem Treffen mit Fidel 1994 wenn auch nicht begann, aber eine wichtige Verstärkung erfuhr, spielte nach seiner eigenen Aussage noch ein zweites Schlüsselerlebnis eine Rolle: Im April 2001, ein Jahr also vor dem ersten Putschversuch, nahm er an einem amerikanischen Gipfeltreffen in Québec teil, auf dem über die weiteren Schritte bei der Verwirklichung des von den USA-Eliten betriebenen Freihandelsprojekts – *Área de Libre Comercio de las Américas* (ALCA) – verhandelt wurde. Hier stand er nicht nur mit seiner Opposition gegen den imperialen Plan allein da, sondern mußte auch die brutale Reaktion der US-Diplomaten und ihres Anführers George W. Bush auf die Anti-Globalisierungs-Demonstranten miterleben.

Das oppositionelle Medienoligopol

Ein im weltweiten Vergleich gesehen einmaliges Phänomen stellt – bis heute, wenn auch schon etwas entschärft – die Mediensituation in

Venezuela dar. Von fünf (inzwischen fünfeinhalb) nationalen Fernsehanstalten befinden sich vier, und zwar die am meisten gesehenen, fest in den Händen der Opposition. Sie agieren – unter Nutzung staatlicher Lizenzen – mit einer skrupellosen Gehässigkeit und verbreiten Putschpropaganda, Falschmeldungen und rassistische Attacken, wie man sie sich in keinem europäischen Land, ja nicht einmal in den USA vorstellen kann. Über die Aktivitäten der Regierung auf sozialem Gebiet wird geschwiegen. Statt dessen wird das Publikum mit Diskussionen über Ölpreise, die kolumbianische Guerilla und Chávez´ schlechte Manieren unterhalten.

Den TV-Medien zur Seite stehen Rundfunk- und Printmedien sowie Nachrichtenagenturen, die letzteren fast alle von den USA kontrolliert.

So spielten und spielen die privaten Medien höchst effizient eine einseitig agitatorische Rolle. Sie fungieren als das wichtigste Instrument zur Schaffung von Krisensituationen und treiben die Opposition – heute weniger als noch vor zwei Jahren – zu immer extremeren, immer irrationaleren Aktionen. Dank ihrer Übermacht und der Kollaboration mit Agenturen und Medien der USA bestimmen sie, was international, oder jedenfalls in Europa, über Venezuela – speziell über den Autoritarismus der Regierung und die Einschränkung sämtlicher Freiheiten – »gewußt« und gesprochen wird.

Spätestens seit der für die traditionellen Parteien so katastrophalen Wahl vom Juli 2000 hat diese Allianz der konterrevolutionären Medien die Rolle, die anderswo Oppositionsparteien spielen, übernommen. An den Putschversuchen im April und ab Dezember 2002 war sie so maßgeblich beteiligt, daß manche Beobachter von »Medienputschen« sprachen.

Die Chefs der privaten Fernsehanstalten – unter ihnen der schon erwähnte Gustavo Cisneros – nennt Chávez die »vier Reiter der Apokalypse« und wettert oft gegen sie. Nach dem Ölputsch von 2002/03 mußten diese Anstalten zwar beträchtliche Summen an Steuern, Geldstrafen und Verzugsgebühren – in Höhe von zusammen etwa 20 Milliarden Bs. (10 Millionen US-Dollar) – für die Unmenge der kostenlos gesendeten Propagandaspots nachzahlen, nicht einer aber wurde auch nur einen Tag lang die Lizenz entzogen, und kein einziger ihrer Journalisten, von den Chefs ganz zu schweigen, hat ein Gefängnis von innen gesehen.

Was die Regierung sich wohl erlauben kann, ist – einer Tradition aus der Vierten Republik folgend – sich in die privaten Sender einzuschalten und *»en cadena«* wichtigere Nachrichten und Ansprachen des Präsidenten – nicht aber *Aló Presidente* – zu senden. Ihr eigener TV-Kanal, Kanal 8 der *Venezolana de Televisión* (VTV), hat geringe Durchschlagskraft, was sicherlich auch mit seinem nicht allzu offenen und etwas dogmatischen Stil zu tun hat.

Gegenmaßnahmen: RESORTE und unabhängige Medien

Im November 2003 wurde *Vive TV,* ein zweiter nicht-privater nationaler Fernsehkanal gestartet. Dieser wird nun von Volksbewegungen betrieben und sendet »volksnahe« Programme, vorzugsweise einheimische und eventuell von mittlerweile geschulten »Laien« produzierte, die Venezuela »von unten« zeigen. Daneben Dokumentar- und Langfilme aus allen Teilen Lateinamerikas.

Vive TV ist gleichsam eine nationale Fortsetzung des vormals lokalen und lange Zeit »illegalen« Senders *Catia TV* (dieser wiederum hervorgegangen aus einem *CineClub,* der schon in der Vierten Republik »subversiv« tätig gewesen war). Der Sender steht unter der Leitung der Aktivistin Blanca Eekhout, die auch schon jenen *CineClub* betrieben hatte. Er kann allerdings aus technischen Gründen bis auf weiteres von nicht mehr als 70 % der Bevölkerung empfangen werden.

Gegen Ende 2004 wurde nach insgesamt fünf Jahren Vorbereitung ein national wie international heftig umstrittenes Mediengesetz *(Ley de Responsabilidad Social en Radio y Televisión,* RESORTE) verabschiedet. Dieses Gesetz, das mit europäischen Augen gesehen unverfänglich erscheint, wurde als »Maulkorbgesetz« verteufelt und vor internationale Gremien gezerrt.

Tatsächlich spiegelt es lediglich den Konflikt wider zwischen dem

Anspruch der Bevölkerung, seriös und verantwortungsbewußt informiert zu werden, und dem individualistischen Recht der Medieneigner, alles sagen und verbreiten zu dürfen, was ihnen in den Sinn kommt. Natürlich beschneidet es auch etwas deren bisher praktisch komplette Freiheit, erfinden, desinformieren und hetzen zu können, und nicht zuletzt wohl auch ihre Geschäftsinteressen.Um den Medien die Anpassung zu erleichtern, wird dieses Gesetz schrittweise in Kraft gesetzt. Seit Juni 2005 gelten die ersten einschränkenden Regelungen. Diese betreffen vor allem die Einschläge von Werbung, insbesondere von Schleich- und von auslandsproduzierter Werbung, das Recht des Staates, 70 Minuten wöchentlich *en cadena* zu senden, die Sendung ausländischer Produktionen und von »pornografischen« Momenten. Zugleich wird gefordert, täglich mindestens anderthalb Stunden von – natürlich aufbauenden – Kinder- und Jugendprogrammen zu senden.

Schon vorher aber hatte das Gesetz einige positive Effekte gezeitigt, unter anderem das Verschwinden von Schleichwerbung für alkoholische Getränke, die Voranzeige des Inhalts gewisser Programme, die Veröffentlichung von Programmvorschauen in der Presse, die Angabe von Tag und Zeitpunkt von Meldungen in den Nachrichtenprogrammen und nicht zuletzt, vor allem im Rundfunk, die vermehrte Sendung einheimischer und traditioneller Musik.

Ende Mai 2005 schon hatte die Wahlbehörde CNE im Hinblick auf die für August angesetzten Wahlen einige interessante Regelungen verkündet. Unter anderem können nun die Eigner und Repräsentanten der Medien mit bis zu einem Jahr Gefängnis bestraft werden, wenn sie ohne Autorisation Wahlpropaganda betreiben. Der Wahlkampf hat zwei Tage vor der Wahl zu enden und die unautorisierte Bekanntgabe von Wahlergebnissen wie auch diverse andere in der Vergangenheit übliche Praktiken sind – bei Geldstrafe – verboten.

Das RESORTE-Gesetz war sicherlich im wesentlichen eine Antwort auf ein akutes Problem, es hat aber auch und vor allem eine positive Seite. Die unabhängigen, d.h. die »alternativen« und die lokalen »kommunitären« Medien waren in der Vierten Republik illegal und verfolgt gewesen. Die allermeisten von ihnen hatten sich dann mit Chávez´ Projekt identifiziert und waren dafür – zumindest in den Chávez-freundlichen Bundesstaaten – toleriert, ja durch die *Ley Orgánica de Telecomunicaciones* von 2000 im Prinzip auch schon legalisiert worden. Die Regierung verließ sich derweil freilich weiterhin auf ihre eigenen Kanäle, die *Venezolana de Televisión* (VTV) und den *Radio Nacional de Venezuela* (RNV).

Während des Putschversuchs im April 2002 aber hatten die unabhängigen Medien eine aktive, wahrhaft »alternative« Rolle gespielt, indem sie – worüber die herrschenden Medien, nachdem sie die staatlichen ausgeschaltet hatten, ja vollständig schwiegen – das Volk über den vorhandenen Widerstand informierten und so den Widerstand zu organisieren halfen.

Mit dem RESORTE-Gesetz werden diese Medien nun ausdrücklich legalisiert, ja können sogar durch Ausbildung und Bereitstellung von Ausrüstung und Finanzmitteln gefördert werden. Auch schon vor der Verabschiedung des Gesetzes hatte die *Comisión Nacional de Telecomunicaciones* (CONATEL) Lizenzen vergeben und logistische Unterstützung gewährt, und im Oktober 2005 prämiierte das Kommunikationsministerium erstmalig je 10 unabhängige TV- und Radiostationen für herausragende Programme.

Tatsache ist, daß nach dem Putschversuch die unabhängigen Fernseh- und mehr noch Radiostationen, wie Pilze aus dem Boden schossen – mit oder ohne staatliche Genehmigung, dafür mit viel Idealismus und unter bemerkenswerten Opfern – und anfingen, nicht nur den etablierten privaten, sondern auch den staatlichen Medien Konkurrenz machen.

Die privaten Medien und die Opposition antworteten darauf mit verstärkten Anfeindungen und in Chávez-feindlichen Bundesstaaten – beispielsweise in Groß-Caracas – gelegentlich auch mit Verfolgungen.

Im ganzen Land existieren nun bereits über 1.000 unabhängige Medien. Dank ihrer Unabhängigkeit funktionieren diese nach einer anderen Philosophie als sowohl die staatlichen wie die privaten. Dabei zeichnen sich die »kommunitären« Medien sowohl gegenüber den »alternativen« als auch gegenüber den staatlichen dadurch aus, daß sie andere Inhalte behandeln und tiefer in sie eindringen als jene – von den privaten Medien nicht zu reden. Sie kommen den Interessen und Anliegen ihres Publikums näher, sowohl dadurch, daß sie Themen und Vorgänge behandeln, denen die übrigen Medien notorisch ausweichen, als auch dadurch, daß sie lokale Kräfte die Kamera halten und selbst berichten lassen.

Diese Medien richten sich auch nicht an passive Zuschauer, sondern wollen »kommunizieren«. Ein Beispiel hierfür ist *Radio Rebelde* im Armenviertel Catia, eine von 11 kommunitären Radiostationen in Caracas, zu 25 % staatlich finanziert und von enthusiastischen Laien als Kooperative betrieben.

Ein anderes Beispiel ist die Netzzeitung der *Asamblea Popular Revolucionaria* (APORREA). Diese wird betrieben von Freiwilligen und Autodidakten, die sie mit Hilfe des Gratis-Systems Linux aufgebaut und gestaltet haben. Die Zeitung bemüht sich mit Erfolg, zu jedem politischen und sozialen Vorgang, auch zu solchen auf internationaler Ebene, eine »alternative« Version zu liefern, die, wenn auch immer »revolutionär«, von der offiziellen abweichen kann. So insbesondere wenn es um die Rechte der Arbeiter und um deren Kämpfe für diese Rechte geht. APORREA will auch keine Tabus, keine Selbstzensur und keine politischen oder ökonomischen Abhängigkeiten kennen und scheut sich nicht, den Präsidenten selbst von Angesicht zu Angesicht zu kritisieren.

Am 12. Oktober 2004 kam es sogar zu einer veritablen Konfrontation sowohl mit der Regierung wie mit dem (chavistischen) Bürgermeister des Stadtteils Libertador, Freddy Bernal. APORREA beteiligte sich an diesem Gedenktag der »Entdeckung Amerikas« (der in Venezuela neuerdings immerhin als »Tag des Widerstands der Eingeborenen« begangen wird) an einem Angriff auf das Columbus-Denkmal auf der zentralen Plaza Venezuela. Dies wurde von den Behörden lauthals verurteilt. Die Täter wurden gerichtlich belangt und eine Restauration des Denkmals in Angriff genommen.

Es gibt auch bereits eine *Asociación Nacional de Medios Comunitarios, Libres y Alternativos,* die 180 kommunitäre Medien unter ihrem Dach vereinigt. Diese können sich nun in der Regel – d.h. wenn es nicht gerade Konflikte mit Bürokraten der CONATEL gibt – leicht und unbürokratisch etablieren, arbeiten ohne Werbung und, zumeist neben anderen Organisationen, in zu »Bolivarianischen Häusern« umfunktionierten Gebäuden. Sie sind »horizontal« organisiert und werden demokratisch betrieben. Jedermann kommt zu Wort.

Allein in Mérida, einer Universitätsstadt von 300.000 Einwohnern am Fuß der Anden, gibt es fünf kommunitäre Radiostationen. Alle – freilich nicht alle im ganzen Land – sind sie »für den Prozeß«, aber keine scheut sich, gelegentlich die Regierung zu kritisieren.

Ganz allgemein haben die unabhängigen Medien gegenüber allen etablierten, einschließlich den staatlichen, einen bedeutenden Vorzug. Der Sendeturm der VTV kann mit Leichtigkeit weggesprengt werden, die unabhängigen Medien aber fungieren wie eine überall präsente »Informationsguerilla«, die kaum zu erwischen ist.

Auch die Nationalversammlung installierte im April 2005 einen eigenen Fernsehsender, über den Abgeordnete aus dem Haus oder von der Straße berichten, was sich in der Versammlung gerade abspielt. Und im Mai 2005 lancierte der staatliche Rundfunk einen Jugendsender, *Activa 103.9,* der in voll demokratischer Weise den Interessen der Jugendlichen sowie ihren Impulsen und Beiträgen Rechnung trägt.

Um dem RESORTE-Gesetz Einfluß zu sichern, wurden – unter den Auspizien der Wahlbehörde – im Mai 2005 ein »Verantwortungsrat« und je eine Programmkommission für Rundfunk bzw. Fernsehen gewählt. In ihnen sind jeweils Repräsentanten sowohl der staatlichen wie auch der unabhängigen und der privaten Medien vertreten.

TELESUR

Im übrigen geht das Ringen der Regierung mit dem oppositionellen Medienoligopol weiter. Immerhin aber haben zumindest die drei großen nationalen Zeitungen, *El Nacional, El Universal* und *El Mundo,* schon seit längerem infolge ihres einseitigen Agierens zur Zeit des Putschversuchs im April 2002, nennenswerte Teile ihrer Leserschaft verloren, in deutlichem Gegensatz zu den wesentlich objektiveren

Blättern *Últimas Noticias* und *Panorama* sowie der 2003 gegründeten revolutionären Tageszeitung *Diario Vea*. *Últimas Noticias* ist mittlerweile zur meist gelesenen Tageszeitung des Landes aufgestiegen, gefolgt von *Diario Vea*, und *Panorama*, beheimatet in dem von der Hauptstadt weit entfernten Maracaibo, wird seit 2003 auch in Caracas vertrieben.

Im Mai 2005 nahm die auf Chávez' Initiative entstandene südamerikanische Fernsehanstalt *Televisora del Sur* (TELESUR) mit ersten Probesendungen ihre Arbeit auf. Im Juli wurde sie dann offiziell in Funktion gesetzt und begann mit der Sendung von sechstündigen Blocks, die jeweils vier Mal pro Tag ausgestrahlt wurden.

Unter den unzähligen in den USA lebenden Lateinamerikanern ebenso wie in Brasilien wurden diese ersten Sendungen mit Begeisterung aufgenommen. Seit Ende Oktober sendet TELESUR 24 Stunden am Tag ein durchgängiges Programm, das praktisch in ganz Lateinamerika und auch in anderen Teilen der Welt empfangen werden kann.

Die neue Anstalt will »Lateinamerika aus lateinamerikanischer Sicht« zeigen und so nach dem Muster von *Vive TV* der Medienhegemonie der imperialistischen Welt entgegenwirken. Auch hier wird ohne Werbung gearbeitet. Gesendet werden überwiegend Nachrichten, Interviews, Reportagen und Dokumentarfilme, aber auch Produktionen unabhängiger Fernsehanstalten, Universitäten etc. und nicht zuletzt lateinamerikanische Kurz- und Langfilme.

TELESUR wird vorerst von Venezuela, Argentinien, Kuba und Uruguay mit 51 bzw. 20, 19 und 10 % finanziert. Von Venezuela abgesehen, haben auch die übrigen Länder der Andinischen Staatengemeinschaft, der *Comunidad Andina de Naciones* (CAN, Kolumbien, Bolivien, Ecuador und Peru), ihr Interesse angemeldet. Ständige Korrespondenten arbeiten bereits in Kolumbien, Brasilien, Bolivien, Haiti sowie den USA und zeitweilige in Chile und Paraguay. Brasilien lancierte im September 2005 in Anlehnung an TELESUR sein eigenes TV-Brasil.

Mit gutem Grund konnte der damalige Minister Andrés Izarra – im Rahmen der Diskussion um das genannte Mediengesetz – behaupten, daß es in Venezuela nie mehr Meinungsfreiheit gegeben habe als zur Zeit. Ende Juli 2005 kündigte er dann – dem Beruf nach hauptsächlich Journalist – seinen Rücktritt als Minister an, um neben dem Direktor, dem Uruguayer Aram Aharonián, den Posten des Präsidenten von TELESUR zu übernehmen.

Dem US-Establishment aber mißfällt TELESUR wie alles was auf Chávez´ Initiative geschieht. So akzeptierte das Repräsentantenhaus im Juli 2005 einen Gesetzesvorschlag des für seine antikubanischen Aktivitäten bekannten Abgeordneten Connie Mack, der vorsieht, Venezuela in der gleichen Weise wie Kuba massiv mit US-amerikanischer »Information« zu versorgen.

Vor allem aber griff Mack TELESUR als mit *Al Jazeera* verbündet, »antiamerikanisch« und »freiheitsfeindlich« an. Dabei argumentierte er, wie üblich, mit dem Märchen von der unterdrückten Presse- und Meinungsfreiheit in Venezuela, und das obwohl sämtliche US-amerikanischen Medienimperien ungestört dort operieren und die einheimischen Medien, wie besprochen, von US-freundlichen und entsprechend antichavistischen Medienmogulen beherrscht sind (was ihm denn auch von mindestens einem Abgeordneten vorgehalten wurde).

Der Beschluß des Repräsentantenhauses rief dann in Caracas heftige Reaktionen hervor, einschließlich einer Drohung des Präsidenten Chávez, eventuelle Radio- und TV-Sendungen aus den USA zu stören, während andere Regierungsmitglieder ihn als Kompliment nahmen. Der Botschafter der USA in Caracas, William Brownfield, versuchte allerdings Öl auf die Wogen zu gießen, indem er erklärte, daß die von den US-Gesetzgebern beschlossene Drohung nur ins Werk gesetzt werde, wenn TELESUR die USA angreife.

3 Die Politik der Revolution

Erste sozialpolitische Maßnahmen

Die Aktivitäten des Präsidenten Chávez auf sozialem Gebiet begannen bereits in seinem ersten Regierungsjahr mit dem *Plan Bolívar 2000*. Im Rahmen dieses Plans wurden die Streitkräfte und zivile Freiwillige für verschiedene, vor allem auf die ärmsten Teile der Bevölkerung gerichtete akute Hilfs- und Entwicklungsprojekte eingesetzt. Der Einsatz der Streitkräfte für zivile Aufgaben dauert bis heute als eine Selbstverständlichkeit an.

Die genannten Projekte konnten von Ausspeisungen und Nachhilfeunterricht über Lebensmittel- und Gesundheitsversorgung oder Bereitstellung von Baumaterialien bis zum Bau von Straßen, Häusern, Schulen usw. reichen. So wurden unter anderem 20.000 Wohnungen errichtet und danach, in nur zwei Jahren bis Ende 2002, weitere 150.000, einschließlich der erforderlichen Infrastruktur.

Auch der Bau von Wasserleitungen wurde früh in Angriff genommen. Schon in den ersten Jahren wurden um die zwei Millionen Personen erstmalig mit Trinkwasser versorgt. Mittlerweile haben 93 % der Bevölkerung Zugang zu fließendem Wasser. Im Bundesstaat Falcón wird in Zusammenarbeit mit China an einem riesigen Aquädukt gebaut.

Im Winter 1999, also auch noch in Chávez´ erstem Jahr, traf Venezuela eine völlig ungewohnte Erdrutschkatastrophe, die hauptsächlich den nördlich von Caracas gelegenen Bundesstaat Vargas und die übervölkerten Hügel rund um Caracas in Mitleidenschaft zog. Mindestens 30.000 Menschen kamen ums Leben, zahlreiche Opfer wurden unter den Erdmassen nie aufgefunden, und die Zerstörungen waren enorm. Die Regierung griff ein und errichtete oder renovierte in kurzer Zeit 15.000 Wohnungen.

Nach dieser und einigen weiteren, nicht ganz so schlimmen Unwetterkatastrophen wurde im Juni 2005 in Zusammenarbeit mehrerer Ministerien neben der schon bestehenden Zivilschutzorganisation eine Truppe für akute Katastropheneinsätze, *Fuerza de Tarea Humanitaria Simón Bolívar* genannt, aufgestellt. Diese ist großzügig organisiert, mit allen erforderlichen Experten ausgestattet und steht, in fünf regionale Einheiten aufgeteilt, für sowohl nationale wie internationale Katastropheneinsätze bereit.

Als eine der ausnahmsweise an die Mittelklasse gerichteten Maßnahmen wurde früh schon ein *Plan del Vehículo Familiar* verkündet, der bis heute gilt. Die »Familienautos« sind von der Umsatzsteuer befreit. In den ersten drei Jahren der Geltung des Plans wurden 70.000 Stück verkauft.

Ernährung

Noch während des Ölputsches von 2002/03 wurde als Antwort auf die Versuche der Opposition, die Lebensmittelversorgung zu stören, ein erstes großes soziales Projekt gestartet: die *Misión Mercado de Alimentos* (MERCAL).

Dieses Projekt begann als eine Notmaßnahme. Es nutzte anfangs die Infrastruktur sämtlicher Zweige der Streitkräfte – unter anderem die Kasernen als Lagerräume –, und diese begannen, in Caracas und vornehmlich in den dortigen Armenvierteln Grundnahrungsmittel zum halben Preis zu verkaufen.

Das Projekt wuchs dann kontinuierlich und umfaßte im Juli 2005 bereits über 14.000 Lebensmittelläden bzw. -ausgabestellen, darunter über 100 Sammelstellen und 33 Supermärkte. Diese versorgen täglich etwa 15 Millionen Menschen mit insgesamt nahezu 6 Millionen kg Grundnahrungsmitteln von anerkannt hoher Qualität und zu Preisen, die um 25 bis 50 % unter denen der großen Handelsketten liegen.

Im Juni 2005 wurde im Zuge der Einleitung einer zweiten Etappe mit einer Ausweitung des Sortiments begonnen, das nun auch Textilien einschließt. Außerdem wurde mit Ausbildungsaktivitäten und dem Bau von drei Kühlhäusern begonnen. Damit wurde MERCAL nach PdVSA zum zweitgrößten staatseigenen Unternehmen des Landes.

Im November 2005 gab dann der Ernährungsminister bekannt, daß für 2006 eine dritte Etappe vorgesehen sei, in der auch Haushaltsgeräte und Fahrzeuge vertrieben würden und das Lebensmittelangebot auf 8 Millionen kg pro Tag, darunter auch Frischmilch, erhöht würde. Für die nötigen Einkäufe wären dann insgesamt 2 bis 3 Milliarden US-Dollar zu veranschlagen. Nach seinen Angaben waren zu diesem Zeitpunkt bereits 1.250 Millionen kg Lebensmittel vorrätig.

Die in den MERCALs verkauften Waren, werden großteils von lokalen Kooperativen geliefert, womit unnötige Importe und lange Transportwege vermieden werden. Die Lieferanten beteiligen sich zum Teil auch an anderen sozialen Projekten wie der Aufrüstung von Sportanlagen, Schulen, Gesundheitsstationen (s.u.), Ausspeisungsstellen und Infozentren.

Um ihre niedrigen Preise und die bisher verwirklichte Null-Inflation in den Märkten halten zu können, schießt ihnen die *Corporación de Abastecimiento y Servicios Agrícolas* (CASA) monatlich etwa 50 Milliarden Bs. (20 Millionen Euro) zu.

CASA spielt überhaupt eine wichtige Rolle. Ihre Hauptaufgabe ist es, im In- und Ausland – und da gegebenenfalls im Tauschhandel mit Ländern wie Kuba, Argentinien, Brasilien und Kolumbien – Lebensmittel zu beschaffen und die MERCALs zu beliefern. Auch die von Kapitalisten beherrschte *Cámara Venezolana de la Industria de Alimentos* möchte in dieses Geschäft einsteigen.

In jedem Fall bricht die *Misión Mercal* das Oligopol der Spekulanten und Zwischenhändler sowie der etablierten Handelsketten – ein weiterer wichtiger Schritt auf dem Weg zu Ernährungssicherheit und -unabhängigkeit. Daß auch die *Misión Mercal* nicht klaglos funktioniert und weit entfernt von immun ist gegen Korruption – von der auch die Bürger zu spüren bekommen – sei am Rande vermerkt.

Schon vor der *Misión Mercal* lief in den Armenvierteln, unter anderen denen an den Hügeln um Caracas, das *Programa de Alimentos Estratégicos* (PROAL), das Kinder, stillende Mütter, Behinderte und sonstige Arme mit zwei ausgewogenen Mahlzeiten pro Tag versieht. Im Juni 2005 existierten bereits etwa 4.000 *Casas de Alimentación,* in denen etwa 600.000 Personen versorgt wurden. Bald sollen 1.000 solche Häuser hinzukommen und die Zahl der Empfänger sich auf 900.000 erhöhen. Die in den Häusern Arbeitenden sollen Lohnzuschläge erhalten und dafür auch Freizeitaktivitäten für ihre »Kunden«, vielfach ältere Personen, organisieren.

Schon vor dem Ölputsch 2002/03 wurde zusammen mit der *Food and Agriculture Organization* (FAO) der UNO ein Programm gestartet mit dem Ziel, städtischen Gemüseanbau in Gang zu bringen. Heute gibt es in der Stadt Caracas und in anderen Städten, in Schulen und nicht zuletzt auch in den Armenvierteln Kleingärten und sonstige, mehr improvisierte Anbauformen, die die Bewohner mit Gemüsesorten versorgen, die sie zuvor kaum kannten oder sich zumindest nicht leisten konnten. Der Anbau erfolgt in der Regel kooperativ und ökologisch, die Schädlingsbekämpfung vorzugsweise mit insektenabweisenden Pflanzen wie Basilikum, Petersilie und Minze.

Ausbildung und Kultur

Noch typischer für den Geist der Bolivarianischen Revolution aber sind die auf dem Ausbildungs- und dem Gesundheitssektor betriebenen Projekte.

Schon seit ihrem ersten Jahr ist die Chávez-Regierung mit der Einrichtung »Bolivarianischer Schulen« zu Gange: Ganztagsschulen, im September 2005 bereits 4.600 an der Zahl, in denen die Schüler der ersten neun Schuljahre außer Unterricht – nicht nur in herkömmlichen Lehrfächern, sondern auch in Kultur und Sport – täglich drei Mahlzeiten erhalten. Zum Schulstart werden sie zudem kostenlos mit Schuhwerk und Schuluniformen ausgestattet.

Darf man Chávez Glauben schenken, so haben im Schuljahr 2004/

05 etwa eine halbe Million Kinder – das entspräche rund 12 % der Altersgruppe – eine der ersten sechs Klassen dieser Schulen besucht. Außerdem waren bis zum Juni 2005 bereits 8.000 Schulgebäude renoviert und 600 neu errichtet worden.

Die Bolivarianischen Schulen haben, wenn nicht mehr, sowohl die Fälle kindlicher Unterernährung wie auch Schwänzereien und Schul-Desertionen rasch und merkbar vermindert. Nicht wenige Landarbeiterkinder auf den Latifundien im Inland freilich haben bis auf weiteres keinen Zugang zu ihnen.

Bolivarianische Gymnasien gibt es bisher nur wenige. Doch ist bereits in der ersten Jahreshälfte von 2005 mit Maßnahmen zur Einrichtung von zunächst 26 Lehranstalten dieser Art begonnen worden. In ihnen sollen kooperative Arbeit und theoretische Ausbildung kombiniert werden. Bis 2007 sollen sämtliche Grundschulen und Gymnasien in Bolivarianische Schulen umgewandelt sein.

Für die Kleinsten, die bis zu 6-Jährigen, ist das Kindergarten- und Vorschulprogramm *Simoncito* (Kleiner Simón) gedacht. Dieses umfaßt bereits etwa 1,4 Millionen Kinder (was etwa zwei kompletten Geburtsjahrgängen entspricht) und soll in absehbarer Zeit sämtliche Kinder des genannten Alters umfassen.

Im November 2003 startete die *Misión Ribas*. Sie bereitet Gymnasialschulabbrecher, deren es mehrere Millionen gibt, aufs Abitur vor. Die Kurse laufen jeweils über zwei Jahre, auf zwei Niveaus: für das 7. bis 9. bzw. das 10. bis 12. Schuljahr. Auf beiden Niveaus sind Spanisch, Mathematik, Geographie, Geschichte, eine Fremdsprache und Wirtschaftskunde obligatorisch; dazu kommen frei zu wählende Fächer. Die Studierenden erhalten Verpflegung, Wohnraum und Reisen gratis.

2005 nahmen über 800.000 Personen an diesem Programm teil. Ende Mai wurden die ersten gut 20.000 graduiert. Bis zum Jahresende sollten es 210.000 werden, eine Ansage, die dann auch recht genau eingehalten wurde.

2003 wurde auch die erste von mehreren »Bolivarianischen Universitäten« eröffnet. An diesen läuft nun vor allem der Unterricht im Rahmen der *Misión Sucre*. Diese hat den Auftrag, Abiturienten, die noch keinen Studienplatz gefunden haben, ins Universitätsstudium einzuführen. Insgesamt gibt es etwa 400.000 Aspiranten auf einen derartigen Studienplatz.

Die zahlreichen nach wie vor bestehenden, im allgemeinen besser ausgestatteten, jedoch von reaktionären Kräften beherrschten privaten Universitäten beteiligen sich bis auf weiteres nicht an der *Misión Sucre.*

Die *Misión Ribas* wie auch die *Misión Sucre* unterstützt Kuba mit insgesamt 10.000 Stipendien für zukünftige bzw. angehende Medizinstudenten.

Mitte 2003 wurde eins der bisher größten Projekte, die *Misión Robinson I,* gestartet; (»Robinson« war ein Pseudonym, das Simón Rodríguez, ein Lehrer Simón Bolívars, benutzte). Unter der Leitung des *Instituto Nacional de Cooperación Educativa* wurde, nach Vorversuchen bereits im Mai, eine landesweite Kampagne in Gang gesetzt, um dem Analphabetismus von 10 bis 12 % beizukommen.

Dabei kamen aus Kuba die entscheidenden technischen Beiträge: 1,900.000 Lesebücher, 200.000 Handbücher für die Instruktoren, je 80.000 Fernseh- und Videogeräte, 1 Million Videos, 300.000 Brillen. 126.000 Instruktoren betätigten sich im Rahmen dieses Programms, das unter der Losung *»Yo sí puedo!«* (»Ich kann sehr wohl!«) lief.

Im übrigen ging es bei der *Misión Robinson* jedoch bei weitem nicht nur um die Vermittlung von Lese- und Schreibfertigkeiten. Die Lehrer konnten vielmehr den Lernenden – vielfach in abgelegenen Gebieten – auch beim Zugang zu Krediten, Stipendien und Landbesitztiteln und bei der Gründung von Kooperativen beistehen. Der Unterricht war zudem »lokalpatriotisch« und entschieden auf die besonders benachteiligten und oft sehr kleinen Eingeborenengruppen hin orientiert. Einige lernten so erst Spanisch und wurden sich ihrer neuen mitbürgerlichen Rechte bewußt.

In manchen Gemeinden wurde die Arbeit von oppositionellen Bürgermeistern behindert oder sabotiert.

Bis September 2005 hatten jedoch bereits nahezu 1,5 Millionen Personen (davon 65 % Frauen) Lesen und Schreiben erlernt, darunter auch Blinde, die Braille, und Taube, die Zeichensprache erlernt hatten. Am 28. Oktober erklärte die UNESCO Venezuela als zweites Land Lateinamerikas (nach Kuba) als »frei von Analphabetismus«.

Bei dieser Gelegenheit erklärte Chávez, daß ein derartiger Fortschritt nicht möglich gewesen wäre ohne die Mitarbeit Fidels und des kubanischen Volkes, bedankte sich für die Mithilfe der Streitkräfte und kündigte an, daß für die jüngst Alphabetisierten umgehend Kooperativen in verschiedenen Bereichen geschaffen und daß die erfolgreichen Alphabetisatoren nun auch in andere lateinamerikanische Länder entsandt werden würden.

Eine *Misión Robinson II (»Yo sí puedo seguir!«,* »Ich kann sehr wohl weitermachen!«) schloß sich an *Robinson I* nahtlos an. Sie hat das Ziel, die betreffenden Personen, in zwei Etappen, auf das Niveau der 6. Grundschulklasse zu führen. Mit den ersten Probeläufen wurde im September 2003 begonnen, und zwei Jahre später nahmen bereits 1,3 Millionen Personen, darunter 700.000 Absolventen von *Robinson I,* an dem Projekt teil.

Ende September 2005 lancierte Chávez eine *Misión Robinson III,* die das Ziel hat, durch massive Förderung des Lesens, vorzugsweise des gemeinschaftlichen Lesens, die mit *Robinson I* erzielten Errungenschaften abzusichern, d.h. dem Rückfall in funktionalen Analphabetismus vorzubeugen und die Entwicklung von historischem und politischem Bewußtsein zu erleichtern. Zu den 25 Millionen von Kuba bereits gespendeten Büchern sollen laufend neue hinzukommen und der Bevölkerung in Bibliotheken zur Verfügung gestellt werden.

Etwa 3 Millionen vorher ausgeschlossene Personen sind nun dank der einen und/oder anderen der genannten Missionen und sonstigen Maßnahmen ins Ausbildungssystem integriert.

Zum Ende des Jahres 2005 soll nach dem Muster der Internationalen Medizinhochschule in Kuba eine internationale Sportuniversität für schließlich 30.000 Studenten aus Venezuela und mehr als 20 iberoamerikanischen und karibischen Ländern eröffnet werden.

Vuelvan Caras (»Wendet um!« im Sinne von »Gebt nicht auf!«, ein Kampfruf des Heldengenerals im Unabhängigkeitskrieg gegen Spanien José Antonio Páez) heißt eine weitere Mission, die im Februar 2004 lanciert wurde. Sie hat eine ausdrücklich antikapitalistischsozialistische Stoßrichtung. Ihr Ziel ist, ungenutzte handwerkliche und sonstige berufliche Fertigkeiten, insbesondere vormals marginalisierter Personen, aufzufrischen, weiterzuentwickeln und – im Kampf gegen die immer noch bedrückende Arbeitslosigkeit – einzusetzen.

Mitte 2005 hatten bereits an die 400.000 Personen, überwiegend Absolventen anderer Missionen und Ex-Arbeitslose, 90 % von ihnen von der Regierung mit bescheidenen Stipendien unterstützt, Kurse unterschiedlichster Spezialisierung, von landwirtschaftlicher bis zu kunsthandwerklicher, durchlaufen und standen für den Einsatz, vorzugsweise in Kooperativen, bereit.

Die aus dem *Vuelvan-Caras*-Projekt hervorgehenden Kooperativen sind verteilt auf fünf »Fronten«: Landwirtschaft, Industrie, Infrastruktur, Tourismus und Dienstleistungen. Diese Kooperativen sollen regelmäßig sofort die nötigen Kredite erhalten. Im September 2005, nach anderthalb Jahren Laufzeit, waren 1,1 Billionen Bs. (gut 400 Millionen Euro), 80 % davon aus Mitteln, die PdVSA beigetragen hatte, in das Projekt investiert worden.

Zugleich startete eine zweite gleichartige Etappe, an der wieder etwa 300.000 Personen teilnehmen. 2006 sollen weitere 700.000 hinzukommen, wofür 3 Billionen Bs. (gut 1,1 Milliarden Euro) veranschlagt werden.

Im Juli 2005 lancierte Chávez nach einer längeren Vorbereitungszeit eine *Misión Cultura.* Ihre Hauptaufgabe soll es sein, mit Hilfe von vorerst etwa 10.000 Studenten – nach und nach sollen es 28.000 werden – kulturelles Schaffen unterschiedlichster Art anzuregen, unter anderem in der Absicht, die Bevölkerung von der importierten US-Kultur mit ihren konsumistischen und materialistischen »Werten« zu befreien. Die besagten Studenten erwerben im Zuge ihrer Tätigkeit akademische Meriten bis hin zur Graduierung als Ausbilder in Sozialer Entwicklung.

Auch die Gründung einer *Editorial del Sur,* eines internationalen südamerikanischen Verlags ist vorgesehen.

Gesundheit

Etwa gleichzeitig mit *Robinson I* lief die *Misión Barrio Adentro* – »Innerhalb des *barrio«, barrios* sind die Armenviertel in Venezuela – an. Dieses ist ein womöglich noch umfassenderes und sozial noch bedeutsameres Projekt. Nachdem Chávez schon vorher Muttermilchbanken eingerichtet und – ohne durchschlagenden Erfolg – den Anspruch auf kostenlose ärztliche Behandlung dekretiert hatte, reisten aus Kuba nach und nach gut 20.000 »Gesundheitsarbeiter« an – überwiegend Ärzte und Ärztinnen sowie Gesundheitstechniker und eine kleinere Zahl von Krankenschwestern –, je eine/r für etwa 250 Familien.

Der venezolanische Ärzteverband protestierte wütend und versuchte auch – ohne Erfolg – juristisch gegen diese Maßnahme vorzugehen.

Die Kubanerinnen und Kubaner sollten nun vor Ort, vornehmlich in den *barrios, Consultorios Populares,* Gesundheitsstationen nach kubanischem Hausarzt-Muster, einrichten und Patienten, die vielfach noch nie und schon gar nicht in der eigenen Wohngegend einem Arzt begegnet waren, rund um die Uhr die erforderlichen Dienste leisten.

Für 2004 wurde die Einrichtung von 5.000 derartigen Gesundheitsstationen – notfalls in von Freiwilligen zur Verfügung gestellten Räumlichkeiten – vorgesehen. Im April 2005 gab es bereits 12.000. Das Projekt ist weiterhin im Ausbau begriffen, und die improvisierten Stationen werden nach und nach durch für den eigentlichen Zweck errichtete Gebäude ersetzt.

Parallel dazu konstituierten sich »Gesundheitskomitees«, die eng mit den Gesundheitsstationen zusammenarbeiten.

Die kubanischen Arztinnen und Ärzte haben in der Regel 2-Jahres-Verträge und werden mit monatlich 200 US-Dollar entlohnt (während ihre nicht sehr zahlreichen venezolanischen Kollegen ab November 2005 das Äquivalent von 700 Dollar erhalten).

Damit haben nun fast alle Bürger Venezuelas Zugang zu kostenloser ärztlicher Versorgung. Auch venezolanische Ärzte, Techniker und vor allem Krankenschwestern sind an dem Projekt beteiligt, jedoch in wesentlich geringerer Zahl, und das obwohl Venezuela, im

Vergleich z.B. zu Guatemala oder Bolivien, nicht gerade unter Ärztemangel leidet.

Dem Repräsentanten der UNO-Weltgesundheitsorganisation in Venezuela Renato Guzmão zufolge ist damit etwas erreicht worden, was jahrzehntelang unmöglich erschien: den Eingeborenen und Armen, die überhaupt nie Zugang zu Gesundheitsversorgung hatten, und den Angehörigen der Mittelklasse, die teuer für diese bezahlen mußten, effiziente und kostenlose Gesundheitsdienste zu bieten – und das dank einer vergleichsweise einfachen politischen Entscheidung. Guzmão sagt, es kümmere ihn nicht, ob diese Dienste von Kubanern oder von Marsmenschen geleistet werden, ihm bedeute es mehr, daß da, im Januar 2005, 17 Millionen Personen gesundheitlich versorgt worden seien, und daß dieser Fortschritt irreversibel sei.

Dem kann hinzugefügt werden, daß *Barrio Adentro* in den ersten beiden Jahren seiner Existenz schätzungsweise 25.000 Menschenleben gerettet hat. Und Anfang 2004 konnte Chávez bekanntgeben, daß in Venezuela bereits 80 % der AIDS-Kranken ärztlich betreut würden und daß bis zum Ende des Jahres 100 % erreicht würden.

Barrio Adentro soll überdies – ähnlich wie *Robinson I* – weit mehr als akute Krankenbetreuung leisten. Das Projekt ist als langfristiger »integraler Gesundheitsdienst« konzipiert und schließt als solcher auch Gesundheitserziehung, Kultur, Sport, Umweltkunde und Ernährungslehre ein. So wurden allein im Jahr 2004 ca. 70 Millionen Einsätze geleistet, darunter an die 20 Millionen ärztlicher Konsultationen, einschließlich Operationen, außerdem zahllose Vorlesungen, Beratungen, Impfungen, Krankenschwesternaktivitäten usw.

Dem *Barrio-Adentro*-Projekt zuzurechnen ist auch die Tätigkeit kubanischer Sportlehrer, etwa 5.000 an der Zahl. Auch sie wirken bevorzugt in den Armenvierteln, wo sie für Kinder und Jugendliche sowie für ältere Personen zur allgemeinen Begeisterung und mit großem Nutzen sportliche Aktivitäten organisieren, Unterricht erteilen und alle denkbaren Beiträge des Sports zur Gesundheitsförderung demonstrieren. Zugleich bilden sie venezolanische Kollegen aus, auf daß diese in naher Zukunft ihre Aufgaben übernehmen können.

Im Juni 2005 startete das Anschlußprojekt *Barrio Adentro II.* In dessen Rahmen sollen – weiterhin in Zusammenarbeit mit Kuba – zwecks Entlastung der überlaufenen Krankenhäuser 600 Diagnostik- mit angeschlossenen Rehabilitationszentren sowie 35 hochtechnologisch ausgerüstete Behandlungszentren errichtet werden. Außerdem sollen die bestehenden Gesundheitsstationen verbesserte medizintechnische Ausrüstung erhalten. Das betreffende Abkommen mit Kuba wurde im April 2005 geschlossen. Bereits im Juni wurden dann die ersten 30 der genannten Zentren eröffnet und diese arbeiten seither eng mit den Gesundheitsstationen zusammen.

Eine andere wichtige Aufgabe von *Barrio Adentro II* ist die Spezialisierung von 40.000 einheimischern Ärzten und 5.000 Medizin-Technikern. Dieses Projekt erweckte nun auf venezolanischer Seite beträchtliches Interesse. Schon vor der offiziellen Bekanntgabe hatte sich eine große Zahl von Bewerbern für eine moderne, von Kubanern organisierte und zum Großteil in Kuba stattfindende »nichtakademische«, eng praxisgebundene Allgemeinmedizinerausbildung gemeldet. Und zu Beginn des Studienjahres 2005/06 traten dann – an venezolanischen Universitäten zunächst – über 17.000 Abiturienten, wie üblich begleitet von Protesten der etablierten Ärzteschaft und von mahnenden Worten des Präsidenten Chávez, ihre Ausbildung mit dem Ziel einer allgemeinmedizinischen Spezialisierung an.

Ein weiteres Anschlußprojekt, *Barrio Adentro III,* faßt die 279 Krankenhäuser des Landes ins Auge, die mehr oder weniger dringend einer technischen, organisatorischen und ideologischen Aufrüstung bedürfen. Auch hier laufen bereits die ersten Bedarfserhebungen. Die 13 Militärkrankenhäuser sind ab sofort allen zugänglich. Für das Projekt insgesamt sind zunächst 2,5 Milliarden US-Dollar – aus den Währungsreserven, die die Zentralbank freigegeben hat (s.u.) – veranschlagt.

Seit Anfang 2005 arbeitet die Nationalversammlung an Gesetzen gegen Alkohol- und Tabak-Werbung sowie gegen das Rauchen in öffentlichen Lokalen. Zigarettenautomaten sollen verboten werden und ebenso das Rauchen in öffentlichen Gebäuden wie auch in bestimmten Zonen von Restaurants und Kneipen. In der U-Bahn von Caracas wird es ab 2006 keine Tabakwerbung mehr geben.

Wohnen

Das Präsidentendekret 1.666 vom Februar 2002, das auch als *Ley de Tierras Urbanas* bekannt ist, beschäftigt sich mit der bis dahin ungeregelten Wohnsituation von Millionen Armen, zumeist Familien, die sich im Lauf der Jahre, gewöhnlich am Rand der Städte, in ihren *barrios,* ihren mehr oder weniger slumartigen Wohnvierteln, niedergelassen, diese »unrechtmäßig« okkupiert hatten.

Besagtes Dekret bestimmt vor allem, daß den Bewohnern »illegal« errichteter Häuser und Hütten diese wie auch die Grundstücke, auf denen sie stehen, als Eigentum überlassen werden können und sollen.

Die Verteilung der Besitztitel sollen die Bewohner der jeweiligen Wohnviertel in speziellen *Comités de Tierras Urbanas* (CTUs) unter sich ausmachen. Die neuen Eigentümer haben dann auch Anspruch auf finanzielle und technische Unterstützung. Etwa 5 Millionen Personen sollen mit der Zeit in den Genuß dieser Regelungen kommen.

Mitte 2002 konnte Chávez im Rahmen von *Aló Presidente* in La Vega, einem Armenviertel am Stadtrand von Caracas, die ersten dieser neuen Titel vergeben, und seither schreitet die Vergabe im ganzen Land kontinuierlich voran.

Ende August 2005 traf sich Chávez mit über 4.000 Repräsentanten der mittlerweile über 5.000 CTUs zu einem Erfahrungsaustausch und zwecks einer ersten Vergabe von Mitteln an einige CTU-Projekte. Die CTUs waren da schon, von den meisten Beobachtern fast unbemerkt, zu der – neben den Gewerkschaften – aktivsten revolutionären Basisorganisation geworden. Sie hatten begonnen, sich mit wesentlich mehr als den Fragen der Landverteilung zu befassen, hatten begonnen, sich als Eigentümer ihrer *barrios* zu fühlen und diese, was vorher nie geschehen war, zu organisieren, zu säubern, zu verschönern, auszubauen...

Auf diese Weise und dank der übrigen Maßnahmen der Regierung hat sich das Leben in den meisten *barrios* enorm verändert. Sie werden jetzt nicht mehr von passivisierten und verzweifelten Personen bewohnt, von alkoholisierten Männern geplagt und von kriminellen Elementen beherrscht, sondern von aktiven und selbstbewußten Leuten – vielfach Frauen –, die Forderungen stellen, Gebäude aufrüsten und errichten, studieren, künstlerisch arbeiten, Kulturhäuser einrichten und betreiben u.a.m. Häufig beteiligen sich an ihren Tätigkeiten auch internationalistische Helfer, in solidarischem, manchmal freilich auch paternalistischem Stil.

Die Regierung sorgt nicht nur für die Verbesserung des Ausbildungs- und des Gesundheitswesens sowie der Lebensmittelversorgung, sondern assistiert auch beim Bau und Ausbau von Häusern, Schulen, Straßen und Parkanlagen, von Systemen der Entwässerung, der Strom- und der Wasserversorgung. Den Hauptteil der Arbeit aber – vor allem was den Wohnungsbau betrifft – leisten die Bürger selbst.

Natürlich ist die Lage noch weit davon entfernt idyllisch zu sein. Nach wie vor agieren in den *barrios* kriminelle Gangs, nach wie vor ist das Leben dort unsicher, bei weitem nicht alle verfügen über zuverlässige Wasserver- und Abwasserentsorgung und immer noch kommt Lynchjustiz vor, die allerdings jetzt gelegentlich auch von gewöhnlichen Bürgern gegen kriminelle Elemente ausgeübt wird.

Unabhängig von der *Ley de Tierras Urbanas* existiert auch eine *Misión Vivienda* (Mission Wohnungsbau). Sie ist eine der Aufgaben des 2004 gegründeten Wohnungsbauministeriums.

Der *Fondo de Desarrollo Habitacional y de Infraestructura*, 2005 von der Regierung eingerichtet, soll, zur Verteilung über sieben Gesellschaften, 1,44 Billionen Bs. (ca. 550 Millionen Euro) für Wohnungsbauzwecke erhalten. Das Geld kommt von PdVSA via die *Corporación Venezolana del Petróleo*, eine PdVSA-Filiale, und die *Banco de Desarrollo Económico y Social* (BANDES). Es soll für 30.000 Wohneinheiten einschließlich Infrastruktur ausreichen.

Kritiker meinen, daß da eine »strategische Allianz« bestehe zwischen dem Staat einerseits und den privaten Banken und Bauunternehmen andererseits, um mit den enormen Ressourcen des Staates den Wohnungsmangel zu bekämpfen. Dabei stünden zwei Optionen zur Debatte: eine, die den kapitalistischen Charakter des ganzen hinter dem Modell der »gemeinschaftlichen Verwaltung« verbirgt, und eine unverhüllt kapitalistische.

Im Juli 2005 verkündete Chávez ein detailliertes Programm, das auf längere Sicht dem Wohnungsproblem insgesamt und der ungesunden Konzentration der Bevölkerung in den nördlichen, den küstennahen Teilen des Landes beikommen soll. Dabei sind unter anderem wiederum die Einrichtung eines speziellen Fonds zwecks Vergabe von Krediten an Bedürftige, die Gründung neuer Siedlungen und die Sanierung der bestehenden *barrios* vorgesehen.

Geld ist ausreichend vorhanden, und wie als Demonstration der Gangbarkeit des Projekts hat PdVSA gleichzeitig 59 Milliarden Bs. (gut 22 Millionen Euro) für die Sanierung eines *barrio* bereitgestellt.

Venezuela ist dank seiner Lage in Äquatornähe Orkangefahren nicht ausgesetzt. Tirso Carballo, Chef des *Centro Nacional de Alerta y Pronóstico Hidrometeorológico,* aber warnt, daß 70 % der Bevölkerung in Gebieten wohnen, die von schweren Regenfällen, wie sie vorbeiziehende, im Aufbau begriffene Orkane verursachen, bedroht sind und damit von Erdrutschen und Überschwemmungen. Er empfiehlt dringend, für solche Fälle Evakuierungspläne auszuarbeiten, um Katastrophen wie der 1999 im eigenen Land erlebten oder der von New Orleans vorzubeugen. Dem schloß sich der Direktor der Zivilschutzorganisation Antonio Rivero an und nannte zugleich die am stärksten bedrohten Gebiete.

Straßenkinder, Obdachlose und Alte

Im Juli 2005 lancierte Chávez die *Misión Negra Hipólita.* Mit ihrer Durchführung wurde das neu gegründete *Ministerio de Desarrollo Social y Participación Popular* unter der Leitung des gerade vom Verteidigungs- zu diesem Ministerium übergewechselten Jorge Luis García Carneiro beauftragt. Ihre Aufgabe soll es sein, sich gezielt der extrem marginalisierten Bevölkerung des Landes, der Straßenkinder, der obdachlosen Alten und Familien, anzunehmen.

Es soll wieder mit den bewährten Methoden der Ausbildungs- und Ernährungshilfe, der Kultur- und Sportförderung und der Bereitstellung von Wohnraum gearbeitet werden.

García Carneiro versprach, der Arbeit mit den Straßenkindern besondere Aufmerksamkeit zu schenken. Sie sollen, wie seinerzeit in Kuba die von ihren Eltern zurückgelassenen Kinder, als von der Nation adoptiert betrachtet und behandelt werden. Im November waren vorbereitende Aktivitäten im ganzen Land im Gange und im Bundesstaat Falcón wurden die ersten konkreteren Schritte unternommen.

Schon seit 1998 existiert ein Kinder- und Jugendschutzgesetz *(Ley Orgánica para la Protección del Niño y del Adolescente,* LOPNA). Ältere Personen erhalten zur Zeit eine bescheidene finanzielle Unterstützung, und im Juli 2005 verabschiedete die Nationalversammlung ein Gesetz, das, den Bestimmungen der Verfassung entsprechend, die sozialen Rechte der Alten festlegt und Verstöße gegen diese Rechte mit spürbaren Strafen bedroht. Die Frage der Pensionen wurde allerdings der Regierung zur Entscheidung – innerhalb eines Jahres – übertragen.

Frauenbank und Hausfrauengewerkschaft

Auch im bolivarianischen Venezuela ist die »Feminisierung der Armut« ein ungelöstes Problem. Geschätzte 70 % der Armen sind weiblichen Geschlechts. Um dieses Problem anzugreifen, wurde am 8. März 2001, dem internationalen Frauentag, auf Initiative des Präsidenten eine Frauenbank (BANMUJER) gegründet und ihre Leitung der engagierten und weitsichtigen Ex-Guerillera Nora Castañeda übertragen.

Die erste Aufgabe dieser Bank besteht in der Vergabe von Mikro-Darlehen im Gegenwert von einigen hundert Euro zu günstigen Bedingungen und, damit verbunden, der Schulung, Beratung und sonstigen Hilfeleistung an die Darlehensnehmerinnen. Vertreter der BANMUJER besuchen regelmäßig die 149 am stärksten verarmten und übervölkerten Punkte im Land, um dort den Frauen ihre Dienste anzubieten und sie über die Bedingungen der Teilhabe an der Arbeit der Bank zu informieren.

Unter diesen Bedingungen ist eine der wichtigsten, daß fünf bis 20 Frauen sich zu einer Kooperative zusammenschließen und ein gemeinsames Projekt erarbeiten müssen. Eins der größten Hindernisse hierbei, der Analphabetismus, ist dank der *Misión Robinson* inzwischen so gut wie beseitigt.

Schon bei der Entwicklung der Projekte und deren Anpassung an die Arbeitsformen der Bank leistet diese Hilfestellung. In einem zweiten Schritt werden die Frauen vor Ort in der Einrichtung und Gestaltung des jeweiligen Unternehmens trainiert, und ein dritter besteht in der Beobachtung des Verlaufs der Tätigkeit, bis das Darlehen abbezahlt ist. Danach kann ein weiteres beantragt werden.

Mit ihrer ausschließlichen Konzentration auf Kooperativen leistet die BANMUJER einen wichtigen Beitrag zur Überwindung antisozialen kapitalistischen Denkens und Arbeitens, wie überhaupt ihr Konzept mehr ein soziales, denn ökonomisches ist. Dementsprechend organisiert sie auch regelmäßig *workshops* über persönliche Entwicklung, Gleichberechtigung, Gesundheitsvorsorge, Selbstbewußtsein und nicht zuletzt häusliche Gewalt.

Auch »sexuelle und reproduktive Rechte« werden abgehandelt, jedoch in keiner sonderlich progressiven Weise.

Bis zum März 2005 hat die BANMUJER über 51.000 Mikrodarlehen vergeben. Das kam nahezu 800.000 Personen zugute, indem potentiell über 150.000 Arbeitsplätze geschaffen wurden. Pro Arbeitsplatz wurden also nicht mehr als einige hundert Euro ausgegeben.

Männer dürfen in von Frauen geleiteten Projekten mitarbeiten, doch gehen nur 4 % aller Darlehen an Männer.

Nach kapitalistischen Maßstäben ist BANMUJER bisher kein Erfolg. Über 40 % der im ersten Jahr vergebenen Kredite wurden nicht zurückbezahlt. Das kann aber als eine Kinderkrankheit der Institution gesehen und früher oder später überwunden werden. Die sozialen Leistungen der Bank stehen außer Zweifel.

2003 wurde in Privatinitiative eine nationale Hausfrauengewerkschaft gegründet. Diese verbreitet relevante Information, organisiert Kurse, verleiht Diplome und regt Arbeit in Kooperativen an. Außerdem will sie sich dafür stark machen, daß die Verfassungsbestimmung, die den Hausfrauen ein Recht auf Sozialversicherung zuspricht, gesetzgebungsmäßig fixiert wird.

Konsumentenschutz und Fischereigesetz

Früh schon eingerichtet wurde auch ein aktiver Konsumentenschutz, in den Händen des *Instituto Nacional de Educación y Defensa al Consumidor y el Usuario* (INDECU) unter der Leitung von Samuel Ruh Ríos. Dieses Institut kann Läden und Supermärkte wegen diverser Verstöße, gegen Preisregulierungen und gegen die Vorschrift regelmäßiger Buchführung vor allem, mit Geldstrafen belegen oder für ein oder zwei Tage schließen und tut das auch mit ziemlicher Häufigkeit.

INDECU fordert auch, im Namen seiner Klienten, mit großem Erfolg von den Banken ungerechtfertigte Zinszahlungen zurück und hat die Aufgabe, das seit einiger Zeit geltende Verbot, in US-Dollars zu handeln, sowie die ausgeweiteten Rechte der Konsumenten gegenüber Fabrikanten und Händlern durchzusetzen.

Viele Händler und Ladenketten unterlaufen die geltenden Preisregulierungen, indem sie die betreffenden Waren einfach nicht anbieten. Gegen diese Praxis ist das INDECU bislang machtlos.

Auch die Gebühren, die Privatschulen von ihren Schülern bzw. deren Eltern kassieren, stehen unter der Kontrolle des INDECU.

Ein Fischereigesetz, die *Ley de Pesca y Acuicultura,* ist eins der auf Grund der *Ley Habilitante* verabschiedeten Gesetze. Es schützt die küstennahen Gewässer – 6 Seemeilen bzw. 11 km – vor der Ausbeutung durch die Fischereiindustrie und reserviert diese Gewässer für die handwerklich arbeitenden lokalen Küstenfischer. Da diese keine nennenswerten ökologischen Schäden anrichten, ist dieses Gesetz in eins ein soziales und ein Umweltschutzgesetz.

Alle diese sozialen wie auch diverse Infrastrukturprojekte werden zu einem wesentlichen Teil aus Mitteln finanziert, die PdVSA beisteuert – allein im Jahr 2004 etwa 3 Milliarden Euro.

Die nach den Wahlen vom Oktober 2004 verbliebenen oppositionellen Gouverneure und Bürgermeister arbeiten nun, nach anfänglichem Widerstand, an den Sozialprogrammen mit.

Für die ärmsten 80 % der venezolanischen Bevölkerung hat dank dieser Sozialprogramme allein im Jahr 2004 die Kaufkraft, statistisch meßbar, um nominell 53 bzw. real 33 % zugenommen, ohne daß die Einkommen der Besserverdienenden abgenommen hätten.

Banken und Kredite

Neben den privaten Banken, die nach wie vor in kapitalistischem Stil zu hohen Zinsen Kredite vergeben und damit enorme Gewinne machen, hat die Regierung nach und nach auch zahlreiche staatliche Banken eingerichtet. Diese sollen, zu wesentlich günstigeren Bedingungen, überwiegend kleinere Kredite an bestimmte Zielgruppen, vorzüglich an die Bedürftigsten, die sich in Kooperativen oder Mikro- und Familienunternehmen organisieren, vergeben.

Zu diesen neuen staatlichen Banken gehören unter anderen die schon erwähnte BANMUJER *(Banco de Desarrollo de la Mujer),* die Volksbank BPS *(Banco del Pueblo Soberano)* und die BANDES *(Banco Nacional de Desarrollo Económico y Social).* Daneben gibt es den *Fondo Intergubernamental para la Descentralización* (FIDES), der die Aufgabe hat, alle möglichen kommunalen und staatlichen Projekte mit Krediten zu unterstützen.

Die Bankenaufsicht *(Superintendencia de Bancos,* SUDEBAN) reguliert und überwacht, recht detailliert, die Aktivitäten aller Banken, auch der privaten. So schreibt sie ihnen z.B. vor, welchen Mindestanteil ihres jeweiligen Kreditvolumens sie an wen zu vergeben haben.

Im Mai 2005 dekretierte die Zentralbank *(Banco Central de Venezuela,* BCV), die im übrigen nach wie vor autonom ist, eine generelle Senkung des Höchstniveaus der Sollzinsen und schloß damit ein wenig die Schere zwischen diesen und den Habenzinsen, die bis dahin bis zu 40 % betragen hatte. Hauptzweck war natürlich, die Vergabe von Krediten zu erleichtern.

Im Juli 2005 gab die Bankenaufsicht bekannt, daß im nationalen Bankensystem nunmehr 53 Billionen Bs. (ca. 20 Milliarden Euro) deponiert seien, um etwa 22 % mehr als ein halbes Jahr zuvor, und im Dezember verlautete, daß die Kreditkapazität der Banken insgesamt im Lauf des Jahres um 70 % zugenommen habe sowie daß in derselben Zeit 1,2 Billionen Bs. (etwa 460 Millionen Euro) an Kleinkrediten vergeben worden seien.

Auf etwas längere Sicht ist eine noch striktere Bankengesetzgebung ins Auge gefaßt. Unter anderem sollen die Banken verpflichtet werden, gewisse, relativ hohe Anteile ihrer Kreditvergabe für von der Regierung als bevorzugt definierte Kundengruppen zu reservieren, darunter vor allem für die Land- und die Bauwirtschaft, sowie für Mikro-, Klein- und Mittelunternehmen.

Jesús Caldera Infante, Chef des *Fondo de Garantía de Depósitos y Protección Bancaria* schlägt die Gründung einer Kette von alternativen »endogenen« Banken vor, um den 70 % der wirtschaftlich aktiven Bevölkerung, die lange Zeit praktisch vom Bankensystem ausgeschlossen waren, Zugang zu Krediten zu verschaffen. Diese Bankenkette soll nicht auf Gewinne aus sein, sondern der genannten Gruppe Dienstleistungen bieten sowie Produktivität und soziale Gerechtigkeit fördern.

Caldera Infante schlägt auch vor, dieses Projekt in das in Arbeit befindliche Bankengesetz einzubeziehen, was eine Revolution innerhalb des nationalen Bankenwesens bedeuten könnte.

In ähnlichem Sinn wünscht die regierungsfreundliche Organisation *Empresarios por Venezuela* vor der SUDEBAN und vor der Nationalversammlung eine gesetzmäßige Erhöhung des Kreditrahmens für Mikrounternehmen von 3 auf 10 % bzw. auf insgesamt 2 Billionen Bs. (etwa 770 Millionen Euro) und eine Bestimmung, daß diese Kredite soziale Zwecke erfüllen sollen.

Von der Agrarreform zur Agrarrevolution

Waren schon die bisher besprochenen Reformen zum Teil auf harten Widerstand gestoßen, so übertraf dieser – nicht unerwartet – alles andere, als Ende 2001 das Landreformgesetz, die *Ley de Tierras y Desarrollo Rural,* verkündet, wenn auch nicht sofort in Kraft gesetzt wurde (was erst im Februar 2003 geschah). Um die Bestimmungen dieses Gesetzes zu verwirklichen, wurde ein Landreforminstitut *(Instituto Nacional de Tierras,* INTI), zur Zeit unter der Leitung von Richard Antonio Vivas, gegründet.

Schon 1960 hatte der damalige Präsident Belisario Betancourt eine sogenannte Landreform durchgeführt, eine im besten Fall halbherzige allerdings. Sie scheiterte auch bald, als die scheinbar begünstigten Bauern, infolge fehlender Unterstützung und fallender Preise ihrer Produkte, ihre Grundstücke wieder zu verkaufen begannen – und zwar an Großgrundbesitzer. Zudem schwenkte das Interesse der Regierenden nun noch stärker als zuvor in Richtung Erdöl und weg von jedem Interesse an landwirtschaftlicher Entwicklung.

Chávez´ neues Gesetz bestimmt nun vor allem, daß die zu 80 % ohnehin nicht legalen, sondern durch Okkupation oder »Schenkung«, sprich Korruption, erworbenen Großgrundbesitze, soweit sie nicht oder unzureichend genutzt werden, zugunsten von Kleinbauern und landlosen Landarbeitern – in der Regel gegen Entschädigung – enteignet werden können. Bis dahin soll ungenutztes Land zumindest besteuert werden, das jedoch erst ab 2006.

Bei Chávez´ Amtsantritt waren an die 80 % der landwirtschaftlich nutzbaren Bodenfläche in Venezuela – insgesamt etwa 20 Millionen ha – im Besitz von 5 % der Grundbesitzer, während 75 % der Grundbesitzer über gerade 6 % des Agrarlands verfügten.

Als die staatlichen Eingriffe, etwas zögerlich zu Anfang, ins Werk gesetzt wurden, rief das sofort erschreckende Reaktionen der betroffenen Landadeligen hervor, die ihre Besitztümer zum Teil als Basen des Drogenhandels und der Geldwäsche nutzen. Mindestens 140 Aktivisten und sonstwie unliebsame Personen wurden seit Erlaß des Gesetzes von deren Killertrupps ermordet. Lediglich fünf der Killer sind bisher verurteilt worden, und von 23 Haftbefehlen konnten nur sieben ausgeführt werden. Nicht ein Großgrundbesitzer ist unter den Verurteilten oder Gesuchten.

Das veranlaßte im Juni 2005 die Nationalversammlung, eine Untersuchungskommission einzusetzen, die jedoch bisher keine nennenswerten Resultate vorweisen konnte. In den ausgedehnten Gebieten im Inneren des Landes sind die Bauern und Landarbeiter nach wie vor schutzlos den Schikanen und Gewalttätigkeiten der Großgrundbesitzer ausgeliefert.

Der Widerstand des Landadels wurde und wird angeführt vom Viehzüchterverband FEDENAGA *(Federación Nacional de Ganaderos)* und dessen (mittlerweile ehemaligem) Vorsitzenden José Luis Betancourt sowie von Vicente Brito, einem ehemaligen Vorsitzenden von FEDECÁMARAS und aktiven Unterstützer des Ölputschs von 2002/03.

Einige der Großgrundbesitzer, die Killertrupps und halbkriminelle Wächterbanden befehligen, sind allgemein bekannt, die Ermittlungsbehörden und die Justiz haben sich jedoch bisher als unfähig oder unwillig erwiesen, gegen sie vorzugehen.

Im Juli 2005 marschierten etwa 6.000 Bauern und Eingeborene, die dem Aufruf der *Frente Nacional Campesino Ezequiel Zamora* (FNCEZ) folgend aus dem ganzen Land zusammengeströmt waren, durch Caracas, um vor dem Präsidentenpalast und danach vor dem Sitz der Nationalversammlung und dem des Generalstaatsanwalts, gegen diese Zustände zu protestieren.

Zugleich sprachen sie sich entschieden für Chávez und die Bolivarianische Revolution, für verschärften Kampf gegen den Großgrundbesitz sowie gegen korrupte Bürokraten und nicht zuletzt gegen den Imperialismus aus.

Im September organisierte dann die FNCEZ in Caracas einen ersten *Congreso Revolución Agraria y Socialismo,* an dem Delegationen aus sämtlichen Bundesstaaten teilnahmen. Hier wurde festgestellt, daß trotz der Anstrengungen der Regierung der Großgrundbesitz im Land intakt sei und daß folglich andere und entschlossenere Maßnahmen erforderlich seien, um ihn mit Erfolg zu bekämpfen.

Im Oktober 2002 hatte das damals noch reaktionär dominierte Oberste Gericht zwei wichtige Paragraphen des Landreformgesetzes aufgehoben, einen, der die »vorläufige Besetzung« von mutmaßlich illegal erworbenem Land erlaubte, und einen, der die Regierung der Verpflichtung enthob, Landbesitzer für Investitionen zu entschädigen, die sie auf illegal erworbenem Land vorgenommen hatten.

Dem letzteren wurde später, im April 2005, durch eine Modifikation des betreffenden Paragraphen Rechnung getragen. Das Verbot vorläufiger Besetzungen versucht die Regierung dadurch zu umgehen, daß sie vorläufige »Nutzungsrechte« statt »Landtitel« vergibt, eine Praxis, die von niedrigeren Gerichtsinstanzen immer wieder durchkreuzt wird, während das Oberste Gericht sich bisher nicht geäußert hat.

Chávez hält den Erfolg der Landreform für ausschlaggebend für den Erfolg der Revolution. Dabei läuft sein Konzept konträr zum marktorientierten Konzept der Weltbank, wie es im übrigen Südamerika und in Mexiko praktiziert wird – mit katastrophalen Folgen für die Bauern und für die Lebensmittelsouveränität der betroffenen Länder, dafür – kurzfristig – um so vorteilhafter für Großgrundbesitzer und ausländische Konzerne, in deren Händen sich immer mehr Grundbesitz sammelt.

Das bolivarianische Landreformgesetz soll nun nicht nur die soziale Ungleichheit, eins der übelsten Erbstücke der Vierten Republik, angreifen, die ausgebreitete Armut mildern und der viel zu hohen Konzentration der Bevölkerung in den Städten und deren Armenvierteln entgegenwirken. Es soll auch das schwerste Hindernis auf dem Weg einer Diversifikation der Wirtschaft beseitigen und nicht zuletzt die schändlich geringe Lebensmittelproduktion wieder ankurbeln, um so auch die Abhängigkeit vom Erdöl zu vermindern.

In den 10 Jahren vor Chávez´ Amtsübernahme war die Lebensmittelproduktion – infolge zunehmender Unwilligkeit der Investoren – um etwa 25 % gesunken, während gleichzeitig die Bevölkerung um etwa ebenso viel gewachsen war! Dies hatte zur Folge, daß Venezuela, ein Land überreich an Weidegründen und fruchtbarem Land, 1999 mindestens 75 % der Lebensmittel, die es konsumierte – darunter große Mengen an Milch und Rindfleisch –, importieren mußte – die höchste Quote in ganz Südamerika.

Gleichzeitig blieben immer mehr Menschen, nicht zuletzt Kinder, unterernährt, in vielen Fällen auch tödlich unterernährt.

In einem ersten Schritt zwischen 2003 und 2004 ließ Chávez 2,2 Millionen ha Land aus Staatsbesitz an 130.000 Bauernfamilien und Kooperativen übereignen, unter der Maßgabe allerdings, daß diese die zugeteilten Flächen nicht frei weiterverkaufen dürfen und zu definitiven Eigentümern frühestens nach drei Jahren werden können, wenn sie sich tatsächlich auf dem Land niedergelassen und es produktiv gemacht hätten. Kredite für Maschinen und Saatgut wurden zur Verfügung gestellt.

2005 sollten weitere 2 Millionen ha, diesmal 1,5 Millionen aus enteignetem angeblichem Privatbesitz, verteilt werden. Bis zum September dieses Jahres waren allerdings erst insgesamt 3 Millionen ha an 180.000 Bauernfamilien verteilt.

Nach seinem Triumph im Abwahl-Referendum vom August 2004 schon hatte Chávez die Auseinandersetzung mit dem Landadel verschärft, indem er dem Großgrundbesitz den Krieg erklärte und von Agrar»revolution« statt -»reform« zu sprechen begann.

Eine *Misión Zamora* (nach einer historischen Persönlichkeit, die sich speziell für die landlosen Bauern eingesetzt hatte) wurde gegründet, und in einer der ersten Aktionen wurden 110.000 ha des von Privatleuten beanspruchten Grundbesitzes als weder legitimerweise in deren Besitz noch landwirtschaftlich genutzt erklärt. Vier Latifundien waren betroffen, und der enteignete Boden wurde, soweit möglich, den schon auf ihm ansässigen Bauern übereignet.

Das INTI wurde nun beauftragt, die landwirtschaftlichen Betriebe im ganzen Land zu inspizieren und sie als produktiv, verbesserbar oder ungenutzt zu klassifizieren. So wurden bald mehr als 200 weitere Latifundien und mehrere hundert andere landwirtschaftliche Betriebe als unzureichend genutzt und folglich für staatliche Eingriffe – sprich Enteignung gegen Entschädigung – vorgesehen deklariert. Weitere 40.000 standen dann noch zur Überprüfung an.

Am Ende kam das INTI zu dem Ergebnis, daß nahezu 80 % des landwirtschaftlich nutzbaren Bodens in Venezuela ungenutzt seien.

Chávez operierte nun – mit gewissem Erfolg – auf der einen Seite mit Einladungen zu Verhandlungen, zugleich aber auch mit der Drohung, gegebenenfalls mit Truppen einzugreifen. Dies ist in bedeutendem Umfang auch schon geschehen, namentlich gegen Grundbesitze, auf denen Drogen produziert oder umgeschlagen wurden.

Kaum der Erwähnung bedarf es, daß alle diese Schritte wütende

Reaktionen der einheimischen Eliten und erst recht ihrer Megaphone im Ausland auslösen, während andererseits die Zustände so offenkundig unhaltbar sind, daß selbst die beiden verbliebenen oppositionellen Gouverneure, Manuel Rosales in Zulia und Morel Rodríguez in Nueva Esparta, sich, verbal zumindest, hinter Chávez´ Politik stellten.

Eine ganze Reihe von Einrichtungen ist dafür bestimmt, den Bauern den Einstieg und die Arbeit zu erleichtern: Die BANDES soll allgemein günstige Kredite zur Verfügung stellen und der *Fondo de Desarrollo Agrícola, Pesquero, Forestal y Afines* (FONDAFA) Kredite für den Erwerb von Maschinen. Das INTI soll landwirtschaftlichen Kooperativen mit Maschinen und technischer Beratung bei der Bodenbearbeitung und Aussaat beistehen.

Ferner ist da das *Instituto Nacional para el Desarrollo Rural,* das für den Aufbau von landwirtschaftlicher Infrastruktur, für die Vergabe von Krediten und für Ausbildungsmaßnahmen zuständig ist, sowie die *Corporación Venezolana de Agricultura,* die Bauern und Kooperativen bei der Vermarktung ihrer Produkte an die Hand gehen soll. Außerdem werden Kurse über die Bildung von Kooperativen, die Verwendung von Silos und über den Vertrieb der Produkte im Rahmen der *Misión Mercal* angeboten.

Keine der genannten Einrichtungen allerdings funktioniert so perfekt, wie es wünschenwert wäre. Sie alle leiden mehr oder weniger unter den aus der Vierten Republik ererbten Schwächen und Krankheiten.

Die Landarbeiter und Kleinbauern – nicht sehr effektiv organisiert und in der weitgehend gesetzlosen Umwelt, in der sie leben, allen möglichen Schikanen und Bedrohungen ausgesetzt – begrüßen natürlich die genannten Maßnahmen, ja kritisieren sie sogar als unzureichend. Gelegentlich bringen sie ihre Unzufriedenheit durch eigenmächtige Landnahmen zum Ausdruck (wobei sie von der Regierung keine Unterstützung erhalten).

Die oben genannte FNCEZ und die *Fuerza Bolivariana de Campesinos* fordern eine durchgreifende Agrarrevolution und erregen sich über Langsamkeit, Bürokratie, unnötigen Zentralismus, fehlende

Räume für aktive Teilnahme und die notorische Parteilichkeit von Polizei und Justiz.

Ihrer Kritik an der allzu großzügigen Bestimmung, nach der nur Landflächen von über 5.000 ha und nur wenn sie ungenutzt sind, vom Gesetz betroffen sein sollten, hat die Nationalversammlung bereits Rechnung getragen und durch eine wesentlich offenere ersetzt.

4 Wirtschaft

Landwirtschaft

Die venezolanische Landwirtschaft stellt, wie gesagt, einen sträflich vernachlässigten Zweig der Wirtschaft des Landes dar, und das Bemühen der Bolivarianischen Revolution ist es, diesen zu aktivieren, mit Hilfe der Umverteilung von landwirtschaftlich nutzbaren Flächen und diversen Anreizen für ehemalige und angehende Bauern.

Bei seinem Besuch in Mérida im Oktober 2004 schärfte Chávez dem zur Wiederwahl anstehenden Gouverneur Florencio Porras ein, hart mit den Landadeligen umzugehen und ihnen klar zu machen, daß das private Interesse am Grundbesitz dem öffentlichen, dem gemeinschaftlichen Recht auf Ernährung, Arbeit, Gerechtigkeit und Gleichheit, untergeordnet sei.

Nach vielen Anstrengungen um die Verwirklichung der Agrarreform lancierte er, ebenfalls im Oktober 2004, einen *Plan Café,* der vorsieht, die bestehende Anbaufläche für Kaffee von 150.000 ha nach und nach um weitere 50.000 ha zu erweitern, um erst einmal den einheimischen Bedarf zu befriedigen. Etwa 52.000 Familien betätigen sich im Kaffeeanbau.

Ende 2004, zu Beginn der Anbausaison, wurde dann der *Plan Siembra 2005* (Aussaatplan 2005) verkündet. Ihm zufolge sollten in jenem Jahr 2 Millionen ha mehr bebaut und dadurch 1,2 Millionen direkte und 3 Millionen indirekte Arbeitsplätze geschaffen werden. Auf 700.000 ha sollten 2,4 Millionen Tonnen Reis produziert werden, wobei man auch auf erhöhte Erträge pro Flächeneinheit hoffte.

Für den Plan waren an Geldmitteln 6,4 Billionen Bs. (etwa 2,6 Milliarden Euro) erforderlich. Von diesen wollte der Staat 2,4 Billionen (zu 9 % Zinsen) bereitstellen und bezüglich der übrigen 4 Billionen auf die privaten Banken setzen (die ihrerseits 14 % Zinsen kassierten).

Bis Mai 2005 hatte der staatliche Fond FONDAFA bereits 15.900 Kredite für insgesamt 800 Milliarden Bs. vergeben, so daß noch 1.600 Milliarden für den Rest des Jahres ausstanden.

Venezuela importiert 70 % der Samen von Anbaupflanzen. Neuerdings aber existiert ein vom *Instituto Nacional de Investigaciones Agrícolas* vorgelegter Plan, um diese Importe um 40 % zu vermindern. Vor allem aber wurde die Errichtung eines großen genbiologischen Forschungszentrums im Bundesstaat Barinas beschlossen, das helfen soll, die Produktion von Milch, Fleisch und Samen zu erhöhen.

Der Führer de brasilianischen Landlosenbewegung und Chef des internationalen Landwirteverbands *Vía Campesina,* João Pedro Stédile, bot als Beitrag zur Verwirklichung von Chávez´ Integrationsprojekt ALBA *(Alternativa Bolivariana para las Américas)* seine Beteiligung an diesem Projekt an.

Zugleich verkündet Chávez die Absicht, es den westlichen Ländern gleichzutun und die einheimische Agrarproduktion zu subventionieren.

Dennoch sind seine Bemühungen um eine Aktivierung der Landwirtschaft bisher nicht allzu erfolgreich gewesen. Immerhin ist deren Anteil am Bruttoinlandsprodukt von 5 auf 6 % gestiegen – noch immer die niedrigste Quote in ganz Südamerika –, und für 2006 sagt das Landwirtschaftsministerium eine Steigerung der Produktion um 28 % voraus.

Gewerkschaften

Als überaus gefährlich hat sich in der Vergangenheit der »gelbe« Gewerkschaftsbund CTV gebärdet. Dieser war nicht nur mit der sozialdemokratischen *Acción Democrática* (AD) verbunden, wurde von den USA unterstützt und hatte mit der CIA im Kampf gegen die Sandinisten in Nicaragua zusammengearbeitet, sondern kollaborierte auch im Land – gegen die Interessen der Arbeiter, die er angeblich vertrat – auf allen Ebenen mit der Arbeitgeberschaft, nicht zuletzt in deren Kampf gegen ernsthafte Verteidiger von Arbeiterrechten.

Schon 2000 aber tauchte als Konkurrenz zuerst die aus der *Frente Constitucional de Trabajadores* hervorgegangene *Fuerza Bolivariana de Trabajadores* (FBT) auf. Im Februar 2003 forderte Chávez eine parteiunabhängige Gewerkschaft und im April desselben Jahres konstituierte sich tatsächlich die *Unión Nacional de Trabajadores* (UNT), von Anfang an fusioniert mit der *Central Unitaria de Trabajadores de Venezuela*. Die FBT schloß sich der UNT rasch an und besetzte wichtige Posten in deren vorläufiger Führung.

Die UNT ist internationalistisch orientiert und fordert einen antikapitalistischen und autonomen Kurs sowie radikale Veränderungen wie Übernahme und Neugründung von arbeiterkontrollierten Betrieben, Arbeitszeitverkürzung und Boykott der Auslandsschulden.

2004 entschied das Oberste Gericht, daß die CTV nicht mehr der einzige repräsentative Gewerkschaftsbund des Landes sei, ohne sich jedoch zugleich für die UNT auszusprechen. Unbeschadet dessen wuchs diese ständig weiter und gewann gegenüber der CTV die meisten betriebsinternen Abstimmungen darüber, welcher der beiden Gewerkschaftsverbände die Arbeiter vertreten solle.

Mittlerweile organisiert die UNT – obwohl von rechtsorientierten Kräften sowohl in den USA als auch in Europa angefeindet, von vielen Betriebsleitungen massiv bekämpft und obwohl noch ohne durch reguläre Wahlen legitimierte Führung – etwa 1 Million Mitglieder, weit mehr als die allmählich hinwegsiechende CTV. Bis Ende 2004 waren 76 % der Kollektivverträge von Einzelgewerkschaften der UNT unterzeichnet worden und nur 20 % von solchen der CTV. Es scheint nur eine Frage der Zeit zu sein, bis die CTV als leere Hülse von der Bildfläche verschwindet.

An der Kundgebung der UNT zum 1. Mai 2005 in Caracas nahmen, zusammen mit einem begeisterten Hugo Chávez, Hunderttausende teil, an der von der CTV organisierten einige Hundert.

Im März 2005 verklagte die Arbeitgeberorganisation FEDECÁ-

MARAS, unterstützt von der US-Regierung und dem der CIA nahestehenden US-Gewerkschaftsverband AFL-CIO, vor der ILO *(International Labor Organization,* einer unter UNO-Flagge segelnden, von Westländern dominierten und mit der »Schaffung von Ordnung« auf dem Arbeitsmarkt beauftragten Organisation) die Chávez-Regierung wegen angeblicher Verletzung von Arbeiterrechten. Über diese Klage wurde zunächst aus formellen Gründen nicht entschieden. Mehrere bedeutende britische Gewerkschaften jedoch solidarisierten sich mit der UNT und der Bolivarianischen Revolution sowie gegen die Angriffe der USA, ein Votum, dem sich im September der britische *Trade Unions Congress,* der 7 Millionen Mitglieder repräsentiert, anschloß.

Im Juni 2005 schließlich wies die ILO die Klage der FEDECÁMARAS zurück. Mehr noch: die Regierung Chávez wurde für ihr Verhalten auf arbeitsrechtlichem Gebiet ausdrücklich gelobt. Bei derselben Gelegenheit wurde die UNT in den Verwaltungsrat der ILO gewählt – an Stelle der CTV, die damit aus der Organisation verschwand. Dies war ein wichtiger, wenn auch in Anbetracht des proimperialistischen Charakters der ILO zweischneidiger Triumph.

Die »Klassenkampffraktion« der UNT, geleitet von dem Textilgewerkschafter Orlando Chirino und Marcela Máspero von der Gewerkschaft der Pharmaarbeiter (der einzigen Frau in der Führung der UNT), ist noch radikaler als der Rest. Sie fordert eine durchgängige Verstaatlichung der Wirtschaft und allgemeine Arbeiterkontrolle und griff ihrerseits z.B. auf einem regionalen Treffen im Bundesstaat Carabobo im März 2005 die Führung des Elektrokonzerns CADAFE an, nachdem diese UNT-Vertreter wegen ihrer Forderung nach weitergehender Arbeiterbeteiligung als »Konterrevolutionäre« bezeichnet hatte.

Schon im Oktober 2004, bei seinem *Aló-Presidente*-Auftritt in Mérida, hatte auch Chávez selbst, freilich in gemäßigter und leicht voluntaristischer Weise, entsprechende Forderungen erhoben. Aus welchem Grund auch immer geschlossene Betriebe, deren Leitungen nicht zusammenarbeiten wollen, sollten enteignet und den Arbeitern übergeben werden, meinte er, auf daß diese die Betriebe wieder in Schwung brächten und Textilien, Kunststoffprodukte, infrastrukturelle Einrichtungen und Wohnungen produzierten, denn »unser Ziel ist es, die Armut zu besiegen.«

Ausgerechnet die AFL-CIO *(American Federation of Labor, Congress of Industrial Organizations)* bezeichnet die UNT als »verlängerten Arm des Staates«. Tatsächlich ist die UNT der Regierung alles eher als feindlich gesonnen, scheut sich aber nicht, Regierungsmaßnahmen gegebenenfalls zu kritisieren. So namentlich die Abwertung des Bolívar (noch nach der Einführung des festen Wechselkurses in 2003, wovon noch die Rede sein wird), die die Kaufkraft der Arbeiterschaft schwächte. Eine derartige Maßnahme komme ausschließlich der Großfinanz und den Banken zugute, meint man.

Die UNT fordert Unabhängigkeit nicht nur von den Arbeitgebern, sondern auch von der Regierung und von politischen Parteien. Dies markierten 450 ihrer Führer, unter ihnen Orlando Chirino und Stalin Borges, indem sie im Juli 2005 die Gründung einer neuen Partei, *Partido de la Revolución y el Socialismo* (PRS) genannt, ankündigten. Diese Partei wird sich ausdrücklich mit der Revolution identifizieren, jedoch eine markante Radikalisierung, eine »wahre« Revolution fordern.

Im August dann kritisierte Borges die Regierung scharf, als diese den Streik der ecuadorianischen Erdölarbeiter unterlief, indem sie der dortigen Regierung mit Öllieferungen aushalf (was umgekehrt ausnahms- und bezeichnenderweise vom US-Außenministerium begrüßt wurde).

Im November forderten UNT-Vertreter nachdrücklich eine rückwirkende Erhöhung der Bezüge der öffentlich Angestellten, in Anpassung an die im April dekretierte Erhöhung der Mindestlöhne.

Auch schwelt ein Konflikt mit dem mehr gemäßigten Führer der Stahlarbeitergewerkschaft Ramón Machuca, der seine Organisation, das *Sindicato de Trabajadores de la Industria Siderúrgica y sus Similares* außerhalb der UNT hält, aber dennoch innerhalb dieser – über mehrere Vertreter in deren Führung – Einfluß ausübt.

Im Mai 2005 konstituierte sich in PdVSA die *Opción Clasista de los Trabajadores* (OCT). Sie griff die »bürokratisierte« Gewerkschaftsorganisation in PdVSA hart an, indem sie ihr Passivität während des

Ölputsches, Herrschaftsallüren und eine miserable Verhandlungstaktik bei den zurückliegenden Tarifverhandlungen vorwarf. Sie forderte, vom Kampf der Arbeiter gegen jenen Putschversuch auszugehen und die zersplitterten Einzelgewerkschaften endlich wirklich zu einen, und zwar in einer demokratischen Weise, mit regelmäßigen Wahlen auf allen Ebenen, zeitbegrenzten Mandaten der Funktionäre und unter dem Dach der UNT. Nur so könne eine wirklich neue, volkseigene PdVSA geschaffen werden.

Die OCT steht mit ihren Standpunkten nicht allein. Auch an anderen Stellen wird über fortbestehende »vertikale« Strukturen und bürokratische Methoden der Führungseliten geklagt. Ja, in PdVSA scheint es sogar noch immer vorzukommen, daß Gewerkschaftsvertreter von Stellenbewerbern Gebühren kassieren.

Überhaupt sind bei weitem noch nicht überall die wünschenswerten Verbesserungen eingetreten. Die Metro Caracas z.B. wird von mehreren privaten Firmen betrieben. Die alten AD- und CTV-Gewerkschaften sind hier zwar weitgehend ausgeschaltet. An ihre Stelle hat sich aber eine bolivarianisch sich nennende, jedoch wie ihre Vorgänger autoritär agierende *Unión Bolivariana de Trabajadores* gesetzt, die jetzt mit korrupten Beamten des Arbeitsministeriums kollaboriert. Dagegen versuchen revolutionäre Arbeiter eine *Fuerza Popular de Trabajadores* zu gründen, werden in diesem Bemühen aber vom Arbeitsministerium behindert. Zugleich werden von den privaten Firmen, in Verletzung der gesetzlichen Bestimmungen über Unkündbarkeit, ohne Hemmungen Arbeiter entlassen.

So verfahren auch viele andere private Firmen, und keineswegs überall wird der gesetzliche Mindestlohn auch tatsächlich ausgezahlt.

Anfang Oktober 2005 fand in Caracas ein mehr als gut besuchtes Treffen von Gewerkschaftern aus 450 Organisationen statt, auf dem entschieden ein UNT-Kongreß im November und reguläre Wahlen im April 2006 gefordert wurden. Auch waren harte Anklagen gegen bürokratische Gewerkschaftsbosse – unter anderen gegen Ramón Machuca – zu hören.

Die vielen informell und Selbst-Beschäftigten stehen bis auf weiteres ohne gewerkschaftlichen Schutz da.

Kündigungsschutz, Sozialversicherung, Löhne, Arbeitslosigkeit und informelle Beschäftigung

Zum Schutz der Arbeitnehmer vor der Willkür ihrer Vorgesetzten hat die Regierung schon in Chávez´ erstem Amtsjahr ein Dekret erlassen, das von der Arbeitsinspektion nicht autorisierte Entlassungen und Versetzungen verbietet. Dieses Dekret gilt, vorerst bis März 2006, für 90 % der formell Beschäftigten, nicht für Führungskräfte und nur bis zu einem bestimmten Lohnniveau.

Noch vor Ende der abgelaufenen Legislaturperiode wollte die Nationalversammlung ein Arbeitsgesetz, eine *Ley Orgánica del Trabajo,* verabschieden, zu der sogar FEDECÁMARAS mit Vorschlägen – nach »Flexibilisierung« hauptsächlich – beitrug. Beabsichtigt war und ist nach wie vor, dem System der Sozialleistungen rückwirkende Geltung zu geben, die Arbeitsplatzinspektionen zu »entbürokratisieren«, den Mutterschutz zu verstärken und auf die Väter auszudehnen sowie den Vätern bei der Geburt eines Kindes fünf Tage Urlaub zu gewähren.

Das Sozialversicherungsgesetz, an dem ebenfalls noch gearbeitet wird, sieht – zunächst für formell Beschäftigte – ein Ruhestandsalter von 60 Jahren und Renten in der Höhe von 60 bis 100 % des letzten Einkommens vor. Offen ist noch die Frage, ob – wie das *Ministerio para la Economía Popular,* die *Superintendencia Nacional de Cooperativas* und das *Instituto Venezolano de los Seguros Sociales* gemeinsam vorschlagen – die Absolventen der *Misión Vuelvan Caras* direkt ins System einbezogen werden sollen.

Der gesetzliche Mindestlohn ist seit Chávez´ Amtsantritt Schritt für Schritt – über die Inflationsrate hinaus – erhöht worden. Zuletzt – ab Mai 2005 – auf 371.000 Bs. monatlich (was gut 150 Euro entspricht und damit etwa doppelt so hoch liegt wie beispielsweise in Mexiko). Dazu kommen von der gegenwärtigen Regierung eingeführte Lebensmittelgutscheine *(cesta tickets)* und diverse andere Vergünstigungen. Der Wert der *cesta tickets* variiert mit der Höhe des Lohns – je niedriger dieser ist, desto höher deren Wert –, so daß man sagen kann, daß der Mindestlohn unter Chávez sich bisher real etwa verdoppelt hat.

Die genannte letzte Erhöhung des Mindestlohns kommt 51 % der formell Beschäftigen bzw. 3 Millionen Arbeitnehmern zugute.

CEPAL, die *Comisión Económica para América Latina y el Caribe,* konstatiert denn auch in einem Bericht eine drastische Verringerung der Einkommensunterschiede in Venezuela.

Im April 2005 kostete, ohne Berücksichtigung der Subventionen der *Misión Mercal,* der »Basis-Lebensmittelkorb«, d.h. die Gesamtheit der von einer typischen Familie für die Deckung ihres Lebensmittelbedarfs benötigten Waren, 304.000 Bs., was bedeutend weniger ist als der Mindestlohn plus *cesta tickets* für formell Angestellte.

Im Elektrokonzern CADAFE *(Compañía Anónima de Administración y Fomento Eléctrico),* wo sehr komplette Tarifverträge gelten, betrug der Durchschnittslohn um die Jahresmitte 2005 600.000 bis 700.000 Bs., wozu medizinische Versorgung, Schule für die Kinder, Sozialversicherung sowie auch hier die *cesta tickets* kamen. Im öffentlichen Gesundheitswesen vollzeit-tätige Ärzte verdienen nach einer kräftigen Lohnerhöhung im Oktober 2005 von 900.000 Bs. (ca. 350 Euro) aufwärts.

Die Arbeitslosigkeit ist seit ihrem Höhepunkt nach dem Ölputsch fortlaufend gesunken und lag im Dezember 2005 bei 10,9 %, wobei die Abnahme beim weiblichen Teil der Bevölkerung besonders ausgeprägt war.

Zugleich hat auch der Anteil informell Beschäftigter abgenommen und betrug zum gleichen Zeitpunkt etwa 46 %, gegenüber gut 52 % 1999. Allerdings ist hier zu bedenken, daß viele der informell Beschäftigte zwar ohne gesetzliche Sozialversicherung dastehen, aber besser verdienen als vergleichbare formell Beschäftigte und folglich wenig daran interessiert sind, in formelle Angestelltenverhältnisse einzusteigen.

Die Zahl der Beschäftigten insgesamt war allein im ersten Halbjahr 2005 um eine halbe Million auf etwa 10,5 Millionen gestiegen.

2005 verabschiedete die Nationalversammlung ein Gesetz, das erstmalig eine systematische Durchleuchtung des gesamten Arbeitsmarkts in Gang setzen soll, um im weiteren gebotene Maßnahmen gezielt einsetzen zu können.

Endogene und integrale Entwicklung

Der Aufstieg der revolutionär orientierten UNT wird von der bolivarianischen Regierung mehr als gern gesehen. Denn nach den Wahltriumphen des August und Oktober 2004 verkündete Chávez eine neue Etappe der gesellschaftlichen Entwicklung. Das Jahr 2005 sollte im Zeichen einer radikalen Umgestaltung des Wirtschaftssystems stehen, eines »Sprungs nach vorn« des revolutionären Prozesses und einer Beschleunigung der schon lange proklamierten »endogenen« und »integralen« Entwicklung, d.h. der Selbstversorgung, der Verminderung von unerwünschten Abhängigkeiten, der Diversifizierung der Produktion und nicht zuletzt der Erhöhung der Produktion und des Exports von Industriewaren.

Wenn Chávez von »Diversifizierung« spricht, denkt er vor allem daran, von der einseitigen Abhängigkeit vom Erdöl loszukommen. Dazu sollen systematisch Land-, Vieh-, Holzwirtschaft und Fischerei gefördert werden, aber auch Stromerzeugung, Bergbau und Hüttenindustrie und nicht zuletzt die Erzeugung von Fertigwaren aus Stahl und Aluminium.

Um dergleichen zu erreichen müsse der Neoliberalismus, den Chávez als ein »tödliches Gift« bezeichnet, und der Kapitalismus überhaupt überwunden und durch einen »Sozialismus des 21. Jahrhunderts« ersetzt werden. Bei späterer Gelegenheit bezeichnete er die gegenwärtige »revolutionäre Demokratie« als den »Übergang«, die »Brücke« hin zum Sozialismus (während er gleichzeitig in seinem Herzen die herkömmlichen Vorurteile über den untergegangenen Sowjetblock bewahrt).

Ein »höheres Niveau der Gleichheit und Freiheit« soll erreicht werden durch einen entschlossenen Kampf gegen die sozialen Ungleichheiten, gegen die Armut und den Ausschluß aus dem gesellschaftlichen Leben. Das Programm der Integration der Straßenkinder soll verstärkt werden, ebenso wie der Kampf gegen die Ungleichheiten im Ausbildungswesen und für eine Anhebung des – namentlich im Vergleich zu Kuba – erschreckend niedrigen allgemeinen Bildungsniveaus. Der Zugang zu Wohnungen und kommunalen

Dienstleistungen und die Sicherheit der Bürger sollen verbessert, Kultur und Sport gefördert und nicht zuletzt der eingeschlagene Weg der integralen Gesundheitsversorgung weiter verfolgt werden.

Privatbesitz an Produktionsmitteln bleibt zwar, sofern er nicht grob mißbraucht wird, bis auf weiteres unangetastet, doch sollen sich der Staat bzw. die Arbeiter – ganz entgegen der neoliberalen Doktrin – immer mehr Handlungsräume erobern. Die staatlichen Unternehmen sollen demokratisiert und stillgelegte Privatbetriebe wiederbelebt werden, vorausgesetzt ihre Betreiber zeigen sich bereit, in der einen oder anderen Weise mit den Arbeitern zu kooperieren.

Tatsächlich agieren auch nicht alle Unternehmer im Stil der FEDECÁMARAS der Zeiten von Pedro Carmona und Carlos Fernández. Die vorwiegend mittelständische *Federación de Micros, Pequeños y Medianos Industriales de Venezuela* unter der Leitung von Miguel Pérez Abad z.B. schließt sich voll den Bemühungen der Regierung auf wirtschaftlichem Gebiet an.

Das Hauptziel der besagten Umgestaltung heißt, wie gesagt, »endogene Entwicklung«, Aktivierung der nationalen Kräfte und Industrien, Förderung kollektiver Arbeitsformen und Verminderung der Abhängigkeit von Importen. »Kauft venezolanisch!« und »Produzieren statt Importieren!« lauten die Devisen.

Um die endogene Entwicklung voranzutreiben, waren bereits 2004 drei neue Ministerien eingerichtet worden: ein Ernährungsministerium und je ein *Ministerio de Financiamiento para el Desarrollo Endógeno* und *para la Economía Popular.*

Das Ernährungsministerium übernahm eine Reihe von Aufgaben, die zuvor dem Landwirtschaftsministerium zustanden, namentlich die Regulierung und Koordinierung des Imports, der Produktion, Vermarktung und Distribution von Lebensmitteln, vor allem auch in den MERCALs, und die Überwachung der Ernährungssicherheit.

Dem *Ministerio para la Economía Popular* (Volkswirtschaftsministerium) unter der Leitung von Elías Jaua fällt die Aufgabe zu, alle die vielfältigen, bis dahin auf zahlreiche Institutionen verteilten Anstrengungen in Richtung einer »sozialen« Wirtschaft, einer Wirtschaft des Volks und für das Volk, zu koordinieren. Zu diesem Behufe soll es speziell für die Förderung kooperativer Produktionsformen sowohl in der Industrie wie auch in der Landwirtschaft sorgen. Zu den damit angesprochenen Institutionen gehören auch die Bankenaufsicht und das Agrarreforminstitut.

Im Mai 2005 nahmen der Staat und dessen größte Unternehmen mehr als 13.000 Kooperativen sowie Klein- und Mittelunternehmen (sogenannte *Pequeñas y Medianas Empresas,* PYMEs, die durch ein besonderes Gesetz geschützt sind, speziell gefördert und bei öffentlichen Aufträgen bevorzugt werden sollen) unter Vertrag. Sie sollen unter anderem die Belieferung der MERCALs mit Lebensmitteln und der Großunternehmen mit diversen Komponenten, die vorher importiert oder von Sub-Unternehmen geliefert worden waren, übernehmen. Der *Servicio Nacional de Contrataciones* bezahlte für diese Maßnahme, unter Beteiligung diverser Bankinstitute und Fonds, 14 Billionen Bs. (gut 5 Milliarden Euro) aus.

Seit Mai 2005 wird immer lebhafter die Einrichtung von *Empresas de Producción Social* (EPS) propagiert. Das sind Betriebe, die dem Konzept einer neuen Weise des Produzierens folgen, das nicht auf Profitmaximierung, sondern auf soziale Nützlichkeit abzielt. Dieses Konzept ist somit zentral ist für Chávez´ Umgestaltungspläne.

Privatunternehmer, öffentliche Instanzen und Vereinigungen aller Art werden immer wieder aufgerufen, sich diesem Konzept an zuschließen bzw. EPS zu gründen. Mit über hundert Unternehmern wurde bereits ein entsprechender Rahmenvertrag geschlossen und der Minister für Basisindustrien und Bergbau verkündete, daß die unter seiner Verantwortung stehenden Betriebe früher oder später alle zu EPS umgestaltet würden.

PdVSA spielt eine Vorreiterrolle und nimmt nach Möglichkeit nur noch Unternehmen unter Vertrag, die das EPS-Konzept akzeptieren.

Die EPS sind in einem speziellen Register erfaßt und können aus einem eigens gegründeten Fond mit überaus günstigen Krediten versorgt werden. Ende November fand im Bundesstaat Zulia die erste Ausstellung von an PdVSA angeschlossenen EPS statt.

Staatsbetriebe und Mitbestimmung

An Industrien verfügt Venezuela außer über PdVSA, einen der weltweit größten multinationalen Erdölkonzerne, über mehrere weitere Großunternehmen: die Bergbau- und Hüttenholding CVG *(Corporación Venezolana de Guayana;* »Guayana« ist ein alter Name des heutigen Bundesstaats Bolívar), den nach wie vor halbprivaten Stahlkonzern SIDOR *(Siderúrgica del Orinoco,* wo für 2005 eine Rekordproduktion von 4 Millionen Tonnen erwartet wird), den Bergbaukonzern CORPOZULIA und andere. Im März 2005 wurde zwecks Sicherung der Lebensmittelversorgung die Gründung von vier staatlichen Unternehmen – je eins für Zucker und Nebenprodukte, für Getreide und Ölgewächse, für Molkereiprodukte und für Vermarktung – beschlossen. Auch die Errichtung eines neuen Stahlwerks mit einer Investition von 1 Milliarde US-Dollar ist vorgesehen.

Zugleich ist freilich der staatliche Einfluß über so zentrale Bereiche wie Elektrizitäts- und Wasserwirtschaft, Lebensmittelproduktion, Telekommunikationen und Häfen nach wie vor bestenfalls begrenzt.

Im August 2004 wurde als Ersatz für die verschwundene nationale Fluggesellschaft VIASA das *Consorcio Venezolano de Industrias Aeronáuticas y Servicios Aéreos S.A.* (CONVIASA) gegründet. Dieses Unternehmen begann mit zwei Flugzeugen, kaufte im Juni 2005 zehn neue hinzu und wollte ab August 34 nationale und internationale Zielorte anfliegen und so 800 Personen direkt und 6.500 indirekt beschäftigen.

Auch wenn, wie gesagt, das Privateigentum an Produktionsmitteln der Verfassung gemäß zwar zugelassen ist, so gilt es doch nicht als heilig. In mehreren Fällen hat der venezolanische Staat durch eigene Firmengründungen bereits private Eigner in Bedrängnis gebracht, sich sozusagen Brückenkopfe innerhalb des kapitalistischen Sektors geschaffen.

Anfang 2005 wurden auch schon die ersten von ihren Eignern aufgegebenen Betriebe in Staatseigentum überführt. Das betraf zuerst die Papierindustrie VENEPAL – nunmehr INVEPAL *(Industria Venezolana Endógena del Papel)* – und im April 2005 eine wichtige

Ventilfabrik, die nunmehr INVEVAL *(Industria Venezolana Endógena de Válvulas)* heißt.

Was VENEPAL gewesen war, war in Konkurs gegangen und arbeitet nun als ein *Joint Venture* zwischen dem Staat und einer von den 600 Arbeitern, die den Betrieb besetzt hatten, gebildeten Kooperative.

INVEVAL war von ihrem ursprünglichen Eigner, einem Putschisten, im Zuge des Ölputsches geschlossen und danach nie wieder geöffnet worden. Die Arbeiter hatten den Betrieb zunächst besetzt, dann auf einen Gerichtsbeschluß hin freigegeben, erneut besetzt, bis schließlich die Regierung eingriff und ihn verstaatlichte. Heute ist dieses Unternehmen dreimal so vermögend wie vor drei Jahren und produktiver denn je.

Eine der unter den Arbeitern umlaufenden Ideen beinhaltet die aktive Beteiligung an der Betriebsführung, auf allen Ebenen, durch – auf begrenzte Zeit – gewählte Vertreter der Belegschaft. Das würde die Arbeiter praktisch zu Eigentümern des Betriebs, zu kollektiven Kapitalisten nach jugoslawischem Modell, und Gewerkschaften überflüssig machen. Diese Form der Selbst-Verwaltung wird denn auch von links als verkappt kapitalistisch kritisiert und von der UNT nicht unterstützt.

In dem der CVG zugehörigen Aluminiumbetrieb *Aluminios del Caroní* (ALCASA) im Bundesstaat Bolívar ist die Übernahme durch die Arbeiter – nach einem weniger anfechtbaren Modell – bereits verwirklicht. Der Vorstand besteht aus sieben Personen, vier Arbeitern, zwei Vertretern der Regierung und einem/einer der Gemeinde. Die Mitglieder des Vorstands beziehen die gleichen Löhne, die sie auch als Arbeiter hatten, und sind – wie gewählte Amtsträger – nach der Hälfte ihrer vierjährigen Amtszeit abrufbar.

Der Betrieb ist ausdrücklich nicht Eigentum der in ihm Beschäftigten – 2.700 an der Zahl –, sondern bleibt von diesen mitverwaltetes nationales Eigentum. Der Vorstandsvorsitzende will sich nicht in seinem Büro verschanzen, sondern sich im Betrieb selbst bewegen und antreffbar sein. Die Öffentlichkeit soll vollen Einblick in das Finanzgebaren der Firma bekommen, und die Belieferung mit Waren und Dienstleistungen wird nicht mehr wie vorher teuren Vertragsfirmen, sondern Kooperativen übertragen. Die betriebseigene Klinik steht der ganzen Bevölkerung der Region offen, und auch die Betriebsküche sowie vor allem die Transporte laufen in betriebseigener Regie.

ALCASA und ein weiterer Großbetrieb produzieren zusammen jährlich etwa 220.000 t Aluminium, etwa 5 % der Weltproduktion. Da eine hohe Nachfrage besteht, hätte man es hier mit einem vielversprechenden Wirtschaftszweig zu tun. Bei 90 % der Produktion handelt es sich jedoch um unbearbeiteten Rohstoff, d.h. – in Anbetracht des hohen Energieverbrauchs bei dessen Herstellung – um so etwas wie »eingedoste Energie«. Nur ALCASA produziert auch Folien und Alu-Papier. Im übrigen werden 75 % der Produktion billig exportiert, um dann eventuell in Form von überteuerten Industrieprodukten wieder importiert zu werden.

Die Veredlung wird also bisher weitgehend dem Ausland überlassen, was natürlich den Zielvorstellungen von Importsubstitution und endogener Entwicklung zuwiderläuft. Immerhin sind in beiden Betrieben beträchtliche Erweiterungen der Produktionskapazität bereits im Gange und die Regierung hat auch den Gedanken aufgegeben, die zur Aluminiumgewinnung erforderliche Technologie zu importieren. Sie will vielmehr auf eigene Technologie setzen und solche sogar exportieren.

Im Juni 2005 schloß sich auch ein ebenfalls der CVG zugehöriges Kohleunternehmen dem ALCASA-Modell an.

CADAFE ist ein Großkonzern, der 90 % der venezolanischen Bevölkerung mit Strom versorgt. Vor Chávez´ Amtsantritt hatte man ihn schon zielstrebig verkommen lassen, im Sinne eines weit fortgeschrittenen Plans, ihn zu privatisieren. Mit dem Einzug von Chávez in den Präsidentenpalast und vollends mit der neuen Verfassung aber starb dieser Plan. Und es kam ein Prozeß der Rekonstruktion oder sogar Neugründung in Gang, vorangetrieben von einer Arbeiterschaft, die sich 2001 – auf Anraten der *Fuerza Bolivariana de Trabajadores* – unter der Aufsicht der Wahlbehörde eine linke Gewerkschaftsführung gewählt hatte und sich dann sowohl während des April- und erst recht während des Dezember-Putschversuchs als regierungs- und verfassungstreu bewährt hatte.

Diese Neugründung wird – in Anbetracht der Riesengröße und der strategischen Bedeutung des Konzerns – sehr schrittweise vollzogen. Sie ist noch lange nicht abgeschlossen und wird in einigen Filialen und nicht zuletzt von der Zentralverwaltung in Caracas hintertrieben.

In dieser Zentralverwaltung existiert zwar bereits ein formell paritätisch besetzter sechsköpfiger Vorstand, in dem – wie in deutschen Betrieben – auch drei Belegschaftsvertreter sitzen. Von diesen sind allerdings zwei nicht für diese Funktion gewählt, sondern von der Regierung ernannt. Dazu kommt, daß im Falle eines Patts der ebenfalls nicht gewählte Vorstandsvorsitzende die ausschlaggebende Stimme hat.

In den Filialen allerdings kann die Belegschaftsbeteiligung sich anders gestalten und wesentlich weiter gehen. Z.B. in einer Filiale, die für vier Andenstaaten zuständig ist und allein in Mérida 490 Angestellte beschäftigt. Deren Arbeiter engagieren sich mehr als andere für eine weitgehende Mitbestimmung. Sie beteiligen sich an den »Missionen« der Regierung und suchen Formen der Zusammenarbeit mit Gemeinden in ihrer Gegend, beispielsweise beim Aufbau der Institutionen der Gemeinde oder in Form von kostenloser Beratung bei der Ausarbeiung von Projekten. Auch zu den *Consejos Locales de Planificación Pública* (CLPP), von denen noch die Rede sein wird, wird Kontakt gepflegt.

Dies alles zahlt sich hervorragend aus: ein wesentlich verbessertes Betriebsklima, verminderte Korruption und erhöhte Einnahmen.

Mit der schon genannten Zentralverwaltung aber gibt es ernste Konflikte. In ihr bestimmen, wie in der seinerzeitigen PdVSA, alteingesessene »Meritokraten«, Leute, die an »vertikale« Formen der Beschlußfassung, ans Erteilen von Befehlen und nicht zuletzt an Privilegien gewöhnt sind. Sie halten verbal zwar viel, in der Praxis aber wenig von Mitbestimmung, Demokratisierung und Dezentralisierung und nicht selten setzen sie sich über Wünsche, Vorschläge und Beschlüsse »von unten« hinweg.

Das Vorurteil, wonach die Arbeiter mangels einschlägiger Vorbildung für Führungsfunktionen ungeeignet seien, wird von diesen zurückgewiesen. Sie halten entgegen, daß sie es sind, die ihre Kollegen und deren Leistungsfähigkeit aus täglicher Erfahrung kennen und folglich auch korrekte Wahlentscheidungen treffen können. Dazu kommt, daß sie selbstverständlich keine unvorbereiteten Kollegen wählen würden. Zur Stützung dieses Arguments können sie auch schon auf überzeugende Beispiele aus der Praxis hinweisen.

Neuerdings zeigen sogar Privatbetriebe Interesse, die eine oder andere Form der Belegschaftsbeteiligung einzuführen. Der *Fondo de Crédito Industrial* hat sich bereit erklärt, dabei mitzumachen. Von Regierungsseite wurde auch schon davon gesprochen, irgendeine Form der Belegschaftsbeteiligung allen in Venezuela tätigen Unternehmen gesetzlich vorzuschreiben. Das würde z.B. General Motors, Chrysler und Ford dazu verpflichten, ihre Vorstandsräume für Arbeitervertreter zu öffnen. Chávez hat auch einmal – nicht ganz konsequent – die Vorstellung geäußert, die Arbeiter generell zu Mehrheitseignern ihrer Betriebe zu machen und den Privateigentümern nur noch maximal 30 % der Aktien zuzugestehen.

Im Juli 2005 gab Chávez bekannt, daß insgesamt 1.149 komplett oder teilweise stillgelegte Betriebe existierten, ein Zustand, der genau so wenig wie die unproduktiven Landflächen toleriert werden könne. Folglich stünden auch bereits 136 Betriebe, darunter die U-Bahn von Caracas und das Wasserunternhmen HIDROVEN, zur Verstaatlichung an.

Im September wurde mit der Zahl von 700 inaktiven und also für Verstaatlichung in Frage kommenden Betrieben operiert. Nicht alle sind von nationalem Interesse, manche wurden heimlich von ihren Eignern demontiert, aber immerhin 155 hatten bereits einvernehmliche Lösungen akzeptiert. Sechs jedoch waren, in Erwartung einer Entscheidung der Nationalversammlung, bereits vorsorglich von Arbeitern besetzt.

Im Oktober wurden dann vier Großbetriebe, ein Schlachthaus, die Ketchupfabrik Heinz in Caicara, Monagas, die seit nahezu zehn Jahren stillgelegen hatte, eine Maismühle des mächtigen Polar-Konzerns sowie eine Zuckermühle verstaatlicht.

Im Mai 2005 war schon ein Gesetz, das die Verhältnisse auf den

Arbeitsplätzen regeln soll, eine *Ley Orgánica de Prevención, Condiciones y Medio Ambiente de Trabajo,* verabschiedet worden. Dieses Gesetz definiert die Rechte und Pflichten der Arbeiter und der Arbeitgeber hinsichtlich Sicherheit, Gesundheit, Arbeitsmilieu, Freizeit und Erholung und will die Arbeiter zu sinnvoller Freizeitnutzung animieren.

Ende Oktober fand in Caracas ein internationeles Treffen von Arbeitern reaktivierter Betriebe statt. Es nahmen 700 Delegierte aus 14 lateinamerikanischen Ländern, vor allem aus Argentinien, teil, die 21 Gewerkschaften und mehr als 200 übernommene Betriebe unterschiedlichster Branchen vertraten. Sie beschlossen eine grenzübergreifende Zusammenarbeit sowie Vorstöße gegenüber ihren Regierungen und der ILO mit dem Fernziel - wie Chávez es ausdrückte –arbeiterkontrollierte multinationale Unternehmen im Geiste seines ALBA-Projekts aufzubauen und zum Erfolg zu führen.

Genossenschaften

Einen zentralen Platz im Programm der Bolivarianischen Revolution nimmt das Bestreben ein, die Tätigkeiten von herkömmlichen Privatbetrieben nach und nach Genossenschaften (»Kooperativen«), also Zusammenschlüssen von gleichberechtigten Mitgliedern, zu übertragen.

Auf diese Weise sollen Alternativen geschaffen werden zu Unternehmen, die nach dem Prinzip der kapitalistischen Bereicherung bzw. Ausbeutung geführt werden. Die Genossenschafter sollen lernen, zusammenzuarbeiten und gemeinsame Verantwortung zu übernehmen, sowohl beim Aufbau wie auch bei der Verwaltung und Überwachung von Produktions-, Dienstleistungs-, Ausbil-dungs- und kulturellen Projekten.

Nach einem steilen Anstieg ab 2003 existierten im September 2005 bereits über 80.000 derartige Zusammenschlüsse (gegenüber knapp 800 bei Chávez´ Amtsantritt), davon über 7.000 (gegenüber 200) landwirtschaftliche. 26 % von ihnen waren aus dem *Vuelvan-Caras*-Projekt hervorgegangen.

Die Genossenschaften sind in 125 *Núcleos de Desarrollo Endógeno* (darunter 88 im Agrar-, 17 im Tourismus- und 20 im Industriesektor) zusammengeschlossen. Insgesamt etwa 800.000 Personen arbeiten als Genossenschafter. Bis Ende 2005 sollte sich, nach den Vorstellungen der Aufsichts- und Koordinationsbehörde, der *Superintendencia Nacional de Cooperativas,* die Zahl der Genossenschaften auf 100.000 erhöhen und 400 neue *Núcleos de Desarrollo Endógeno* sollten hinzukommen.

Die Genossenschaften leisten, wie Klein- und Mittelbetriebe, praktisch jede Art von Arbeit, von Friseurarbeit und Schneiderei bis zu Elektroinstallationen, Bauarbeiten und touristischen Dienstleistungen. Frauen spielen dabei oft die Hauptrolle.

Diverse Einrichtungen sorgen für die Ausbildung angehender Genossenschafter, leisten technische Hilfe bei der Etablierung der Zusammenschlüsse und stellen Kredite zur Verfügung. Der *Fondo de Desarrollo Microfinanciero,* eine dem Volkswirtschaftsministerium zugeordnete Institution, bietet den Kooperativen komplette soziale, technische und finanzielle Unterstützung und überwacht die jeweiligen Projekte, auch um zu verhindern, daß – entgegen der Kooperativen-Idee – Arbeiter, die keine Mitglieder sind, angestellt und somit ausgebeutet werden.

Ähnlich arbeiten die Volksbank (BPS, mit ebenfalls einigen hundert Vertretern), der *Fondo de Crédito Industrial,* die *Banco de Desarrollo Económico y Social* (BANDES, die die größte Kreditkapazität besitzt), das *Instituto Nacional para el Desarrollo de la Pequeña y Mediana Industria,* das *Instituto Nacional de Cooperación Educativa* und nicht zuletzt die Frauenbank (BANMUJER).

Daneben existiert die *Fundación para la Investigación y la Innovación Agrícola,* die die Gründung von Landsparkassen anregt, in denen Kleinbauern sich vereinigen, um sich gegenseitig zu unterstützen. Auch die Streitkräfte beteiligen sich aktiv, und in vielen Fällen finanziert PdVSA die Gestaltung der benötigten Räumlichkeiten, den Erwerb von Maschinen und dergleichen.

Die staatlichen Institutionen und Unternehmen haben Anweisung, ihre Aufträge bevorzugt an Kooperativen zu vergeben, was sie um so lieber tun, als diese von der Umsatzsteuer befreit sind.

Leider sind die staatlich geförderten Kooperativen weit davon entfernt, die Wunschvorstellungen der Regierung zu erfüllen. Eine erste Serie von Inspektionen erbrachte das triste Ergebnis, daß nicht weniger als 90 % der Kooperativen in der einen oder anderen, nicht selten auch schwerwiegenden Weise gegen diese Vorstellungen verstießen, namentlich die gewährten Kredite nicht bestimmungsgemäß verwendeten sowie die gewohnten kapitalistischen Ausbeutungs- und Bereicherungspraktiken ausübten. Und als gegen Ende des Jahres 2005 600 Kooperativen um die für die Genehmigung staatlicher Unterstützung erforderliche Zertifikation ansuchten, zeigte sich, daß nur eine einzige die aufgestellten Bedingungen erfüllte.

Umgekehrt beklagen sich einige Kooperativen darüber, daß sie, da nicht an das *Vuelvan-Caras*-Projekt angeschlossen, von der Kreditvergabe ausgeschlossen seien.

Durch spontane Zusammenschlüsse sind mittlerweile Nachbarschafts-, regionale und auch ein nationales Netzwerk von Kooperativen entstanden. In den *barrios* der Städte und auf dem Land gibt es kooperativ arbeitende Komitees, die die Landverteilung sowie den Bau von Häusern, Straßen, Parkanlagen etc. planen und mit geeigneter Unterstützung eventuell durchführen. Nicht zu vergessen schließlich die kooperativ arbeitenden unabhängigen Medien.

Finanzen

In der Endphase des Ölputschs führte die Regierung Preisregulierungen auf dem Lebensmittelmarkt ein, um den Wucher, der da schon um sich gegriffen hatte, zu stoppen.

Gleichzeitig legte sie für den Handel mit ausländischen Devisen – am US-Dollar orientierte – Wechselkurse fest und ging zu einer peniblen staatlichen Devisenkontrolle über. Der Wert des US-Dollars wurde damals zunächst auf 1.600 Bs. festgesetzt, und der Euro kostete rund 1.700. Zur Zeit (Dezember 2005) ist das Verhältnis 1 : 2.150 bzw. 2.600.

Die Devisen werden nach Genehmigung durch die zuständige

Comisión de Administración de Divisas (CADIVI) von den Banken ausgegeben. CADIVI verfährt bei der Vergabe der Genehmigungen durchaus nicht kleinlich. Die Ansuchen sind kostenlos, und in den ersten fünf Monaten von 2005 z.B. wurde die Ausgabe von etwa 8 Milliarden US-Dollar genehmigt. Von diesen gab die Zentralbank 6,5 Milliarden aus, mehr als die Hälfte davon für Importe, etwa 1 Milliarde gaben Unternehmen und Privatpersonen für die Begleichung von Auslandsschulden aus, etwa 300 Millionen entfielen auf Kreditkarten und der Rest auf diverse andere Zwecke.

Die Branchen, die am meisten Devisen in Anspruch nahmen, waren, in dieser Reihenfolge, die Lebensmitteleinfuhr, der Handel, das Gesundheitswesen und der Automobilbau.

Anfang 2005 wurde die Ausgabe von 400 US-Dollar an Privatpersonen freigegeben. Zugleich wurden die Banken an ihre Verpflichtung erinnert, die Landwirtschaft in bestimmtem Umfang mit Krediten zu versorgen.

Diese Maßnahmen wurden prompt vom Internationalen Währungsfond kritisiert. Auch rief das Verbot des freien Devisenerwerbs einen Schwarzmarkt auf den Plan, und die Gruppe Cisneros schmuggelte US-Dollars ins Land, um die Aktivitäten der Opposition zu finanzieren.

Nichtsdestoweniger wurden die private Devisenspekulation und die Kapitalflucht, die das Land in den vier Jahren zwischen 1999 und 2002 etwa 34 Milliarden US-Dollar gekostet hatte, paraktisch unmöglich gemacht – und das ohne das Interesse des internationalen Kapitals an Investitionen in Venezuela zu beeinträchtigen oder das *»Riesgo País«*, das die Kreditwürdigkeit und damit die »Eignung« eines Landes für ausländische Investitionen und den für Darlehen im Ausland fälligen Zinssatz bestimmt, in die Höhe zu treiben.

Im Juli 2005 verabschiedete die Nationalversammlung ein Gesetz, das Verkaufsangebote in US-Dollar wie auch die illegale Einfuhr größerer Devisenbeträge und den Schwarzhandel mit Devisen verbietet und mit zum Teil harten Strafen bedroht.

Seit 2004 sind die Devisenreserven des Landes – zum Teil natürlich dank der steigenden Ölpreise, ebenso sehr aber dank eines verantwortungsvolleren Umgangs mit allen Einnahmen – ständig gewachsen und überschritten im September 2005 bereits 32 Milliarden US-Dollar.

Derartige Beträge erscheinen Chávez viel zu hoch. 20 Milliarden würden völlig genügen, meinte er. So versuchte er schon 2003, die Zentralbank dazu zu bewegen, einen Teil der überschüssigen Gelder – damals handelte es sich noch um wesentlich weniger – für die Finanzierung seiner landwirtschaftlichen Projekte freizugeben. Als er damit keinen Erfolg hatte, wandte er sich an die Nationalversammlung mit der Bitte, ein Gesetz zu erlassen, das es erlauben würde, den Überschuß für die Abbezahlung der Auslandsschulden, für soziale Projekte, Investitionen und Importe zu verwenden.

Dieser Bitte wurde im Juli 2005 – wie üblich gegen einen wütenden Widerstand der Opposition – durch eine Reform des Zentralbankgesetzes stattgegeben. Hiernach ist es nun erlaubt, zunächst 6 Milliarden der Reserven – in Form von Devisen, nicht von Bolívares – für Importe zugunsten der sozialen Projekte, namentlich für *Barrio Adentro III,* sowie diverser Infrastrukturprojekte zu verausgaben. Das Geld soll von einem neu gegründeten *Fondo de Desarrollo Nacional* verwaltet werden.

Die genannte Gesetzesreform soll zugleich ermöglichen, die Auslandsschulden des Landes von etwa 28 Milliarden US-Dollar – pro Kopf unter dem lateinamerikanischen Durchschnitt – im Lauf von drei Jahren um ein Viertel zu reduzieren, ohne gegen die geltenden Regeln, die die vorzeitige Rückzahlung mit Strafgebühren belegen (!), zu verstoßen. Die Legalität dieser Schulden wird angezweifelt, doch hält die Regierung bis auf weiteres daran fest, die geforderten Zahlungen zu leisten. So aktiv und planvoll sie ihre Finanzen verwaltet, bereitet ihr das auch kein großes Kopfzerbrechen, obwohl jährlich um die 5 Milliarden US-Dollar an Zinsen zu bezahlen sind, ohne daß der geschuldete Betrag dadurch abnähme.

Wie der damalige Finanzminister im Dezember 2004 erklärte, ist Venezuela finanziell gesund, da es mit Erfolg genau das Gegenteil dessen gemacht habe, was der Internationale Währungsfond empfahl. Und so hat das Land denn auch, im Unterschied zu den meisten seiner Nachbarn, zur Zeit kein Krisenabkommen mit dem IWF und ist – im Unterschied zu Argentinien, Brasilien und Uruguay – dessen Diktaten nicht ausgesetzt. Venezuela ist zwar als eins von 184 Mitgliedern im Fond vertreten und nimmt dort sein Stimmrecht und seine sonstigen Rechte wahr, ist dem Fond aber nicht unterworfen.

Dennoch greift Chávez den IWF als eine der Hochburgen der neoliberalen Weltdiktatur immer wieder an. Er nennt ihn imperialistisch, neokolonialistisch und ausbeuterisch. Gelegentlich hört er sich zwar seine Ratschläge an, ohne sie allerdings zu befolgen, und freut sich andererseits über die guten Zeugnisse, die ihm der Fond ausstellt.

Die Interamerikanische Entwicklungsbank hat Venezuela für 2005 ein Darlehen von 1 Milliarde US-Dollar in Aussicht gestellt, hauptsächlich für den Bau eines Wasserkraftwerks.

Auch das *Riesgo País* sinkt ständig und dementsprechend nimmt das Interesse ausländischer Investoren an Venezuela zu. In den ersten acht Monaten von 2005 hatten sich bereits über 600 Millionen US-Dollar – gut das Doppelte des im gleichen Zeitraum des Vorjahres Erzielten – an ausländischen Investitionen angesammelt.

Mit der VR China, die in Lateinamerika insgesamt bereits Investitionen in Höhe von 50 Milliarden US-Dollar getätigt hat, ist ein 700-Millionen-Dollar-Kredit für Wohnungsbau und Investitionen in Erdöl-Förderung und -Verarbeitung abgesprochen.

Freilich gibt es auch Kritiker der Finanzpolitik der Chávez-Regierung. Sie meinen, daß diese bisher in erster Linie die private kapitalistische Akkumulation begünstige. Statt sich an internationale Finanzquellen zu wenden, hat die Regierung, wie das Finanzministerium bestätigt, die interne Verschuldung, d.h. die bei den einheimischen Privatbanken, enorm wachsen lassen. Schlimmer noch: in diesen deponiert sie ihre Öleinnahmen – für 5 % Zinsen und leiht dann dasselbe Geld für 14 % zurück.

Auf diese Weise haben die Privatbanken goldene Zeiten und machen, in US-Dollars gerechnet, alljährlich über 1 Milliarde Profit – überwiegend aus Zinszahlungen der Regierung sowie aus dem von der Regierung sanktionierten Handel mit in US-Dollar notierten Staatsobligationen.

Makroökonomie

Das Bruttoinlandsprodukt Venezuelas beträgt im Durchschnitt rund 110 Milliarden US-Dollar pro Jahr. Es war, wie gesagt, vor Chávez´ Amtsantritt, kontinuierlich und in den Jahren 2002 und 2003 noch einmal dramatisch – um 7,6 bzw. 8,9 % – geschrumpft. 2004 war es dann wieder enorm gewachsen, um nicht weniger als 17,3 %. Diese Entwicklung setzte sich auch 2005 fort. Der IWF, die *Comisión Económica para América Latina* (CEPAL) wie auch die venezolanische Zentralbank sagten für dieses Jahr ein Wachstum von mindestens 7 % voraus.

Dieser Aufstieg wird von den Gegnern der Revolution in aller Welt gern auf die explosionsartig gestiegenen und weiterhin extrem hohen Ölpreise zurückgeführt. Tatsache ist aber, daß in 2004 die Öl-Wirtschaft deutlich weniger gewachsen ist (um 8,7 %) als die nicht-ölabhängige, wie Handel, Straßen-, Brücken-, Untergrundbahnbau, Schuh-, Stahl-, Zement- und Stromerzeugung sowie Manufaktur (17,8 %).

Die Fortschritte auf sozialem Gebiet – Gesundheitsdienste, Ausbildung, Ernährung – schlagen sich in diesen Zahlen noch kaum nieder.

Überhaupt besteht ein Trend zu wesentlich stärkerem Wachstum im privaten als im öffentlichen Bereich, der auch im Jahr 2005 anhielt. Es manifestiert sich hierin auch das – natürlich nicht sozialistisch motivierte – zunehmende Interesse der privaten Unternehmerschaft, in Venezuela zu investieren.

Auch die Weltbank registriert diese positiven Tendenzen. Ihrer Rangordnung zufolge ist Venezuela zwischen 2003 und 2004 unter 166 Ländern der wirtschaftlichen Leistung nach vom 52. auf den 38. Platz aufgestiegen, und bis 2007 wird ein weiterhin solides Wachstum vorhergesagt.

Dem kann hinzugefügt werden, daß dieses Wachstum in Venezuela, anders als in kapitalistisch beherrschten Ländern wie Chile, mit einem mindestens ebenso stark steigenden Konsum der unterprivilegierten Gruppen einhergeht.

Für 2005 wurde ein Außenhandelsüberschuß von etwa 5 Milliarden Euro, der höchste in ganz Lateinamerika, prognostiziert.

Der Staatshaushalt für 2006 soll dem Finanzminister Nelson Merentes zufolge 87 Billionen Bs. (etwa 33 Milliarden Euro) betragen. Die Einnahmen sollen – dank der erfolgreichen Arbeit der Steuerbehörde SENIAT – erstmals seit nahezu hundert Jahren zum größeren Teil (53 %) nicht vom Erdöl kommen (dessen Preis in 2006, mit 26 US-Dollar pro Faß, dabei freilich unterschätzt wird). Mehr als die Hälfte der nicht-erdölabhängigen Steuereinnahmen soll aus der Mehrwertsteuer kommen, die 2005 nur noch zu 25 % – gegenüber 78 % in den Jahren 2002 und 2003 – hinterzogen wurde.

41 % der Haushaltsmittel sollen in soziale Projekte, überwiegend auf dem Ausbildungssektor, fließen. Außerdem wird die PdVSA, deren Chef Rafael Ramírez zufolge, 4,4 Milliarden US-Dollar für derartige Zwecke zur Verfügung stellen. Auch ist ein Stop für weitere Abwertungen der einheimischen Währung angesagt.

Zugleich geht der Kampf gegen die hohe Inflation weiter, die die bolivarianische Regierung von der Vierten Republik geerbt hat. Diese betrug bei Chávez´ erstem Amtsantritt rund 20 %. Nachdem sie in den Jahren 2000 und 2001 etwas abgenommen hatte, stieg sie nach dem Putschversuch vom April 2002 und vor allem nach dem Ölputsch erneut an. Seit 2004 aber geht sie wieder zurück und lag im April 2005 bei knapp 16 %. Ziel ist nun, diese Zahl weiter, zunächst unter 10 %, zu drücken, was allerdings so bald wohl nicht erreicht werden wird.

Erdöl, Erdgas, Petrochemie und Wasserkraft

Venezuela verfügt über bekannte Ölreserven von über 80 Milliarden Faß (1 Faß = 159 l). Zugleich werden sowohl im Nordwesten wie im Nordosten des Landes ständig neue Lagerstätten gefunden. Dazu kommen große Mengen schweres und extraschweres Öl, das mit neuen Technologien in etwa 235 Milliarden Faß leichtes Öl umgewandelt oder auch – weniger profitabel – mit Wasser verbunden, als *Orimulsión* verheizt oder als Bitumen verwendet werden kann.

Die Herren der »alten PdVSA« hatten genau dies letztere getan, d.h. das Schweröl wie Kohle behandelt und zu dem entsprechenden, sehr viel niedrigeren Preis verschleudert. Betrachtete man es hingegen als potentielles Leichtöl, so würde Venezuela Saudiarabien von seinem Platz als Besitzer der weltweit größten Ölreserven verdrängen.

Es gibt etwa 13.500 Bohrstellen, von denen allerdings im Zuge des Ölputsches etwa 3.800 stillgelegt und nicht unterhalten wurden, so daß sie wahrscheinlich für immer verloren sind. Nahezu die Hälfte des Erdöls, 47 %, werden zur Zeit im Bundesstaat Zulia, im Nordwesten des Landes gefördert.

Jedenfalls belaufen sich Venezuelas Gesamtreserven auf über 315 Milliarden Faß. Das würde bei Beihaltung der gegenwärtigen Fördermenge von 3,2 Millionen Faß pro Tag für knapp 30 Jahre ausreichen. Präsident Chávez ist sich dieser Begrenzung bewußt und kritisiert den weltweit verschwenderischen Umgang mit der nicht-erneuerbaren Ressource Erdöl. Dennoch befürwortet er eine Erhöhung der gegenwärtigen Fördermenge auf 5 Millionen Faß pro Tag bis zum Jahr 2010. Dafür wären 37 Milliarden US-Dollar an Investitionen nötig, von denen PdVSA 27 Milliarden aufbringen könnte, während den Rest ausländische Investoren beisteuern müßten.

Andere Analytiker sehen in den enormen Ölreserven des Landes eine Chance, deren Bedeutung in spätestens 15 Jahren evident werden wird.

2004 lag PdVSA hinter der mexikanischen PEMEX mit 63 Milliarden US-Dollar Umsatz an zweiter Stelle in der Rangfolge der größten lateinamerikanischen Unternehmen. Im Mai 2005 beschäftigte der Konzern in Venezuela etwa 44.000 Personen, davon etwa 2.000 Manager (gegenüber 4.000 vor der Übernahme durch die revolutionäre Regierung).

Im Ausland arbeitet PdVSA mit 189 Unternehmen zusammen, von denen viele praktisch Filialen von PdVSA sind. Die Bedingungen und Resultate dieser Kooperationen werden zur Zeit analysiert, mit dem Ziel, Klarheit zu gewinnen über die Rentabilität jeder einzelnen, um dann eventuell Umstrukturierungen in die Wege zu leiten.

In Venezuela selbst sind umgekehrt im Energiesektor mehr als 50 ausländische Unternehmen tätig, darunter zehn argentinische, die damit eine der drei wichtigsten Investorengruppen darstellen.

Bei Chávez´ Amtsantritt lag der Preis von Erdöl auf dem Weltmarkt bei 7 US-Dollar pro Faß. Nach der OPEC-Konferenz in Caracas im September 2000 begann dieser Preis sich zu erholen und liegt heute, wie bekannt, bei um die 50 Dollar. Diesen Preis hält Chávez für nicht zu hoch, ja er meint, von dem Maximalpreis im Jahr 1974 ausgehend, der damals bei 13,6 Dollar lag, daß ein inflationsbereinigter Preis heute bei weit über 50 Dollar liegen würde. Er meint auch, daß der Preis nie wieder unter 40 Dollar sinken werde.

Die Einnahmen aus dem Verkauf von Erdöl und Erdölprodukten machen etwa ein Drittel des Bruttoinlandsprodukts bzw. etwa die Hälfte der Staatseinnahmen aus. Außerdem fungiert PdVSA in zunehmendem Maß als ein höchst dynamischer Akteur auf dem Finanzmarkt, der inaktive Subunternehmen aktiviert, *Empresas de Producción Social* (EPS) und nicht zuletzt sämtliche Missionen mitfinanziert.

Fast noch interessanter als die Reserven an Erdöl sind die an Erdgas: etwa 16 Billionen Kubikmeter, die achtgrößten Reserven der Welt und die größten in Lateinamerika. Diese liegen allerdings überwiegend vor der Küste und sind außerdem zu 91 % »gebunden«, d.h. können nur zusammen mit Erdöl gefördert werden. Da Venezuela hierfür nicht die technologischen Voraussetzungen besitzt, schlägt der gegenwärtige Außenminister Alí Rodríguez in seiner Eigenschaft als ehemaliger Energieminister und PdVSA-Chef vor, diese Arbeiten, entgegen den Grundsätzen, die für die Erdölgewinnung gelten, vollständig privaten Konzernen zu übertragen.

Im August 2005 gab die PdVSA-Führung im Beisein des Präsidenten Chávez ihre Entwicklungspläne bis 2012 bekannt. Diese sehen unter anderem eine Investition von 10,5 Milliarden US-Dollar für den Bau von drei neuen Raffinerien – eine davon für die Herstellung von Asphalt – vor. Diese Raffinerien sollen das im Orinoco-Delta geförderte Schweröl verarbeiten.

Außerdem läuft ein umfangreiches Äthanol-Projekt an: Auf der Grundlage von Zucker und Yuka sollen 21.000 Faß Äthanol pro Tag erzeugt und als Ersatz für das bisher in der Regel verwendete Blei dem Benzin beigegeben werden.

Im Lauf von fünf Jahren sollen, mit Hilfe aus Kuba und Brasilien, 15 neue Zuckermühlen errichtet werden. Die Investitionskosten werden auf knapp 1 Milliarde US-Dollar geschätzt und die erforderliche Anbaufläche auf 250.000 ha. Das Projekt soll eine halbe Million Arbeitsplätze schaffen.

Im Juni 2005 dekretierte die Regierung die Loslösung des Petrochemieunternehmens *Petroquímica de Venezuela* von PdVSA und seine Verselbständigung als *Corporación Petroquímica Venezolana* (CPV), jetzt unter der direkten Leitung des Energieministeriums.

Für die CPV bestehen große Pläne: Die Produktion soll bis 2012 qualitativ ausgeweitet und quantitativ mehr als verdoppelt werden. Die Kosten dieses Vorhabens werden auf etwa 10 Milliarden US-Dollar berechnet. Es soll insgesamt 700.000 direkte und indirekte Arbeitsplätze schaffen.

Vor allem aber soll die Produktion, die bislang zum größten Teil mit geringem Nutzen exportiert wird, direkt dem Volk und – durch Versorgung zahlreicher Industrien – der Entwicklung des Landes zugute kommen. Besondere Aufmerksamkeit gilt dabei der Selbstversorgung mit Düngemitteln, die zur Zeit zuerst (in Rohform) ex- und dann (als Fertigwaren) wieder importiert werden, sowie einer Verbilligung des Wohnungsbaus.

Von den enormen Öl- und Gasreserven abgesehen, verfügt Venezuela auch über große Mengen von Wasserkraft. Diese wird hauptsächlich aus dem Riesenstausee Guri in Bolívar gewonnen. Die Anlagen dort gehören zur Zeit zu den beiden größten der Welt. Ihre Stromerzeugung entspricht dem, was aus 750.000 Faß Erdöl pro Tag gewonnen werden könnte. Ein weiterer Ausbau der Kapazität ist geplant.

5 Außenpolitik

Lateinamerikanische Integration

In der Außenpolitik, sowohl in der politisch wie in der wirtschaftlich orientierten, entfaltet Chávez einen beispiellosen Aktivismus. Von der intimen Beziehung zu Fidel Castro und Kuba abgesehen, unterhält er zu den progressiven Präsidenten seiner lateinamerikanischen Bruderländer seit deren Amtsantritt – Lula (Brasilien) und Kirchner (Argentinien) 2003 sowie Vázquez (Uruguay) 2005 – freundschaftliche Beziehungen. Er arbeitet daran, zunächst speziell diese Kollegen für seine Idee einer betont lateinamerikanischen, von den USA emanzipierten, d.h. bolivarianischen Integration zu begeistern.

Als Werkzeug will er dabei, wie er nicht verheimlicht, den Ölreichtum des Landes einsetzen, das aber vor allem, um sein Projekt einer *Alternativa Bolivariana para las Américas* (ALBA) voranzutreiben (das Projekt so benannt, um den Gegensatz zu dem US-amerikanischen hegemonialen Projekt einer *Área de Libre Comercio de las Américas,* ALCA, herauszustreichen).

Das ALBA-Projekt soll das Kernstück des großen Integrationsprojekts darstellen und erfreut sich in Venezuela und Kuba wie auch im übrigen Lateinamerika unter den Völkern – weniger bei den Regierenden – wachsender Popularität. Die Kernidee ist die nicht-kapitalistische, nicht-hegemoniale, rationale, solidarische, an den Interessen der Völker orientierte, Arbeitsplätze schaffende und auf Beseitigung der Armut zielende, ressourcensparende und umweltschonende Zusammenarbeit im Geiste Bolívars. Chávez will, wie er sagt, nicht Reichtum, jedoch soziale Gerechtigkeit und ein würdiges Dasein für alle. (Nichtsdestoweniger bewundert er – so jedenfalls sagte er vor den Volksabstimmungen in Frankreich und den Niederlanden zu dem spanischen Präsidenten Rodríguez Zapatero – die Europäische Union und deren seinerzeit geplante Verfassung.)

Venezuela war seit 2004 – wie auch Chile, Bolivien und Peru – assoziiertes Mitglied des südamerikanischen Gemeinsamen Marktes MERCOSUR *(Mercado Común del Sur)* und arbeitete parallel vor allem mit Lula und Kirchner an der Belebung dieses seit 1994 bestehenden, von den USA unabhängigen, jedoch bisher praktisch bedeutungslosen Verbunds. Trotz Chávez' Initiativen sieht dieser sich Problemen gegenüber, die unter kapitalistischem Vorzeichen als kaum lösbar erscheinen: Alle vier Mitgliedsstaaten – Brasilien, Argentinien, Paraguay und Uruguay – liegen ökonomisch mehr oder weniger am Boden; Argentinien und Brasilien produzieren weitgehend dieselbe Art von Waren und konkurrieren also gegeneinander; Uruguay ist das *per capita* am stärksten verschuldete Land der Welt, sieht sich brutalen Forderungen des IWF, der USA und des einheimischen Kapitals ausgesetzt und durch ein weitgehendes von den USA diktiertes Investitionsschutzabkommen seiner Handlungsfreiheit beraubt. In den Verhandlungen mit der EU über die Abschaffung der für die Landwirtschaften der Dritten Welt tödlichen Exportsubventionen sind keinerlei Fortschritte in Sicht.

Hinzu kommt das immer wieder geäußerte Interesse der USA an der *Triple Frontera,* dem Dreiländereck, das Brasilien, Argentinien und Paraguay bilden und das über dem *Aquífero Guaraní,* einer der weltweit größten Süßwasserreserven, und nicht weit entfernt von der Grenze zu Bolivien liegt.

Ende Juni 2005 genehmigte die Regierung von Paraguay überraschend den Einzug von 500 US-Soldaten, für 13 Militärübungen bestimmt, in ihr Land und konzedierte auch deren Immunität gegenüber dem Internationalen Strafgerichtshof. Der Präsident Paraguays Nicanor Duarte schlug auch eine US-Flugbasis in seinem Land vor und konzedierte die Einrichtung eines direkt am Dreiländereck gelegenen FBI-Büros. Diese Entscheidungen lösten im benachbarten Brasilien Unruhe aus, da man befürchtet, daß es sich um das Vorspiel zur Einrichtung von US-Militär und -Spionagebasen mitten in einem Land des MERCOSUR handle.

An einem Anschluß Venezuelas an den MERCOSUR als Vollmitglied waren alle Teile aus dem einen oder anderen Grund schon länger interessiert, Venezuela weniger aus ökonomischen als aus politischen, sozialen und kulturellen Gründen.

Im Dezember 2005 fand schließlich in Montevideo ein MERCOSUR-Gipfeltreffen statt, auf dem der hierfür erforderliche Prozeß eingeleitet wurde. Venezuela gehört nun – wieder zum Mißvergnügen der USA – diesem Verbund an, hat allerdings, bis alle Vorbedingungen erfüllt sind, nur ein Äußerungs-, aber kein Stimmrecht.

Nach Vorbereitungsarbeiten von dreien seiner Minister besuchte Chávez im April 2003 seinen brasilianischen Kollegen. Mit ihm traf er eine lange Reihe von vorläufigen Absprachen, die auf einem Treffen im September 2005 fixiert wurden. Vor allem wollen die beiden Länder im nordbrasilianischen Bundesstaat Pernambuco gemeinsam eine Raffinerie für das in Brasilien und im venezolanischen Orinoco-Delta geförderte Schweröl bauen, ein langfristiges Projekt im Wert von 2,5 Milliarden US-Dollar. Außerdem sollen 2,2 Milliarden Dollar in Anlagen zur Förderung von Erdgas im Bundesstaat Sucre, vor der venezolanischen Küste, investiert werden.

Die beiden Länder wollen auch gemeinsam Eisen, Kohle, Bauxit und Nickel abbauen. Brasilien wird 40.000 Rinder liefern und in Venezuela Elektrizitätskraftwerke errichten. Im Gegenzug beschleunigt Venezuela den Bau einer zweiter Brücke über den Orinoco, die eine Fährverbindung ersetzen und damit den intra-venezolanischen Verkehr erleichtern wird, vor allem aber auch, da an der einzigen Verbindungsstraße zwischen den beiden Nachbarländern gelegen, die Verbindung mit Brasilien. Von den genannten abgesehen, gibt es mit Brasilien auch Abkommen in den Bereichen Landwirtschaft, Wissenschaft, Technologie und Verteidigung.

Noch aussichtsreicher, ja im Fall von Argentinien und Brasilien seit Mai und im Fall von Uruguay seit August 2005 bereits verwirklicht, ist Chávez´ Projekt eines PETROSUR. Durch Zusammenschluß mit PETROCARIBE und PETROANDINA (s.u.) soll hieraus dereinst ein PETROAMÉRICA werden, ein Verbund der Erdölunternehmen Südamerikas. PETROAMÉRICA ist ein geopolitisches Projekt von zentraler Bedeutung für die Einigung und Emanzipation Lateinamerikas. Ein Konzern dieser Art würde nach Chávez´ Rechnung 11,5 % der globalen Erdölreserven kontrollieren und den Subkontinent unabhängig machen vom Erdöl-Weltmarkt.

In einem Abkommen mit Ecuador von 2003 taucht der Ausdruck »PETROAMÉRICA« zum ersten Mal auf. Nutznießer des Projekts sollen zunächst vor allem diejenigen amerikanischen Länder sein, die bisher noch zu den Wucherpreisen der transnationalen Gesellschaften Erdöl importieren, auf weitere Sicht aber soll es allen lateinamerikanischen Nationen zugute kommen.

Was Argentinien betrifft, ist eine Zusammenarbeit zwischen PdVSA und ENARSA *(Energía Argentina S.A.)* bereits vereinbart. Bei dieser soll es zunächst vor allem um die Ausforschung von Öl- und Erdgas-Lagerstätten in Argentinien gehen.

Im September 2005 verpflichtete sich Venezuela zum Kauf einer kleineren, aber ausbaufähigen argentinischen Raffinerie, in der ein Teil des für Argentinien und Uruguay vorgesehenen Treibstoffs hergestellt werden soll. Dieser soll dann in den Tankstellen, die Venezuela zu kaufen plant, vermarktet werden. PdVSA liefert auch weiterhin an Argentinien (dessen dominierende Ölgesellschaft, die spanische REPSOL, selbst Erdöl exportiert...) Erdöl und Diesel, im Austausch gegen Milchkühe sowie medizinische Ausrüstung und landwirtschaftliche Technologie (ohne ausdrücklichen Ausschluß der transnationalen Agroindustrie).

Auf einem Treffen zwischen Chávez und Kirchner im August 2005 wurde das Abkommen erneuert und ausgeweitet. Venezuela kauft nun unter anderem argentinische Schatzanweisungen im Wert von zunächst 500 Millionen US-Dollar (ein Betrag, der sich im weiteren Verlauf des Jahres verdoppeln sollte), während Argentinien sich des Baus von zunächst zwei Tankschiffen auf Venezuelas Rechnung annimmt.

Früher oder später soll diese Art von Zusammenarbeit auch die nationalen Erdölgesellschaften Ecuadors und Boliviens sowie von

Trinidad und Tobago umfassen. Die Zusammenarbeit mit der kubanischen Gesellschaft CUPET ist bereits ein Faktum.

Im November 2005, kurz nach dem OEA-Gipfeltreffen in Mar del Plata (s.u.) besuchte Kirchner seinen Kollegen Chávez zu einem Arbeitstreffen in Puerto Ordaz, Bolívar, am Ufer des Orinoco. Dieses Treffen verlief in außerordentlich herzlicher Atmosphäre und ließ das besondere politische Einverständnis der beiden Präsidenten, das sich bereits in Mar del Plata gezeigt hatte, verstärkt erkennen.

Die wichtigste der getroffenen Vereinbarungen war die über den Bau einer 6.000 km langen Gasleitung, im Rahmen des PETROSUR-Projekts, die Venezuela mit den Ländern des MERCOSUR wie auch mit Bolivien verbinden und damit einen wichtigen Schritt auf dem Weg der lateinamerikanischen Integration darstellen soll. Die beiden Präsidenten waren sich auch einig über die Notwendigkeit, nach dem Muster der Ausgleichsfonds der EU einen *Fondo Financiero Latinoamericano* einzurichten, nicht als Ersatz, sondern als Ergänzung des IWF und der Weltbank.

Viel hergemacht wurde auch von der vorgesehenen Lieferung von 5 Millionen Faß Diesel in einem Jahr (was einem Bruchteil dessen entspricht was an Rohöl an die USA geliefert wird).

Spontan wie immer bejubelte Chávez die Ergebnisse als einen entscheidenden Schritt auf dem Weg der ersehnten Integration und sprach von einer neuen »Achse Caracas-Buenos Aires«, während Kirchner von einem »qualitativen Sprung« in den bilateralen Beziehungen sprach, nicht ohne kritische Bemerkungen über die Subventionspolitik der EU zu vergessen.

Paraguay gegenüber verpflichtete sich Venezuela zur Lieferung von 18.600 Faß Rohöl pro Tag, während Chile im Dezember 2005 sein Interesse an Gaslieferungen aus Venezuela bekundete.

Am 2. März 2005, am Tag nach dessen Amtsantritt, schloß Chávez auch mit seinem uruguayischen Kollegen Tabaré Vázquez diverse wichtige Abkommen, darunter eins über die Lieferung von 30.000 Faß Rohöl pro Tag zu den gleichen günstigen Bedingungen wie sie unter anderem für Kuba gelten, eins über die Finanzierung der Erweiterung einer Raffinerie in Uruguay und nicht zuletzt eins über die

Beteiligung von Uruguay an dem internationalen TV-Projekt TELESUR. Uruguay seinerseits »bezahlt« mit der Lieferung von Zement und von Treibstoff-Alkohol, der in Venezuela als Bleiersatz dem Benzin zugesetzt werden soll.

Auf einem erneuten Treffen im August 2005 stellte sich Chávez begeistert hinter den Vorschlag seines Gastgebers, nach dem Muster von TELESUR auch einen RADIOSUR einzurichten.

Ende Juni trafen sich 16 Vertreter karibischer Länder – Kubas Fidel Castro eingeschlossen – in Puerto La Cruz, Venezuela, um PETROCARIBE, als zweiten Schritt beim Aufbau von PETROAMÉRICA zu gründen. 14 von ihnen – alle außer vorerst Barbados und Trinidad und Tobago (selbst Erdölproduzenten) – unterzeichneten das Abkommen.

Dieses beinhaltet im wesentlichen einige freiwillige Verpflichtungen Venezuelas, nämlich den übrigen Ländern zu Vorzugspreisen und attraktiven Zahlungsbedingungen den Bedarf an Erdöl und Erdölderivaten zu decken. Venezuela verspricht auch, mittels einer eigens gegründeten PdVSA-Filiale – *PDV Caribe* – eine staatseigene Tankerflotte bereitzustellen. Allein diese Maßnahme wird das gelieferte Öl gegenüber dem gegenwärtigen Zustand, da kommerziell gemietete Reedereien die Transporte besorgen, um mehrere US-Dollar pro Faß verbilligen. *PDV Caribe* soll auch die für Raffinierung, Lagerung und Distribution des Öls und seiner Derivate sowie die für die Ausbildung kompetenten Personals nötigen Maßnahmen organisieren – Maßnahmen, die im November 2005 bereits in Gang gesetzt wurden.

Die Partnerländer verpflichten sich lediglich, je eigene staatliche Gesellschaften zu gründen, die – anstelle der gegenwärtig alles beherrschenden Transnationalen – die Lieferungen entgegennehmen und, gegebenenfalls mit venezolanischer Assistenz, raffinieren und verteilen. Außerdem wurde die Gründung eines Koordinationsbüros und eines in Venezuela stationierten Sekretariats beschlossen sowie die Einrichtung eines *Fondo ALBA-Caribe* mit einer Initialeinlage Venezuelas von 50 Millionen US-Dollar und ständigen Beiträgen aus den Gewinnen der Gesellschaft. Dieser Fond soll dann die allfälligen Infrastruktur- und sozialen Projekte der beteiligten Länder mitfinanzieren.

Auf einem Gipfeltreffen der 14 Mitgliedstaaten im September 2005 in Jamaica wurden die Statuten der neuen Gesellschaft beschlossen, ein Ministerrat konstituiert und PETROCARIBE damit zur Wirklichkeit. Mit neun der anwesenden Länder (allen außer Saint Lucia, mit Jamaica und Kuba bestanden solche Verträge bereits) wurden bilaterale Verträge geschlossen, in denen unter anderem Venezuela sich verpflichtet, die Partnerländer – zu den üblichen Vorzugsbedingungen – mit insgesamt 77.000 Faß Öl pro Tag zu beliefern. Die Kosten für Transporte und für die Entwicklung der erforderlichen Infrastruktur übernimmt Venezuela. Die fälligen Zahlungen können auch in Naturalien wie Zucker, Reis, Bananen oder Bohnen geleistet werden.

Kurz danach wurden auch die mittelamerikanischen Länder, die französischen Kolonien Martinique und Guadaloupe sowie Haiti eingeladen, sich der neuen Gesellschaft anzuschließen, und Energieminister Ramírez schlug vor, neben dem ALBA-Fond einen weiteren einzurichten, aus dem soziale Projekte der Unterzeichnerländer finanziert werden könnten. Auch teilte er mit, daß die besprochene Tankerflotte bereits bereit stehe.

PETROCARIBE stellt natürlich eine Herausforderung gegenüber den USA dar, eine partielle Verwirklichung des ALBA-Projekts eben und eine Demonstration der Möglichkeit friedlicher solidarischer Zusammenarbeit an Stelle des neoliberalen Konkurrierens. In ihrer Desperation versandte die US-Administration denn auch am Tag vor Beginn der Konferenz an die beteiligten Länder ein Schreiben voll von grotesken Anklagen, gröber noch in der Argumentation als in der Sitzung der OEA in Fort Lauderdale, von der noch die Rede sein wird. Der Erfolg allerdings blieb aus.

Schon im Dezember 2004 hatten sich in Cuzco, Peru, die Andenländer Venezuela, Kolumbien, Ecuador, Peru und Bolivien, die gemeinsam die *Comunidad Andina de Naciones* (CAN) bilden, und die des MERCOSUR sowie Chile, Surinam und Guyana zur *Comunidad Sudamericana de Naciones* zusammengeschlossen, mit dem Ziel, die Zollschranken zwischen den beteiligten Ländern allmählich zu beseitigen.

Ende September 2005 fand dann in Brasilia das erste Gipfeltreffen dieses neuen Staatenbunds statt. Hier plädierte der Präsident von Chile (des an einer derartigen Zusammenarbeit am stärksten interessierten Landes), der Sozialdemokrat Ricardo Lagos mit starken Worten für eine Integration auf dem Energiesektor, dem von Chávez gewünschten Zusammenschluß der vertretenen 12 Länder aber kam man nicht näher.

Chávez seinerseits plädierte auch erneut für die Einrichtung einer Südamerikanischen Entwicklungsbank, in der ein Teil der zur Zeit in Banken des Nordens konzentrierten Finanzmittel gesammelt, unter regionale Kontrolle gebracht und zur Bekämpfung der Armut in der Region eingesetzt werden sollten und stellte eine erste Einlage von 5 Milliarden US-Dollar in Aussicht, ein Projekt, für das sich bisher vor allem sein brasilianischer Kollege Lula interessiert.

Sein Vorschlag, einen Humanitärfonds *(Fondo Humanitario Social)* einzurichten, wurde im Oktober auf einer Ministertagung der CAN mit einer ersten Einlage von 50 Millionen US-Dollar verwirklicht.

Auf dem Gipfeltreffen des MERCOSUR im Juni 2005 in Asunción, Paraguay war bereits die Einrichtung eines Strukturfonds von zunächst 100 Millionen US-Dollar beschlossen worden. Dieser soll hauptsächlich für infrastrukturelle Maßnahmen in den ärmsten Ländern der Gemeinschaft, Paraguay und Uruguay, verwendet werden. Vereinbart wurde auch die Errichtung eines »Energierings«, einer Kette von Gas- und Stromleitungen, die die südamerikanischen Länder verbinden soll. Auch an die Einrichtung eines Parlaments des MERCOSUR ist gedacht.

Chávez war auf diesem Gipfel anwesend, predigte engagiert seine bekannten Projekte und vor allem die notwendige Loslösung vom kapitalistischen Kommerz- und Konkurrenzdenken sowie von der Dominanz der USA. Auch schlug er, zwecks Bewältigung der andauernden Energiekrise, ein gemeinsames Projekt *Gas del Sur* sowie die Einrichtung einer Südamerikanischen Universität vor. Auf dem alljährlichen Präsidententreffen der CAN im Juli 2005 in Lima präsentierte er sein drittes Integrationsprojekt, einen Zusammenschluß der anwesenden Länder unter der Bezeichnung PETROANDINA. Dieses Projekt soll dem Generalsekretär der CAN zufolge auf einem Ministertreffen im November weiter vorangetrieben werden.

Auf einem Besuch im brasilianischen Manaus, im September 2004 verteidigte Chávez vehement die lokale Souveränität über das Amazonas-Gebiet, das sich immerhin sieben souveräne Staaten teilen, gegenüber europäischen und nordamerikanischen Herrschaftsanmaßungen (»Lunge der Menschheit«).

Venezuelas östliches Nachbarland ist die vormalige britische Kolonie Guyana, ein dünn besiedeltes und ökonomisch schwaches Land. Diesem gegenüber – genauer gesagt: auf etwa 60 % der guyanischen Landfläche – erhebt Venezuela seit über hundert Jahren einen territoriellen Anspruch. Seit Chávez´ Amtsantritt aber liegt dieser Konflikt auf Eis. Seine Lösung ist der UNO überlassen, die jedoch keine speziellen Aktivitäten entfaltet. Beziehungen zwischen den beiden Ländern sind kaum vorhanden, mit Ausnahme eines dort positiv aufgenommenen Besuchs von Chávez im Jahr 2004 und der Gegenwart eines guyanischen Botschafters in Caracas.

Guyana würde gern die Beziehungen beleben und speziell venezolanische Unterstützung bei der Suche nach und Produktion von Erdöl entgegennehmen. Dem aber stellt sich der IWF, von dem Guyana als hoch verschuldetes Land abhängig ist, entgegen.

Im April 2005 fand im venezolanischen Bundesstaat Bolívar ein Gipfeltreffen zwischen Venezuela, Brasilien, Kolumbien und Spanien statt, auf dem Chávez wieder einige außenpolitische Erfolge einfahren konnte, unter anderem die Unterstützung Spaniens (das selbst an dem Geschäft beteiligt ist) und sogar des kolumbianischen Präsidenten Uribe für gewisse von den USA kritisierte Waffenkäufe.

Ohne Erfolg blieb freilich Chávez´ Vorschlag, im Sinne des von Fidel Castro bereits 1983 lancierten Appells einen Schuldnerklub zu bilden und dem IWF mit seinen illegitimen Forderungen die Stirn zu bieten. Weder Lula noch Kirchner sind Freunde des IWF, so weit aber wagen sie mit Rücksicht auf die heimischen Geldaristokratien, die auf dem Umweg über Darlehen an den Staat an den Auslandsschulden profitieren, nicht zu gehen. Zudem erfahren sie kaum Druck von ihren Bevölkerungen, da diese den Zusammenhang zwischen Schuldenzahlungen und mangelhaften öffentlichen Diensten bislang nicht durchschauen.

Daß eine Zahlungsverweigerung – und erst recht wenn sie solidarisch erfolgt! – keine ernsthaften Konsequenzen hat, war zu sehen, als Argentinien 2001 ein Jahr lang seine Zahlungen einstellte. Ein Alleingang aber erscheint nicht sinnvoll, und so bedient denn auch Venezuela treu seine – ebenfalls illigitimen und längst abgegoltenen – Auslandsschulden. Jedenfalls bis auf weiteres bzw. bis, wie Finanzminister Merentes sagt, ein kompetentes Organ die Illegitimität der Schulden feststellt.

Die arabische Welt, China und Afrika

Im Geiste seines Bolivarianismus markiert Chávez bei jeder Gelegenheit seine Distanz zu den USA und sucht zugleich nicht nur eine lateinamerikanische Integration und Emanzipation, sondern auch eine Annäherung an außeramerikanische Länder wie vor allem an die arabischen Länder und an China.

Im August 2000, gleich nach seiner Wiederwahl, reiste er zu seinen zehn arabischen OPEC-Partnern (einschließlich Libyen und Irak), um sie persönlich zu dem für Ende September in Caracas geplanten Gipfeltreffen einzuladen.

Dieses fand denn auch statt und führte – zum Zorn der US-Administration des William Clinton – zu einer Wiederbelebung dieses schon nahzu bedeutungslos gewordenen Kartells. Es wurden neue, mäßigere Förderquoten und sowohl Minimal- wie Maximalpreise für das geförderte Öl beschlossen. Die Quote für Venezuela wurde auf 3,2 Millionen Faß pro Tag festgelegt.

Jahre später, im September 2005, inmitten der Ölversorgungskrise, weigerte sich die OPEC, ihr Produktionsvolumen zu erhöhen.

Auf weiteren Reisen wurden dann die Kontakte zu potentiellen Handelpartnern wie Rußland, Indien, China, dem Iran sowie zu mehreren afrikanischen Ländern gestärkt. Alle diese Beziehungen werden weiterhin gepflegt, und Venezuela erklärt sich interessiert, als

Beobachter an den Treffen der Afrikanischen Union teilzunehmen sowie in 18 afrikanischen Ländern Botschaften einzurichten, um von diesen aus auf dem gesamten Kontinent präsent zu sein.

Mit China wurden 19 Abkommen geschlossen. Diese betreffen unter anderem die Exploration, Förderung und Veredlung von Erdöl und Erdgas, die Landwirtschaft, den Bergbau, den Ankauf von Maschinen und Ersatzteilen für kleine und mittlere Produzenten und die Lancierung eines Satelliten. Auch wurde der Bau von 100.000 Wohnungen für Bedürftige in Venezuela vereinbart sowie der Ausbau einer venezolanischen Insel für land-, vieh-, fischereiwirtschtliche und industrielle Nutzung.

Als Gegenleistung für in Aussicht gestellte Beiträge der VR China zu diesen Projekten unterstützt Venezuela deren Anspruch auf Taiwan und ihr Antisezessionsgesetz.

Der Handel mit China hat denn auch in den vergangenen vier Jahren ständig zugenommen. Er erreichte 2004 einen Rekordumfang von 1,4 Milliarden US-Dollar und allein in den ersten acht Monaten von 2005 bereits 2 Milliarden. In diesem Jahr lieferte Venezuela an China 70.000 Faß Erdöl pro Tag, eine Menge, die sich in absehbarer Zeit auf 300.000 erhöhen wird; (zum Vergleich: die USA erhalten 1,500.000 Faß pro Tag).

Im August und September 2005 wurden diverse weitere Abkommen geschlossen, unter anderen eins über die Gründung einer venezolanisch-chinesischen Erdölgesellschaft, die sich vor allem der gemeinschaftlichen Förderung von sowohl Erdöl als auch Erdgas in Venezuela widmen soll.

Im Mai 2005 fand in Brasilia ein zwar nicht von Chávez initiiertes, aber von ihm mit vorbereitetes und lebhaft begrüßtes südamerikanisch-arabisches Gipfeltreffen – das erste seiner Art – statt. Die USA waren dazu ausdrücklich nicht eingeladen, nicht einmal als Beobachter.

Die beiden Gruppen einigten sich unter anderem darauf, nicht nur Terrorismus in allen seinen Formen zu verurteilen und zu einer international akzeptablen Definition des Begriffs »Terrorismus« aufzurufen, sondern besonders auch Israel sowie den Angriff der USA auf den Irak und die Drohungen gegenüber Syrien zu kritisieren. Umgekehrt betonten sie das Widerstandrecht der Völker okkupierter Länder und das Recht Palästinas auf einen eigenen Staat innerhalb der Grenzen von vor 1967. Alles Deklarationen, die den Zorn Israels hervorriefen.

Jalal Talabani, der frisch gebackene »Präsident« des okkupierten Irak, wurde aufgefordert, für die Wiederherstellung der Souveränität seines Landes zu sorgen. Die »unilaterale« Politik der USA, der Protektionismus der reichen Länder, die undemokratischen Verhältnisse in der UNO und der Besitzanspruch Großbritanniens über die Malvinas-Inseln (Falkland) wurden kritisiert.

Im Januar 2005 nahm Chávez am 5. Welt-Sozialforum im brasilianischen Porto Alegre teil. Er war begierig erwartet worden und wurde zum Star des Treffens, während Gastgeber Lula, der sich vorzeitig zum Kapitalistentreffen in Davos absetzte, ausgepfiffen wurde.

Vor seiner Abreise sprach Chávez unter anderem über die weltweite Mediendiktatur und seine ganz besonderen Erfahrungen mit ihr, mahnte die Zuhörer, sich ihrer Zugehörigkeit zum Süden der Welt bewußt zu sein, und geißelte das ALCA-Projekt sowie das neoliberale und hegemoniale Denken des George W. Bush. Auch erzählte er von der bolivarianischen Revolution und deren Errungenschaften und widersprach der These, daß der Sozialismus tot sei.

Zum Abschluß besuchte er eine der wenigen unter Lula geschaffenen Siedlungen ehemaliger »Landarbeiter ohne Land« und erläuterte den venezolanischen Kampf gegen den Großgrundbesitz.

Im Oktober 2005 besuchte Chávez Europa und versuchte da unter anderem, einer französischen Kapitalistenversammlung seine Politik und seine Vorhaben zu erklären (wobei er offen zugab, mit Fidel gegen den Tod, den Hunger, das Elend und die Krankheiten zu »konspirieren«) und sie für wirtschaftliche Zusammenarbeit zu gewinnen, was ihm in bescheidenem Maß auch gelang.

Kolumbien

Problematisch hingegen ist das an der Oberfläche freundschaftliche Verhältnis zum Nachbarn und traditionell wichtigsten Handelspartner Kolumbien. Dessen ultrarechter Präsident Álvaro Uribe Vélez unterhält nicht nur Beziehungen zur Drogenmafia und zu den paramilitären Truppen, die von dieser finanziert werden, sondern ist vor allem auch der hingebungsvollste Verbündete der US-Administration. Als solcher bekämpft er, von den USA im Rahmen des *Plan Colombia* mit der astronomischen Summe von bisher 4 Milliarden US-Dollar und auch mit Truppen massiv unterstützt, vorgeblich den Drogenhandel, tatsächlich aber die anscheinend unbesiegbare Aufstandsbewegung, die *Fuerzas Armadas Revolucionarias de Colombia* (FARC).

Der Kampf gegen diese seit über 40 Jahren aktive Organisation von mindestens 20.000 erfahrenen Guerillas hat allerdings bisher – außer unzähligen Opfern – alles eher als die gewünschten Ergebnisse gebracht. Die Regierung, die nationalen und die US-Streitkräfte, die Paramilitärs und die Drogenmafia auf der einen und die FARC sowie das weniger bedeutende *Ejército de la Liberación Nacional* (ELN, Armee der nationalen Befreiung) auf der anderen Seite sind nach wie vor im Krieg – was Kolumbien zu einem der chaotischsten und gewalttätigsten Länder der Welt macht.

Immer wieder kommen aus den USA und aus Kolumbien – wenn auch nicht vom Präsidenten selbst – Anklagen gegen Venezuela bzw. Chávez: Sie gewährten den Guerillas auf ihrem Territorium, d.h. im undurchdringlichen Dschungel, durch den die lange gemeinsame Grenze verläuft, Unterschlupf und arbeiteten überhaupt mit ihnen zusammen. Venezuela weist diese nicht überprüfbaren Anklagen regelmäßig zurück und behauptet im Gegenteil, daß es bisher alle Auslieferungsanträge aus Kolumbien erfüllt habe.

Tatsächlich erleidet Venezuela regelmäßig Destabilisierungsversuche aus Kolumbien, namentlich in der Form von Grenzverletzungen seitens der kolumbianischen Streitkräfte, der Paramilitärs, der Guerilla und vor allem der Drogenhändler.

Im Zuge einer besonders dramatischen Aktion drangen im Frühjahr 2004 über hundert kolumbianische Söldner in venezolanischen Uniformen bis in die Nähe von Caracas vor. Sie hatten den Auftrag, militärische Anlagen anzugreifen und Chávez zu töten. Bald aber wurden sie gefaßt. Im Oktober 2005 vor ein Militärgericht gestellt, wurden drei venezolanische Offiziere wegen Rebellion zu zwei bis 9 Jahren und 27 Kolumbianer zu je 6 Jahren Gefängnis verurteilt. Drei Venezolaner und 73 Kolumbianer wurden in Freiheit entlassen.

Im übrigen aber werden mit Kolumbien – zum beiderseitigen Nutzen – nach wie vor »korrekte« Beziehungen gepflegt. Es ist vor allem Chávez selbst, der aus diversen Gründen kein Interesse an einer Eskalation hat. 2003 vereinbarte er mit seinem kolumbianischen Kollegen den Bau einer Gasleitung im Norden der beiden Länder. Durch sie soll Erdgas aus Kolumbien in den Nordwesten von Venezuela befördert werden, was für diese Region eine Vereinfachung der Versorgung mit Gas, das zur Zeit in Behältern aus dem anderen Ende des Landes herantransportiert wird, bedeuten würde. Später, wenn die Gasvorräte Kolumbiens erschöpft sind, soll der Transport in umgekehrter Richtung laufen und die Gasleitung bis nach Panamá verlängert werden. Außerdem will Kolumbien Venezuela, das an einer Erleichterung seiner Lieferungen nach Asien interessiert ist, den Bau einer Ölleitung bis an die kolumbianische Pazifikküste erlauben.

Nachdem Uribe seine erklärte Absicht, die international als »Terrororganisation« abgestempelte FARC militärisch zu vernichten, halb und halb aufgegeben hat und nun wieder an Verhandlungen denkt, erklärt sich Venezuela bereit, sich an solchen Verhandlungen zu beteiligen.

Die USA und ihr Gefolge

Chávez´ Streben nach südamerikanischer Einheit und Befreiung von der – nur allzu oft gewaltsamen – Bevormundung durch die USA ist, wenn nichts anderes, das was der unversöhnlichen Feindschaft zwischen Venezuela und den USA zugrunde liegt. Dabei handelt es sich freilich nicht nur um die USA des George W. Bush, sondern gewissermaßen auch um die des James Monroe von vor 200 Jahren.

Und klar muß auch sein, daß die USA hier, wie auch in Afghanistan und im Irak, nur nach außen hin im eigenen Namen agieren, tatsächlich vielmehr als Speerspitze der imperialistischen Welt.

Dem von den USA betriebenen Projekt einer kontinentalen Freihandelszone, ALCA, das – auf dem »Washington-Konsens« von 1997 gründend und in vielem vergleichbar der inzwischen auf Eis gelegten EU-Verfassung – den ursprünglichen Plänen nach bereits seit Anfang 2005 in Kraft sein und sämtliche amerikanischen Länder (außer Kuba) unter US-amerikanischer Führung vereinigen sollte, hat Chávez – nicht als einziger, aber von allen Präsidenten als erster und am entschiedensten – eine Absage erteilt: das Projekt sei neokolonialistisch, sehe die Privatisierung sämtlicher Ressourcen vor und sei daher mit der Bolivarianischen Verfassung unvereinbar.

Die US-Administration ist hier auch bereits am Umschwenken und sucht nun Abkommen nach dem Muster des NAFTA *(North American Free Trade Agreement)*, unter dem vor allem die mexikanischen Arbeiter und Bauern bereits seit 1994 leiden. Nun geht es um bilaterale Freihandelsverträge, um sogenannte *Tratados de Libre Comercio*, die mit Chile, der Dominikanischen Republik und fünf mittelamerikanischen Ländern bereits geschlossen wurden. Die Verhandlungen mit Ecuador und Kolumbien sollten im Dezember 2005 abgeschlossen werden, wurden jedoch im Monat davor für unbestimmte Zeit verschoben, während der peruanische Präsident Alejandro Toledo einen derartigen Vertrag unterzeichnete.

Chávez lanciert dagegen wie gesagt mit Verve und nicht ohne Erfolg sein ALBA-Projekt, das auf eine spezifisch lateinamerikanische Integration und folglich einen Bruch mit der US-amerikanischen Dominanz hinausläuft. Und so mausert sich Venezuela mit seinem Ölreichtum und seinem agilen Präsidenten immer deutlicher zum bestgehaßten Gegenspieler der USA in Amerika.

Dementsprechend geht es denn auch in der Beziehung zwischen den USA und Venezuela ähnlich zu wie im Krieg der USA gegen

Kuba. So wurden im Oktober 2005 die ersten Maßnahmen im Geiste der Blockade gegen Kuba bekannt: Vetos gegen Israel, für Venezuela ältere US-amerikanische Kampfflugzeuge zu reparieren, und gegen Spanien, an Venezuela Küstenwachboote und Transportflugzeuge, die Komponenten US-amerikanischer Herkunft enthalten, zu verkaufen.

Daraufhin verkündete Chávez, daß man dann eben die reparaturbedürftigen Flugzeuge China oder Kuba zur Untersuchung überlassen und neue in China oder Rußland erwerben werde.

Spanien setzte sich schließlich über das Veto hinweg, womit ein Handel im Wert von 1,7 Milliarden Euro, der größte einzelne Waffenkauf Venezuelas aller Zeiten, zustandekam.

Daß dies die USA – die ohne Zögern Chile mit vergleichbaren Waffen beliefern – stört, ist offenkundig, und weitere Versuche, den venezolanisch-spanischen Handel zu sabotieren, sind zu erwarten. (Am Tag nach der Unterzeichnung des Abkommens in Caracas bot im übrigen der Verteidigungsminister Spaniens auch Kolumbien einen umfangreichen Waffenhandel an, angeblich um die »Terrorbekämpfung« zu erleichtern).

Von derartigen Manövern abgesehen, beschießen die Sprachrohre der US-Regierung und ihre Medien unablässig, in einer anscheinend planlosen und so gut wie immer unglaubwürdigen Weise die bolivarianische Regierung. So absurd und offenkundig Teil einer Dauerkampagne diese Angriffe sind, verunsichern und beunruhigen sie die Angegriffenen, derart daß sie sich veranlaßt sehen, ihnen jedesmal zu entgegnen.

Wie die US-amerikanisch-venezolanische Anwältin Eva Golinger wiederholt und detailliert nachgewiesen hat, finanzieren diverse Sub- und Hilfsorganisationen der US-Administration die venezolanische Opposition, einschließlich oppostioneller Parteien – eine Praxis, die in Venezuela, nicht anders als in den USA, verboten und strafbedroht ist. Bei den genannten Organisationen handelt es sich vor allem um das *National Endowment for Democracy* (NED), die *United States Agency for International Development* (USAID), die *Agency for International Development* (AID) und das *American Center for International Labor*

Solidarity (ACILS), eine dem US-Gewerkschaftsverband AFL-CIO untergeordnete Organisation.

Auch nach der inzwischen vielfach erwiesenen Beteiligung an dem Putschversuch von 2002, der vielfältigen Schützenhilfe für die Opposition und trotz der unbestreitbaren Popularität, die Chávez, sein Projekt und sein Team nun schon seit sieben Jahren genießen – Tag für Tag Einmischungen Washingtons und seines Botschafters in Venezuelas innere Angelegenheiten; Drohungen, Venezuela vor der OEA mit der *Carta Democrática Interamericana* zu verklagen; Unterwanderung revolutionärer Institutionen, um Uneinigkeit zu säen; horrende Anklagen gegen Chávez wegen angeblich diktatorischer Allüren und Rüstungsambitionen (Kauf von 100.000 Maschinengewehren in Rußland), wegen Nachlässigkeit im Kampf gegen Menschenhandel, wegen der Beziehungen zu Kuba, wegen allgemein »destabilisierender« außenpolitischer Aktivitäten in der Region...

Das alles hat nur begrenzten Erfolg und dürfte innerhalb des Landes sogar kontraproduktiv wirken, doch gelingt es immerhin, Venezuela anzuschwärzen und speziell die Wahlprozeduren dort – die tatsächlich, ganz anders als in den USA selbst, mit geradezu pedantischer Gewissenhaftigkeit organisiert werden – in aller Welt verdächtig zu machen. So entsendet man inzwischen schon routinemäßig, unter großer Publizität internationale Wahlbeobachter, im Wissen freilich, daß diese am Ende zu einem positiven, dann aber kaum mehr beachteten Votum kommen werden.

Ein grotesker Höhepunkt wurde erreicht, als der US-Botschafter bei der OEA, Roger Noriega, nach dem Rücktritt des bolivianischen Präsidenten Carlos Mesa voller Wut Chávez anklagte, die Krise in Bolivien verschuldet zu haben; gemeint war vermutlich: durch seine Art, die eigenen Streitkräfte konstruktiv, statt repressiv einzusetzen, den bolivianischen ein schlechtes Beispiel gegeben zu haben. Einige Tage später drehte Chávez den Spieß um und machte Präsident Bush und die »giftige« neoliberale Politik, die er und seine Leute den Ländern aufzwingen, für jene Krise verantwortlich.

Eine unermüdlich wiederholte Anklage betrifft die angebliche Mißachtung der Meinungs- und Pressefreiheit durch die Regierung

Chávez. Tatsächlich ist – nicht zuletzt im Vergleich zu den USA – das Gegenteil der Fall. Nirgendwo auf der Welt toleriert eine Regierung mit solchem Langmut so hemmungslos regierungsfeindliche Medien.

Angesichts des desolaten Zustands, in dem die venezolanische Opposition sich zur Zeit befindet, konzentriert sich die Unterstützung der USA neuerdings auf die angeblich unabhängige, tatsächlich aber offen regimefeindliche Organisation *Súmate* unter der Leitung von María Corina Machado. Machado und *Súmate* haben nachweislich enge Beziehungen zu sämtlichen reaktionären Kräften in Venezuela, in der Region und in den USA: vom Zwei-Tage-Diktator Carmona Estanga über die alte PdVSA-Meritokratie und die Eigentümer der konterrevolutionären Medien bis zur CIA.

María Corina Machado wurde im Juni 2005 sowohl von Präsident Bush im Weißen Haus in »Privataudienz« empfangen als auch, als einzige von über 200 Repräsentanten der »Zivilgesellschaft«, von Condoleezza Rice in Fort Lauderdale.

Im Juli allerdings wurde Machado zusammen mit dreien ihrer Genossen aufgrund einer schon länger vorliegenden Anzeige wegen konspirativer Zusammenarbeit mit einer ausländischen Macht in Venezuela vor Gericht gestellt, wenn auch in Freiheit belassen.

Auch danach noch nahm sie – ganz offen – Beiträge aus den USA entgegen. In Zukunft wird *Súmate* freilich dem neuen Gesetz gegen illegale Devisentransaktionen gehorchen und der Zentralbank alle Einnahmen aus dem Ausland deklarieren müssen.

Auf dem soeben erwähnten Außenministertreffen der OEA in Fort Lauderdale präsentierte die US-Delegation einen allzu offenkundig interventionistischen und gegen Venezuela gerichteten Resolutionsvorschlag. Dieser wurde von 28 der 34 Mitgliedsstaaten mehr oder weniger entschieden abgelehnt, wobei sich unter anderen der brasilianische Außenminister Celso Amorim auszeichnete. Die Resolution, *Delivering the Benefits of Democracy* betitelt, wurde schließlich in kräftig umgemodelter Form, aller ursprünglichen Intentionen entkleidet, angenommen.

Ein derartiges Fiasko hatten die USA in ihrem »Kolonialministerium« noch nie erlebt, und Bushs außenpolitisches Versagen wurde denn auch von der demokratischen Opposition hart kritisiert.

Überhaupt hat die OEA aufgehört, als Kolonialministerium zu fungieren. Alle drei US-Kandidaten für die Nachfolge des durch den Abgang von César Gaviria frei gewordenen Posten des Generalsekretärs mußten entweder wegen Korruptionsanklagen nach kurzer Zeit zurücktreten, erreichten keine Stimmenmehrheit oder zogen ihre Kandidatur mangels Unterstützung zurück. Der schließlich gewählte José Miguel Insulza, chilenischer Sozialdemokrat, war für die USA bestenfalls ein annehmbarer Kompromiß.

Dennoch ist die OEA auch unter der neuen Führung noch lange keine demokratische oder gar progressive Institution. Nach wie vor gelten auch dort doppelte Maßstäbe: einer für die USA und ein anderer, ungleich strengerer für die übrigen Mitglieder.

Ebenfalls noch im Juni erbot US-Botschafter William Brownfield unter Umgehung der Regierung in Caracas dem Gouverneur von Zulia Manuel Rosales, prominenter Putschist, jedoch in den Regionalwahlen von 2004 mit deutlicher Mehrheit wiedergewählt, wirtschaftliche Mitarbeit bei gewissen Entwicklungsprojekten – eine neue Form selbstherrlicher Einmischung, die denn auch in der Nationalversammlung heftig kritisiert wurde.

Wie auch immer, so zeigte sich hier eine weitere der zahllosen Taktiken, die die US-Administartion einsetzt, um Venezuela zu destabilisieren, in diesem Fall, um einer eventuelle Abspaltung des überaus wichtigen Bundesstaats Zulia – wie sie dort bereits gelegentlich vorgeschlagen wird – Vorschub zu leisten.

Daneben läuft der *Plan Colombia* (neuerdings auch *Plan Patriota* genannt) weiter, vorgeblich gegen die Drogenmafia in diesem Land,tatsächlich aber gegen die Guerilla und gegen Venezuela gerichtet. Er besteht in einer enormen Unterstützung der kolumbianischen Streitkräfte, einschließlich einer intensiven Zusammenarbeit mit ihnen »im Feld«.

Die USA haben immer wieder versucht, Nachbarländer, unter anderen Venezuela, in diesen Plan einzubeziehen, jedoch bisher ohne Erfolg. Immerhin schaffen es ihre Truppen, von Zeit zu Zeit die

Guerillas über die Grenze nach Venezuela treiben, ein Zustand, der die venezolanischen Militärs und Behörden beunruhigt.

Eine Krise besonderer Art – und mit erwartbarem Ausgang – zog auf, als im Mai 2005 der kubanisch-venezolanische Terrorist Luis Posada Carriles, nach seiner Freilassung aus dem Gefängnis in Panamá auf der Flucht, in den USA eingefangen wurde. Wegen seiner Beteiligung an dem Sprengstoffattentat – dem ersten seiner Art in der Geschichte... – auf eine aus Caracas gekommene kubanische Maschine nach ihrer Zwischenlandung in Barbados am 6. Oktober 1976, das 73 Menschenleben gefordert hatte, war er in Venezuela schon vor Gericht gestanden und im Gefängnis gesessen, war aus diesem jedoch entkommen.

Danach war er noch an einer Reihe anderer antikubanischer Terrorakte beteiligt gewesen, vor allem an der Planung eines Sprengstoffanschlags auf Fidel Castro im Jahr 2000 in Panamá, war verhaftet und sogar – aber nicht wegen des geplanten Anschlags – verurteilt, jedoch von der Präsidentin María Moscoso kurz vor deren Abgang amnestiert worden.

Nun forderte Venezuela von den USA seine Auslieferung. Dem wurde jedoch nicht stattgegeben, hauptsächlich wohl weil Posada Carriles als – wenn auch mittlerweile in Ungnade gefallener – CIA-Agent den Schutz der US-Behörden genießt.

Natürlich werden die USA bei ihren antivenezolanischen Aktivitäten von ihren europäischen Alliierten, denen Chávez´ Unabhängigkeitsstreben genauso mißfällt, mehr oder weniger offen unterstützt. Nicht nur daß diese Länder die anfängliche US-Version über Hintergrund und Verlauf des Putschversuchs im April 2002 unkritisch, ja schadenfroh zustimmend, verbreiteten, sie übernehmen auch heute noch die meisten der verleumderischen Märchen sowohl der venezolanischen Opposition als auch erst recht der US-Agenturen.

Am wenigsten diskret verhalten sich dabei der spanische Ex-Präsident José María Aznar, die spanische Tageszeitung *El País,* der exilierte venezolanische Ex-Präsident Carlos Andrés Pérez und die deutsche Konrad-Adenauer-Stiftung.

Wenig verwunderlich ist, daß die NATO an militärischen Angriffsplänen gegen Venezuela beteiligt ist.

All dem gegenüber verhalten sich die venezolanischen Behörden diplomatisch maßvoll. Die Proteste gegen die Einmischungen des US-Außenministeriums und der US-Botschaft bleiben zumeist dem eleganten Vizepräsidenten José Vicente Rangel oder dem jeweiligen Außenminister überlassen und beschränken sich darauf, immer wieder Respekt vor der Souveränität des Landes einzufordern.

Lediglich wenn es um die Beteiligung am Putschversuch, die in Washington kursierenden Mordpläne gegen Chávez und die notorischen Hegemoniebestrebungen der USA geht, gibt es keine Zurückhaltung.

In der Frage, wie die Satzung der OEA zu deuten sei, welche die eigentlichen Aufgaben dieser Organisation seien, worin die Essenz einer Demokratie bestehe und welche die wesentlichen Menschenrechte seien, nehmen Washington und Caracas diametral entgegengesetzte Standpunkte ein.

Venezuela verteidigt gegen die USA vehement das Selbstbestimmungsrecht aller Nationen und den Multilateralismus.

Auf dem Gipfeltreffen der OEA in Québec, Kanada, 2001 und erneut auf dem Ministertreffen der OEA im Juni 2004 in Quito, Ecuador, schlug die venezolanische Delegation die Ausarbeitung einer Sozial-Charta *(Carta Social de las Américas)*, als Ergänzung der bereits geltenden Demokratie-Charta *(Carta Democrática Interamericana)* vor. Der Vorschlag, der in anti-imperialistischem und anti-neoliberalem Geist auf die Bekämpfung der Armut in den amerikanischen Staaten zielt, wurde da mit Interesse aufgenommen und diskutiert und eine weitere Ausarbeitung einer zu bildenden Kommission übertragen.

Auf dem erwähnten Ministertreffen in Fort Lauderdale wurde er erneut präsentiert, mehrheitlich begrüßt und in Teilen in die Schlußdeklaration aufgenommen. Im August fand dann in Caracas ein Ministertreffen zwecks weiterer Diskussion des Vorschlags statt, auf dem ihn sämtliche acht eingeladenen Minister, darunter die aus Brasilien, Argentinien und Kanada, unterstützten. Eine Woche später begannen in Washington die Sitzungen der genannten Kommission, auf der sich nun auch der Generalsekretär der OEA, José Miguel Insulza, hinter ihn stellte.

Außer dem genannten konnte Venezuela in Fort Lauderdale einige weitere »offensive« Erfolge verbuchen. Acht von neun progressiven Resolutionsvorschlägen wurden acht angenommen; darunter einer, der die Mitgliedsländer verpflichtet, des Terrorismus verdächtigen Personen Asyl zu verweigern und sie gegebenenfalls auszuliefern; einer, der empfiehlt, mittels Mikro-Darlehen die Armut zu bekämpfen und soziale Gleichheit zu fördern; einer, der empfiehlt, die Redefreiheit zu fördern und dem Mißbrauch der Medienkonzentration sowie der Gefährdung der Demokratie durch Haßpropaganda entgegenzuarbeiten; und nicht zuletzt – ganz entgegen den Intentionen der Gastgeber – die Forderung, in Erfüllung der OEA-Satzung den Frieden in der Region zu fördern und zu bewahren, und zwar durch Respekt vor der Souveränität eines jedes Landes.

Außer diesen Erfolgen Venezuelas mußten die USA auch noch eine Niederlage besonderer Art hinnehmen: Die Interamerikanische Menschenrechtskommission, *Comisión Interamericana de Derechos Humanos* (CIDH), lobte, neben anderen Ländern, Venezuela ausdrücklich für seine Maßnahmen auf dem Gebiet der Menschenrechte und nahm nicht eine der von María Corina Machado vorgetragenen Anklagen in ihren Bericht auf.

All dem waren einige konkretere Aktionen Venezuelas vorausgegangen: Nach dem Putschversuch von 2002 wurden die US-amerikanischen »Militärberater« aus den Basen der einheimischen Streitkräfte verwiesen; 2003 verurteilte Venezuela – massiver als die meisten anderen Länder – die Aggression der USA gegen den Irak, verbat dem US-Militär die Nutzung des nationalen Luftraums und weigerte sich, Informationen über die in Venezuela lebenden Araber mitzuteilen; im März 2004 rief Chávez dann die venezolanischen Militärs, die die US-»Folterakademie« *School of the Americas* besuchten, zurück und schließlich – doch erst im April 2005 – eliminierte er die letzten Reste der vormals intensiven militärischen Zusammenarbeit. Vier Militärberater der USA, die in Venezuela Kurse erteilten, und 90 venezolanische Offiziere, die sich in den USA zur Ausbildung aufhielten, waren hiervon betroffen.

Zur gleichen Zeit, im April 2005 also, rief Chávez seine Streitkräfte auf, eine eigene Militärdoktrin zu entwickeln und sich für den Fall einer Aggression aus dem Norden auf einen »asymmetrischen Krieg« vorzubereiten.

Venezuela widersetzt sich auch dem Vorschlag Kofi Annans, die UN-Menschenrechtskommission aufzulösen und durch einen ständig tagenden Menschenrechtsrat zu ersetzen, da dergleichen der »unilateralen« Politik der USA noch mehr entgegenkäme, und ganz vehement widersetzt es sich der Idee legalisierter Interventionen in »mißglückten Staaten« (über die es bereits eine geheime Liste gibt) sowie der Bildung eines Verbunds von – nach US-Definition – »demokratischen« Staaten. Venezuela plädiert für eine totale und nichtselektive atomare Abrüstung und warnt vor den Folgen der Verwendung von abgereichertem Uran in Schußmunition.

Auf dem UNO-Gipfel im September 2005 hielt Chávez eine Brandrede, in der er die diktatorische Manier, in der das zu verabschiedende Schlußdokument der vorausgegangenen Sitzungsperiode zustandegekommen und der Versammlung aufoktroyiert worden war, anprangerte. Er erinnerte an die von den USA geförderten Putschversuche gegen ihn und an die fehlende Bereitschaft, die eigene Bevölkerung zu schützen, wie sie sich Wochen zuvor anläßlich der Überschwemmungskatastrophe im Süden der USA gezeigt hatte. Unter Hinweis auf die von den USA gezeigte Verachtung der UNO in den Fällen von Irak und Palästina schlug er die Verlegung des UNO-Hauptquartiers an einen Ort, an dem UNO-Beschlüsse respektiert würden, vor. Außerdem kritisierte er die veraltete Struktur der UNO und da speziell das Vetorecht einer Elite von Staaten und nicht zuletzt die (von den USA durchgesetzte) Streichung jeder Bezugnahme auf die »Jahrtausendziele« und auf atomare Abrüstung in dem besagten Dokument.

Dieses wurde schließlich mehrheitlich angenommen, jedoch gegen die Stimmen von Venezuela und Kuba.

Allgemein widersetzt sich Venezuela in der UNO jedem Gedanken daran, die Natur und ihre Ressourcen als Handelsware zu behandeln und etwa das Wasser zu privatisieren. Außenminister Rodríguez wirft den »entwickelten« Ländern vor, die 2000 gemeinsam beschlossenen Jahrtausendziele zu vernachlässigen, und wehrt sich heftig dagegen, die »Menschenrechte« imperialistisch zu definieren, d.h. ausschließlich von den politischen Rechten zu sprechen.

Der Botschafter Venezuelas vor der OEA, Jorge Valero, setzt offensiv die partizipative Demokratie in Gegensatz zur repräsentativen. Er verweist auf die 15 Fälle von nach dem repräsentativen Schema gewählten lateinamerikanischen Präsidenten, die in den vergangenen zehn Jahren unter dem Druck ihrer Bevölkerungen abgehen mußten. Die Repräsentationsidee verfolge den Zweck, die Bevölkerung von der tatsächlichen Teilnahme am politischen Prozeß auszuschließen.

Mehrmals schon wurde angekündigt, daß Venezuela im Falle eines imperialistischen Angriffs die Öllieferungen an die USA einstellen würde. Das würde allerdings voraussetzen, daß Öl international auch in anderen Währungen als dem US-Dollar gehandelt wird. Eine andere Voraussetzung scheint schon erfüllt zu sein. Ende September nämlich wurde bekannt, daß schon Monate zuvor damit begonnen worden war, 20 Milliarden US-Dollar der in den USA deponierten Reserve in die Schweiz umzudirigieren, wo sie nun als Euros notiert sind.

Unbeschadet all dessen lief bis in den August 2005 hinein die Zusammenarbeit der beiden Länder im Kampf gegen die Drogenkriminalität weiter. Ja, Venezuela erlaubte sogar der zwielichtigen, von Militärs befehligten Drogenbekämpfungsbehörde der USA *(Drug Enforcement Agency,* DEA), nicht weniger als 12 Stationen im Land zu unterhalten, die *de facto* hauptsächlich dazu genutzt wurden, um Venezuela international immer wieder der Nachlässigkeit in der Drogenbekämpfung zu bezichtigen.

Im August 2005 aber platzte diese Zusammenarbeit. Die venezolanische Regierung warf den DEA-Agenten im Lande vor, in üblicher Selbstherrlichkeit ohne Konsultation Polizeiaktionen ausgeführt, damit die geltende Verfassung verletzt und vor allem auch Spionage und Drogenhandel betrieben zu haben. Überhaupt warf er den USA eine doppelzüngige Drogenpolitik vor: das Land sei der größte Drogenkonsument der Welt, die Behörden bekämpften den Drogenhandel nur halbherzig und ließen es zu, daß namhafte Großbanken sich an dem Geschäft beteiligten. Die Regierung kündigte die Zusammenarbeit mit den DEA-Agenten auf und entzog ihnen die diplomatische Immunität.

Daraufhin klagte das Weiße Haus Venezuela erneut der Nachlässigkeit im Kampf gegen das Rauschgift an, verzichtete jedoch auf den logischen Folgeschritt, der im Widerruf der »Zertifikation« bestanden hätte – vermutlich da ein solcher Schritt zwangsläufig auch das Ende jeder Unterstützung der venezolanischen Opposition zur Folge gehabt hätte. Venezuela schlug hiernach zweimal eine Wiederaufnahme der Zusammenarbeit – in einer für Venezuela akzeptablen Form – vor, erhielt darauf jedoch keine Antwort und erklärte folglich Ende November, daß man auf eine Zusammenarbeit mit der DEA durchaus verzichten könne.

Tatsächlich ist die Haltung Venezuelas in Sachen Rauschgiftbekämpfung geradezu vorbildlich. Allein im November 2005 wurden in einer konzertierten Aktion *»Sierra XVII 2005«* vor internationalen Zeugen nahezu 300 ha verschiedener Rauschgiftpflanzungen vernichtet und 10 Laboratorien stillgelegt, und Ende dieses Monats fand in Caracas das erste internationale Treffen der Drogenbeobachtung unter starker Beteiligung von Vertretern der EU statt.

Im August schon hatte der bekannte Fernsehprediger und ehemalige Bewerber um die republikanische Präsidentschaftskandidatur Pat Robertson in einem TV-Interview vorgeschlagen, den venezolanischen Präsidenten, wenn er schon selbst ständig davon rede, physisch zu beseitigen. Später modifizierte er seine Attacke und sprach von »Kidnappen«.

Diese Äußerungen – nach US-Gesetzgebung terroristische Akte – riefen enorme Aufregung sowohl in Venezuela wie auch in den USA hervor. Sie veranlaßten den Bürgerrechtler Jesse Jackson, Venezuela zu besuchen, wo er ganz anderes zu sehen und zu hören bekam – und das auch entsprechend bekannt gab –, als offenbar selbst er erwartet hatte. Die US-Regierung distanzierte sich von Robertsons Vorschlägen, jedoch ohne rechtliche Maßnahmen gegen ihn zu ergreifen.

Bald danach gab Chávez den Beschluß bekannt, die seit 1946 in den Urwäldern Venezuelas unter den Eingeborenen agierende US-amerikanische *New Tribes Mission* des Landes zu verweisen. Die Regierung wirft ihr vor, durch ihre fundamentalistische, fanatisierende und Zwietracht säende Missionstätigkeit sowie durch den Mißbrauch der Eingeborenen als medizinische Versuchskaninchen deren verfassungsmäßig geschützten Rechte zu verletzen.

Vor allem aber wird sie beschuldigt, als getarnte CIA-Organisation zu agieren, mit dem – sehr aktiv und mit augenfälligem Aufwand betriebenen – Auftrag, das Gebiet nach Bodenschätzen auszuforschen, auf ihren zahlreichen unkontrollierten (!) Landepisten Drogentransporte zu organisieren und Pflanzen zwecks Patentierung in die USA zu entführen.

Etwas später wurde dann noch bekannt, daß allein in 2004 allein im Bundesstaat Apure unter der »Obhut« der Gesellschaft 42 Eingeborene, darunter 31 Kinder an Unterernährung gestorben waren.

Nach dem Abzug der »Missionare« will die *Misión Guaicaipuro* (s.u.) sich der Eingeborenen annehmen.

Mehrere Eingeborenensprecher begrüßten unabhängig voneinander die Maßnahme. Selbst der sonst jeglicher Regierungssympathie unverdächtige Kardinal Rosalio Castillo Lara erklärte sich voll einverstanden, während die US-Regierung die CIA-Verbindung der Gesellschaft bestritt und diese ihrerseits ankündigte, sich ans Oberste Gericht zu wenden.

Ende August bot Chávez armen US-Bürgern – im Rahmen der *Misión Milagro* (s.u.) – 150.000 kostenlose Augenoperationen jährlich an.

Anläßlich des Besuchs von Jesse Jackson dann, also noch vor der Hochwasserkatastrophe im Mississippidelta, richtete er an die armen Gemeinden in den USA ein weiteres Angebot, nämlich sie – aus der Produktion der in den USA tätigen PdVSA-Tochter CITGO – zu Vorzugsbedingungen mit Treibstoff und Heizöl zu beliefern, eine Leistung, die zuvor eine Gruppe von US-Senatoren vergeblich von neun höchst profitablen einheimischen Gesellschaften erbeten hatten.

Chávez wiederholte sein Angebot anläßlich eines Besuchs in der Bronx, einem der Zentren des US-amerikanischen Großstadtelends, vor seinem hispano- und afroamerikanischen Publikum, das ihn mit der gleichen Begeisterung empfangen hatte wie 45 Jahre zuvor Fidel Castro.

Im November wurden dann die versprochenen Lieferungen aufgenommen. Die begünstigten US-Familien und -Institutionen in Bo ston und New York erhalten nun ihr Heizöl um 40 % verbilligt.

Nach der besagten Katastrophe erbot Chávez großzügige Hilfe, sowohl in Form von verbilligtem Treibstoff und Heizöl, von medizinischem und Rettungspersonal, von Lebensmitteln sowie von diversen zweifellos notwendigen Maschinerien zur Rettung der Opfer. Die letzteren Angebote, wie auch entsprechende, zum Teil noch großzügigere Angebote aus Kuba, wurden von der Bush-Administration ignoriert (was Jackson hart kritisierte).

Nicht verhindern konnten sie allerdings, daß die CITGO-Raffinerien in Louisiana und Texas umfangreiche Hilfsaktivitäten in Gang setzten, für die sich Botschafter Brownfield auch ausdrücklich bedankte (während er gleichzeitig Chávez´ harsche Kritik an der Passivität der US-Administration zurückwies).

Ungestört läuft der wirtschaftliche Austausch zwischen den beiden Ländern weiter, ja scheint sogar nach dem Massentreffen von US- und venezolanischen Unternehmern im Juni/Juli 2005 im Aufschwung begriffen.

Das *Programa Venezolano de Educación-Acción en Derechos Humanos,* eine angesehene, noch in der Vierten Republik von religiösen Kräften gegründete und keineswegs Chávez-freundliche Menschenrechtsorganisation, stellt sich in einem offenen Brief an Botschafter Brownfield entschieden auf die Seite der angegriffenen venezolanischen Regierung. Dabei ist von einer ungerechtfertigten »Kriminalisierung« dieser Regierung durch die USA die Rede.

Kuba

Die Bolivarianische Republik Venezuela ist ohne Zweifel im Begriff, sich zu dem von der imperialistischen Welt so gefürchteten »zweiten

Kuba« zu entwickeln. Wie erwähnt, empfing Fidel Castro schon 1994, von seinem souveränen Intellekt und seinem Geheimdienst beraten, Chávez – der zu jener Zeit international bestenfalls als »gescheiterter Putschist« bekannt war – wie einen Freund und Staatsmann.

Die damals etablierte Beziehung ist seither nur enger und tiefer geworden, so daß man annehmen darf, daß Fidel während der gesamten Amtszeit Chávez´ dessen kompetentester Ratgeber war und bis heute ist.

Chávez selbst hat aus seiner Freundschaft mit Fidel und seiner Bewunderung für die kubanische Revolution – auch vor US-Publikum – nie ein Hehl gemacht und seinerzeit nahezu umgehend eine mittlerweile für beide Seiten überaus fruchtbare Zusammenarbeit in Gang gesetzt. Kuba ist heute der – politisch und wirtschaftlich – wichtigste Partner Venezuelas (und hat damit zum ersten Mal in seiner 47jährigen Revolutionsgeschichte unter den lateinamerikanischen Präsidenten einen zuverlässigen und potenten Freund gefunden, eine Rolle, die zuvor weder Salvador Allende, noch Maurice Bishop oder Daniel Ortega spielen konnten).

Schon im Oktober 2000 war, wie gesagt, zwischen Venezuela und Kuba ein weitgehendes Zusammenarbeitsabkommen geschlossen worden. Dieses wurde – von der venezolanischen Opposition wütend kritisiert – weitestgehend (d.h. mit Unterbrechungen der Öllieferungen zuerst während des April- und dann während des Öl-Putsches) erfüllt und, was die kubanischen Leistungen betrifft, übererfüllt und folglich im April 2005, im Jahr seines Ablaufs, erneuert und ausgeweitet.

Das neue Abkommen sieht unter vielem anderen die schon besprochene Zusammenarbeit an *Barrio Adentro II* vor. Kuba verspricht auch seine Mitarbeit an *Barrio Adentro I* intensivieren und bis zum Ende des Jahres bis zu 30.000 »Gesundheitsarbeiter« zur Verfügung stellen.

Im Mai 2005 lieferte der venezolanische Koordinator des Programms ein erstes Resümee der Zusammenarbeit auf gesundheitstechnischem Gebiet (von *Barrio Adentro* abgesehen): In den viereinhalb Jahren seit Abschluß des ersten Abkommens waren 131 Flüge mit insgesamt 16.000 Personen, nahezu 10.000 Patienten und 6.000 Begleitpersonen, nach Kuba abgegangen. Dort wurden in 45 verschiedenen Krankenhäusern alle denkbaren Krankheitszustände behandelt, von kardiovaskulären Problemen sowohl bei Kindern wie bei Erwachsenen über orthopädische und Augenkrankheiten bis zu Medikamentenabhängigkeit. 121 Organtransplantationen und 3.400 sonstige größere Operationen wurden durchgeführt, davon 300 am offenen Herzen.

Hinzu kamen nahezu 8.000 Patienten aus Lateinamerika (außer Venezuela), die in Kuba medizinische Spezialbehandlungen erfahren hatten. In 2005 soll sich diese Zahl um weitere 3.000 – plus eventuelle Begleitpersonen – vermehren.

Darüber hinaus hatten nach knapp fünf Jahren bereits an die 100.000 Venezolanerinnen und Venezolaner diverse Augenoperationen durchlaufen – zumeist einfache Eingriffe, die aber bis vor kurzem in Venezuela nicht möglich waren – und hatten auf diese Weise das Augenlicht wiedergewonnen. Seit Oktober 2005 werden solche Operationen in zunehmender Zahl auch in Venezuela ausgeführt.

Die Mitarbeit venezolanischer Ärzte an den medizinischen Projekten ist nach wie vor unbedeutend. Auch wenn im September 2005 die ersten 51 in Kuba ausgebildeten jungen Ärzte hinzukamen, bleiben die bestehenden Einrichtungen mangelhaft und Venezuela bis auf weiteres auf die kubanische Solidarität angewiesen. Das aber kann sich relativ bald ändern, wenn das gemeinsame Vorhaben wahr wird, im Lauf der kommenden zehn Jahre 100.000 lateinamerikanische Ärzte auszubilden – nach dem Modell der Lateinamerikanischen Medizinschule in Kuba, wo zur Zeit an die 10.000 junge Frauen und Männer auf Kosten des kubanischen Staates ihren Studien nachgehen.

Aber auch jetzt schon bieten Kuba und Venezuela ihren karibischen und südamerikanischen Nachbarn nicht nur Assistenz bei der Lösung von Ausbildungsproblemen, sondern vor allem auch die *Misión Milagro* an, die kostenlose Behandlung jeder Art von Augenleiden. Von ihren Ländern aus können die Patienten nach Kuba oder neuerdings auch nach Caracas geflogen werden, wo sie spezialisierte Krankenhäuser erwarten.

Im August 2005 kündigten die uruguayische Fluggesellschaft PLUNA und die venezolanische CONVIASA an, bis zum Jahresende 53.000 Patienten nach Kuba zu fliegen. Im Dezember war das Projekt bereits voll im Gang.

Außerdem sollte dem neuen Abkommen zufolge mit kubanischer Assistenz das Projekt *Robinson I* zu Ende geführt und das Anschlußprojekt *Robinson II,* die Beschulung von gut 1,4 Millionen alphabetisierten Personen, vorangetrieben werden. Auch die in Venezuela tätigen kubanischen Sporttrainer sollten bis auf weiteres im Land bleiben.

Weiterhin wird Kuba Venezuela für über 400 Millionen US-Dollar Waren – Lebensmittel, Schuhe, Kleidung, Möbel, Stoffe, Haushaltsartikel u.a. – abkaufen, zollfrei, und damit zur Verminderung der Arbeitslosigkeit dort und zur Verbesserung des Lebensstandards der eigenen Bevölkerung beitragen.

Umgekehrt wird Venezuela aus Kuba, ebenfalls zollfrei, 104 Typen von Waren einführen und in Kuba zwei wichtige Niederlassungen – der PdVSA und der Industriebank – eröffnen und Kuba seinerseits diverse Läden in Venezuela.

International am stärksten beachtet wurde die geplante Zusammenarbeit auf dem Erdölsektor. PdVSA wird sich an der Exploration und Ausbeutung kubanischer Lagerstätten beteiligen, in Kuba Öl raffinieren sowie Rohöl und Ölderivate für die Belieferung des karibischen Raums lagern und die Öllieferungen an Kuba ausweiten. Diese Lieferungen erfolgen im übrigen, entgegen dem Geschrei der Opposition, die von Schenkungen spricht, zu den gleichen Bedingungen wie an andere karibische Länder und neuerdings an Uruguay auch – zu Weltmarktpreisen, jedoch zugleich unter günstigen Kreditbedingungen. Dazu kommt, daß Kuba im Gegenzug seine »menschlichen Ressourcen« und mancherlei *knowhow* liefert.

Mit den erweiterten Lieferungen aus Venezuela wird Kuba, dank der eigenen Produktion, die hinzukommt, von Einkäufen auf dem Weltmarkt weitgehend unabhängig.

Auch ein gemeinschaftlich finanziertes Bauunternehmen wurde gegründet. Dieses soll in den beiden Ländern und über diese hinaus die Wohnungsnot zu lindern versuchen. Erste Projekte wurden sofort in Angriff genommen.

Auf einer anderen Ebene liegt die geplante Zusammenarbeit zwischen der venezolanischen Nachrichtenagentur *Agencia Bolivariana de Noticias* (ABN) und der kubanischen *Prensa Latina* (PL). Diese Zusammenarbeit soll in der gemeinschaftlichen Entwicklung moderner Technologien, der Ausbildung von Journalisten, der Entwicklung multimedialer Materialien und der weltweiten Vermarktung der Produkte beider Agenturen bestehen. Außerdem soll PL der ABN beim Aufbau eines Netzes von internationalen Korrespondenten und damit bei der Verbreitung von korrekter Information über Venezuela helfen.

Auf einem Arbeitstreffen im Oktober 2005 wurde für 2006 ein Handelsaustausch in Höhe von 800 Millionen US-Dollar vereinbart.

Mit all dem wird demonstriert, wie Chávez´ ALBA-Projekt, für das Fidel sich nicht weniger begeistert als sein Erfinder – in Kuba hieß das Jahr 2005 *Año de la Alternativa Bolivariana para las Américas* –funktionieren kann.

Anfang November 2005 sollte, von der OEA einberufen, im argentinischen Mar del Plata das 4. Gipfeltreffen der »amerikanischen Staaten« stattfinden. Kuba, 1962 unter dem Druck der USA aus der OEA ausgestoßen, sollte natürlich zu diesem Gipfel nicht eingeladen werden. Chávez jedoch erklärte im Juli öffentlich, daß entweder Kuba eingeladen oder »niemand« kommen werde. Er berief das Beispiel der afrikanischen Staaten, die in einer ähnlichen Situation die britische Forderung, Zimbabwe von einem Commonwealth-Gipfel auszuschließen, zurückwiesen. Der seinerzeitige Ausschluß Kubas aus der OEA sei nur *pro forma* demokratisch erfolgt.

Am Ende aber nahm er an dem Gipfeltreffen – wie auch an dem kurz zuvor, als alternatives Präludium, am selben Ort veranstalteten riesigen »Völkergipfel« – doch teil und trug, zusammen mit dem Gastgeber-Präsidenten Kirchner, zu der wahrscheinlich schwersten diplomatischen Niederlage der USA in der Region bei. George W. Bush, für den ein Sicherheitsaufgebot wie nie zuvor organisiert worden war, setzte sich vor Ende des Treffens zusammen mit dem Präsidenten Brasiliens nach dessen Hauptstadt ab.

Auf dem Treffen selbst stand, das offizielle Thema in den Schatten stellend, eine ungewöhnlich offene Kontroverse über des US-amerikanische ALCA-Projekt im Mittelpunkt. Dieses wurde außer von Bush vor allem von Mexikos Vicente Fox und von Chiles Ricardo Lagos verteidigt, jedoch – hauptsächlich unter Hinweis auf die enormen Ungleichheiten, die es unberücksichtigt lasse – entschieden abgelehnt außer von Hugo Chávez auch von sämtlichen Präsidenten der Länder des MERCOSUR. Dieser Dissens kam – völlig einmalig – selbst im Schlußdokument zur Sprache.

Damit scheint ein wichtiger Teilsieg in dem schon lange von Kuba angeführten Kampf gegen das in keinem der betroffenen Länder von der Bevölkerung gewünschte ALCA-Projekt gewonnen zu sein. Chávez sprach euphorisch davon, daß dieses nun begraben sei und das Ende des Kapitalismus bevorstehe, linke Kommentatoren waren realistischer und begnügten sich damit, sich über die »Wiedereroberung der lateinamerikanischen Würde« zu freuen.

Sosehr Chávez auch darum herumreden mag, so haben seine Feinde doch nicht unrecht, wenn sie sein Projekt als ein Projekt der »Kubanisierung« bezeichnen. Dies unbeschadet der Tatsache, daß in Venezuela das Privateigentum an Produktionsmitteln, die Pressefreiheit westlichen Stils und das Mehrparteiensystem – mit mustergültigen Wahlen – bisher unangetastet geblieben sind (und wahrscheinlich auch eine Zeitlang noch bleiben werden) und die Gewaltenteilung weiter geht und pedantischer eingehalten wird als sonstwo auf der Welt; und auch unbeschadet der Tatsache, daß Kuba in durchaus konventioneller Manier von oben nach unten regiert wird, während Venezuela auf die Umkehrung dieses Stils zusteuert.

Im Wesentlichen aber sind sich Fidel und Chávez einig: daß eine rechtschaffene Regierung die Bedürfnisse des Volkes kennen und respektieren muß – ohne sie zu manipulieren – und daß es gilt, für soziale Gerechtigkeit und Gleichheit zu sorgen.

6 Probleme

Fortbestehende Frauendiskriminierung

In Venezuela besteht – wie mehr oder weniger in allen lateinamerikanischen Ländern – eine ausgeprägte, von Männern wie auch von vielen Frauen getragene, verteidigte und kaum reflektierte Männerherrschaft. Zwar geben sich die Regierenden Mühe, das zu kaschieren und den Frauen einige selbstverständliche Rechte zu konzedieren, jedoch ohne die eigene Dominanz ernsthaft zu begrenzen.

Die neue Verfassung ist, wie gesagt, die einzige auf dem Subkontinent, in der durchgängig von »Präsident oder Präsidentin«, »Richter oder Richterin« usw. die Rede ist, und sie ist auch die einzige, die Hausfrauenarbeit ausdrücklich als produktiv anerkennt und Hausfrauen ein Recht auf Sozialversicherung zuspricht. Auch sind in der Regierung und in der Nationalversammlung Frauen als Minderheiten von gewissem – nach der Parlamentswahl von 2005 sogar von beträchtlichem – Gewicht vertreten.

Ansätze dieser Art gab es schon in der Vierten Republik. Damals allerdings blieben sie ganz ohne Effekt. Erst die Bolivarianische Verfassung geht weit genug und drückt die Gleichberechtigung der Geschlechter so deutlich aus, daß sie sich auch in der Wirklichkeit niederschlagen könnte und auf längere Sicht vielleicht auch kann.

Chávez selbst ist, mag er auch dagegen ankämpfen, ein Macho. Er anerkennt zwar die bedeutende Rolle der Frauen in der Revolution, verficht aber doch nur halbherzig ihre Rechte. Immerhin wurden unter seiner Präsidentschaft für die Verteidigung von Frauenrechten bestimmten Haushaltsmittel verfünffacht. In seinen Ansprachen jedoch richtet er sich, auch vor gut gemischtem Publikum, in 90 % der Fälle nur an *»compañeros«*. Am internationalen Frauentag von 2003 mahnte er die Frauen in herablassender Weise, »ebenfalls« zum Erfolg der Revolution beizutragen, konkreter: sich an dem gerade anlaufenden Plan MERCAL aktiv zu beteiligen, und eine konsequente Liberalisierung der überaus restriktiven Gesetzgebung über den Schwangerschaftsabbruch würde er als praktizierender Katholik männlichen Geschlechts niemals befürworten.

Jedenfalls aber spielen Frauen inzwischen sowohl in der Regierung wie in anderen Gremien und insbesondere in den selbstverwaltenden eine gewichtige, nicht selten ausschlaggebende Rolle. Ja, in Anbetracht der Initiativen und Aktivitäten an der Basis, speziell in den »Missionen«, erscheint die Bolivarianische Revolution geradezu als eine Frauenrevolution.

Im April 2005 erließ die Wahlbehörde eine Empfehlung, bei der Nominierung zu Wahlämtern zumindest zur Hälfte Frauen zu berücksichtigen.

Dennoch bleibt wahr, daß Frauen, auch innerhalb der »Linken«, nach wie vor verdammt sind, die schlechter bezahlten Arbeiten zu verrichten, daß sie in der informellen Wirtschaft überrepräsentiert sind, weniger Freizeit haben, weniger konsumieren, durch Erwerbsarbeit plus Hausfrauen- und Mutterrolle doppel- bis dreifachbelastet sind, gegebenenfalls als »Huren« beschimpft und von den Männern mit ihren Kindern sitzengelassen werden.

Nicht zuletzt müssen sie nicht selten männliche Gewalt, sexuelle wie handgreifliche, erdulden. In öffentlichen Ämtern, d.h. in den eigentlichen Machtpositionen, sind Frauen unverändert stark unterrepräsentiert.

Entgegen aller Logik, wenn auch im Einklang mit der marxistischen Doktrin, steht auch in Venezuela nach wie vor der Kampf um die Befreiung der Frau hinter dem Klassenkampf zurück.

Immerhin wurde im Jahr 2000 als Ersatz einer vergleichbaren Organisation der Vierten Republik ein Frauenverband, das *Instituto Nacional de la Mujer* (INAMUJER), gegründet. Dieses zieht immer mehr zuvor nicht frauenrechtlich engagierte Frauen an und fordert eine effektivere Gesetzgebung gegen Familiengewalt und Menschenhandel, eine »maßvoll« frauenfreundlichere Strafrechtsreform, eine gesetz- und nicht nur verfassungsmäßige Absicherung des Rechts der Hausfrauen auf Sozialleistungen und eine systematischere Beachtung des Genusaspekts in den nationalen Statistiken.

Zugleich tritt es für eine auch arithmetisch, nicht nur ideell sich ausdrückende Gleichbehandlung der Frauen auch auf der Führungsebene (Regierung, Gouverneure, Nationalversammlung) ein. Nicht zuletzt wird eine Demokratisierung auch des Familienlebens gefordert.

Das Institut verfügt über nahezu 15.000 Treffpunkte, jedoch bislang über keine regionalen Organisationen, von einer nationalen nicht zu reden. Dennoch veranstaltet es Seminare und Kurse über »sexuelle und reproduktive Rechte der Frauen«, über Sexualerziehung und den Kampf gegen HIV/AIDS, wofür sie von den Behörden spezifisch unterstützt werden.

Was die sexuellen und reproduktiven Rechte angeht, sind diese allerdings derart vage und systemimmanent formuliert – beispielsweise werden seit Jahrzehnten geltende »Menschenrechte« als »Frauenrechte« umdefiniert –, daß kaum ein Mann sich ihnen widersetzen wird.

Auch für das Recht auf Empfängnisverhütung wird »gekämpft«, indem vor allem der Gebrauch von Präservativen – eine Notwendigkeit im Sinne der HIV/AIDS-Prävention – propagiert wird. Die »Pille« kann frei, allerdings nicht kostenlos erworben werden.

Trotz eines einschlägigen Gesetzes, ebenfalls noch aus der Vierten Republik, ist gegen das widerwärtige Phänomen der Gewalt gegen Frauen bislang – abgesehen von der Einrichtung von kostenlosen Nottelefonen und Frauenhäusern, die kaum frequentiert werden und nicht mehr als Schutz bieten und schon eingetretene Schäden lindern können – nichts Konkreteres geleistet worden als Agitation und an die Opfer gerichtete Aufklärung. Die Polizeibehörden behandeln – wie in aller Welt – eventuelle Anzeigen mit aufreizender Skepsis.

Immerhin nahm der Generalstaatsanwalt Isaías Rodríguez im September 2005 auf Druck des Frauenverbands einen zuvor verkündeten Einspruch gegen eine wichtige in dem genannten Gesetz vorgesehene Schutzmaßnahme zurück und versprach die Einrichtung von speziell für Opfer von Familiengewalt zuständigen Staatsanwaltschaften in sämtlichen Bundesstaaten.

Kaum in Frage gestellt wird das monumentale Hindernis auf dem Weg der Frauenbefreiung, das die katholische Kirche verkörpert. Ihre reaktionäre Haltung wird allenfalls den Spitzen des Klerus zugeschrieben.

Der Anteil der Frauen, die erwerbstätig sind, hat seit 1960 und noch einmal seit 1996 kräftig zugenommen und liegt zur Zeit nahezu so hoch wie der der Männer. Das könnte als begrüßenswert erscheinen, wären nicht mittlerweile speziell der sozial ungesicherte informelle Sektor, und da besonders die weniger attraktiven und weniger einträglichen Subsektoren, von Frauen dominiert.

Aber gewisse Fortschritte gibt es. Nichtsdestotrotz wird es dem wachsenden Selbstbewußtsein der Frauen und ihrem effektiven Eintritt in die Politik überlassen bleiben, den Übelstand, den die Männerherrschaft und Frauenunterdrückung darstellt, an der Wurzel anzugreifen und von den Ursachen her einzudämmen.

Die neuerdings durchaus nennenswerte Repräsentation der Frauen in der Nationalversammlung, ihre augenfällige und zunehmende Präsenz im öffentlichen Leben und die führende Rolle, die sie in volklichen Initiativen spielen, lassen hier hoffen.

Kriminalität und innere Sicherheit

Venezuela wird, wie viele südamerikanischen Länder, von einer überaus verbreiteten und gefährlichen Kriminalität geplagt. Die Hauptstadt und besonders ihre Armenviertel sind natürlich am schlimmsten betroffen, auch wenn klargestellt werden muß, daß die relative Rechtlosigkeit in den *barrios* weit übertroffen wird von der absoluten Rechtlosigkeit in den *favelas* von São Paulo und Rio de Janeiro.

In 2003 und 2004 starben jeweils etwa 13.000 Personen eines gewaltsamen Todes, eine Quote, die rund 40 mal höher liegt als etwa die in Schweden verzeichnete. Die Opfer waren überwiegend arme männliche Jugendliche. Das Schlimmste aber: in 2003 verloren 2.300 Bürger ihr Leben in »Zusammenstößen« mit der Polizei, wobei auf je einen getöteten Polizisten 49 getötete Zivilisten - zu 99 % männlichen Geschlechts - kamen. Die wegen derartiger Übergriffe verurteilten Polizisten konnten an zwei Händen abgezählt werden.

Bemerkenswert ist auch der nationale Skandal um den Gouverneur von Guárico, Eduardo Manuitt (Mitglied von PPT und damit des *Bloque de Cambio)*, der beschuldigt wird, eine besondere Polizeibrigade ins Leben gerufen zu haben, der seit ihrem Bestehen mindestens 200 Menschen zum Opfer fielen. So jedenfalls dem Bericht eines parlamentarischen Untersuchungsausschusses zufolge, der im Juni 2005 mit 14 gegen vier Stimmen, d.h. auch mit acht Stimmen des *Bloque,* verabschiedetet wurde. Dieser Bericht wurde dann allerdings, kaum daß er vorlag, von der Parlamentsmehrheit, angeführt vom Parlamentspräsidenten Nicolás Maduro, zurückgewiesen und auf Eis gelegt.

Im übrigen bemüht sich die Regierung natürlich, mit den Problemen der Kriminalität und der Straflosigkeit zurecht zu kommen. So setzte der soeben angetretene Innen- und Justizminister Jesse Chacón Ende September 2004 seinen »Plan Bürgersicherheit« in Gang, einen systematischen Kampf gegen das Verbrechen, in der Hauptstadt beginnend.

Er sammelte sämtliche verfügbaren Sicherheitskräfte, 80 Beamte der Hauptstadtpolizei, die jeweiligen Gemeindepolizeien, 1.200 Nationalgardisten sowie Vertreter der *Dirección de Servicios de Inteligencia y Prevención* (DISIP) und des *Cuerpo de Investigaciones Científicas, Penales y Criminalísticas* (CICPC), um sich und durchstreifte mit ihnen vom Abend bis zum Morgen das gesamte Stadtgebiet von West nach Ost, sprach mit den Bewohnern und informierte sich im Detail über die neuralgischen Punkte und die notwendigen Verbesserungen und Verstärkungen.

Diese erste Erkundungsphase wird nun, wie im August 2005 verlautete, schrittweise und etwas zögerlich auch auf andere Teile des Landes ausgedehnt.

Chacóns Aktion hatte einen unmittelbaren und anscheinend auch anhaltenden Erfolg. Dabei spielten vermutlich zugleich die sozialpolitischen Maßnahmen der Regierung eine Rolle und nicht zuletzt die Tatsache, daß revolutionäres Fußvolk in Zusammenarbeit mit kubanischen Sporttrainern einen Teil der Kontrolle über die *barrios* übernommen hat und dort – gewaltfrei – Verbrechen verhindert.

Im Juni 2005 jedenfall vermeldete Chacón, daß die Verbrechensrate in Caracas bereits um die Hälfte abgenommen habe, auch wenn das nicht auf alle *barrios* im gleichen Maß zutrifft.

Nach wie vor weitgehend ungestört grassiert allerdings, insbesondere in den Grenzgebieten zu Kolumbien, der Drogenhandel mit seinen destruktiven Begleit- und Folgeerscheinungen. In derselben Gegend operiert auch eine venezolanische Guerilla, die sich *Fuerza Bolivariana de Liberación* nennt und vorgibt, Chavez´ Revolution zu stützen und zu schützen, eine Unterstützung, die von der Regierung allerdings abgelehnt wird.

Dazu kommen – wenn auch dank verstärkter Militärpräsenz und Überwachung mit abnehmender Häufigkeit – Entführungen zum Zweck der Erpressung von Lösegeld, und nicht zuletzt die notorischen Aktivitäten der Mordkommandos der Großgrundbesitzer.

Nach schwerwiegenden Einwänden des Präsidenten gegen eine bereits verabschiedete erste Strafrechtsreform begann die Nationalversammlung mit deren Umarbeitung. Neben vielem anderen sollte genau definiert werden, was als »organisiertes Verbrechen« gelten soll, und die Ermittlungsbehörden sollten erweiterte Befugnisse erhalten.

Doch auch diese Version wurde von kompetenter – und revolutionärer – Seite heftig kritisiert. Sie widerspreche einigen wichtigen Verfassungsbestimmungen, sehe hauptsächlich Strafverschärfungen und punitive (statt reedukative) Maßnahmen – vor allem zum Schutz des Eigentums – vor und liege mit ihrer Stoßrichtung gegen den »kleinen« Drogenhandel und das in imperialistischem Geist definierte »organisierte Verbrechen« auf der Linie von Margaret Thatcher und Ronald Reagan.

Noch weit mehr und in vielem gleichsinnige Einwände erhob auch der Generalstaatsanwalt, was bedeutet, daß die Reform erst in der jetzt laufenden Legislaturperiode zustandekommen kann.

Sicherheitskräfte

In Venezuela agieren, abgesehen von den Streitkräften, mindestens fünf verschiedene Arten von Sicherheitskräften: Die Ermittlungspolizei, der *Cuerpo de Investigaciones Científicas, Penales y Criminalísticas* (CICPC), die vormals mit der CIA verbündete *Dirección de Servicios de Inteligencia y Prevención* (DISIP), der militärische Geheimdienst *Dirección de Inteligencia Militar* (DIM) sowie die staatlichen und die kommunalen Polizeien.

Vorgesehen ist auch, in Erfüllung eines Verfassungsgebots eine nationale Polizei zu gründen und aufzubauen. Diese soll den bundesstaatlichen und den kommunalen Polizeien - befehligt vom jeweiligen Gouverneur bzw. Bürgermeister - übergeordnet sein, sie jedoch nicht ersetzen. Ein entsprechendes Gesetz wir die neugewählte Nationalversammlung zu beschließen haben.

Die genannten Polizeibefehlshaber haben sich zwar - so gebietet es die Verfassung - an die nationalen Gesetze zu halten, können diese aber *de facto* ohne großes Risiko verletzen. Das kommt auch ständig vor und hat am drastischsten Alfredo Peña, der seinerzeitige Oberbürgermeister von Caracas, vorgeführt, indem er seine enormen, um die 5.000 Mann starken, außerdem irregulär militärisch gerüsteten Kräfte wiederholt - nicht nur während des Putschversuchs im April 2002 - gegen Zivilisten einsetzte.

Im November 2002 führte dies dann zu einem veritablen Konflikt zwischen ihm bzw. seiner Polizei und den Streitkräften. Die Regierung sandte diese Streitkräfte aus, um die wichtigsten Lokale der Hauptstadtpolizei zu besetzen. Nach fünf Wochen allerdings wurden sie vom Obersten Gericht zurückgepfiffen. Daraufhin zogen sie sich zurück, behielten die Polizei aber weiterhin unter Aufsicht. Das wiederum konnte nicht verhindern, daß es ein halbes Jahr später zu offenen Zusammenstößen zwischen den beiden Gruppen kam.

Im Juli 2004 löste das Innenministerium nicht weniger als 481 illegale Bewachungsgesellschaften auf und beschlagnahmte ihre z.T. ebenfalls illegalen Waffen. Und aus Zeitungsmeldungen im Jahr 2005 geht hervor, daß gewalttätige Polizisten nicht mehr ganz so ungestraft agieren können wie zuvor. Es werden ziemlich regelmäßig Aburteilungen von einzelnen und ganzer Gruppen von Polizeibeamten, die Übergriffe begangen haben, gemeldet. Statistiken hierzu liegen nicht vor.

Im Juni 2005 entkam mit Hilfe bestochener DISIP-Beamter ein hochkarätiger Drogenhändler aus einem venezolanischen Gefängnis. Dies und die etwas später erfolgte Ermordung von drei Studenten mit nachfolgendem Verdunklungsversuch durch Beamte der DIM und des CICPC nahmen die Regierung und Innenminister Chacón zum Anlaß, alle drei Organisationen, wie schon länger geplant, gründlich zu säubern und umzustrukturieren. In Zukunft sollen Maßnahmen wie diese auch die munizipalen und staatlichen Polizeien betreffen.

Überfüllte Gefängnisse

Nicht weniger problematisch, ja kritisch ist die Situation in den notorisch überfüllten Gefängnissen des Landes. In diesen sitzen bis auf weiteres – durcheinander – Untersuchungs- und bereits verurteilte Häftlinge. Die ersteren müssen oft unerträglich lange auf ihre Gerichtsverfahren warten, wogegen sie und ihre Angehörigen immer wieder mit manchmal spektakulären Aktionen protestieren.Minister Chacón verspricht, diese Situation radikal zu verändern. Schon 2004 begann er mit Inspektionen diverser Gefängnisse. Er versprach eine Humanisierung des Strafvollzugs und die Einbeziehung der Gefängnisse in die Pläne der »endogenen Entwicklung«. Eine *Misión de Humanización Penitenciaria* wurde ins Leben gerufen, an der sich mittlerweile etwa 700 Personen, darunter 50 kubanische Gesundheitsarbeiter, beteiligen. Sie besuchen und untersuchen nun systematisch die Gefängnisse, um sich ein Bild zu machen von den bestehenden Mängeln und Bedürfnissen.

Zugleich haben sie die Aufgabe, Ausbildungs-, Kultur- und Sportaktivitäten in Gang zu setzen, die Gefangenen medizinisch zu betreuen sowie die Anstalten nach diversen Gefahrenquellen, vor allem Waffen und Drogen (die mit beträchtlicher Häufigkeit gefunden werden), zu durchforschen.

Sämtliche übrigen Missionen sind an dieser Aktion mit beteiligt, namentlich auch die neu gegründete *Misión Cultura,* die unter anderem die Gefangenen mit Lesestoff versorgt und ihnen erlaubt, ihre kunsthandwerklichen Produkte öffentlich auszustellen und zu verkaufen. Im Dezember 2005 meldete der Minister, daß bis zum Ende des Jahres 80 % der Gefangenen Zugang zu primärmedizinischer Betreuung haben würden.

Zusammen mit dem Obersten Gericht, der Generalstaatsanwaltschaft und der *ombudsman*-Behörde arbeitet Chacóns Ministerium auch daran, die Gerichtsverfahren zu beschleunigen und hat bereits eine große Zahl von Gefangenen in Freiheit entlassen.

Die katholische Kirche

Keinem Beobachter kann entgehen, daß die katholische Kirche – und nicht etwa nur deren höchste Vertreter – einen wesentlichen Teil der antichavistischen, konterrevolutionären Oligarchie darstellt. Nichtsdestoweniger teilt Chávez mit Fidel nicht nur den unbändigen Mut, die Ehrlichkeit, die revolutionären Ideen und den ausladenden rhetorischen Stil sowie das historische Interesse (speziell was Freiheitskämpfe und deren Helden angeht), sondern auch die – in seinem Fall nicht einmal kaschierte – Religiosität, den blinden Respekt vor der Kirche und ihren Lehren, denen er offenbar früh ausgesetzt war und die sich tief in ihn eingegraben haben.

So kann es vorkommen, daß er in *Aló Presidente* betet oder über die Bedeutung des Palmsonntag »reflektiert«, und in seinen Reden bringt er immer wieder Glaubensbekenntnisse, Bibelzitate und sonstige Verbeugungen vor dem katholischen Klerus. Er bezeichnet Christus als den ersten Sozialisten und definiert seinen eigenen Sozialismus mit dem als Ausgangspunkt.

So liegt es ihm fern, den Kampf mit der subversiv-reaktionären und außerdem manifest antidemokratischen Macht, die die katholische Kirche darstellt, aufzunehmen. Wie gegenüber dem US-Imperium gibt er sich dialogbereit und wehrt sich allenfalls gegen die unverschämtesten Angriffe einzelner kirchlicher Würdenträger. Er scheint sich, auch hier wie Fidel, der Illusion hinzugeben, daß Religion »Privatsache« sei und folglich ihn und seine Regierung nichts angehe – ganz im Unterschied zur Gegenseite, die ihre konterrevolutionäre Agitation in unverhohlen politischer Absicht betreibt.

Überhaupt scheint der Antiimperialist Chávez keine Probleme zu haben, sich dem Imperium in Rom zu unterwerfen. Im Gespräch mit dem apostolischen Nuntius gibt er sich verständnislos beleidigt darüber, daß die Kirche, genau wie sie es im Nachbarland Brasilien mit der Befreiungstheologie betrieben hat, seine christlich motivierten Bemühungen um die Armen Venezuelas nicht nur ignoriert, sondern bekämpft, und die Einmischungen der Kirche in die vermeintlich souveräne Gesetzgebung der Nationalversammlung nimmt er stillschweigend hin.

Diese unterwürfige Haltung beschränkt sich im übrigen nicht auf die katholische Kirche. Auch hierin wie Fidel, scheint er unbegrenzten Respekt vor »allen« Religionen zu haben, was ihn dazu verleiten kann, seinem Volk den (damaligen) iranischen Präsidenten Khatami, der immerhin einen Klerus vertritt, der Steinigungen – speziell von Frauen – befürwortet, als bewundernswerten Moralapostel zu präsentieren.

Chávez kann auch, offenbar ohne sich viel dabei zu denken, »Sex« mit »Degeneration« assoziieren, indem er z.B. in Verteidigung des besprochenen Mediengesetzes erklärt: »... es ist nicht möglich, zu Kinderstunden Szenen von Sex und Degeneration auszustrahlen und damit die Seelen der Jugendlichen zu vergiften...«

Für einen Rationalisten schwer verdauliche Verhaltensformen – auch wenn sie in Chávez´ Fall etwas weniger anstößig erscheinen und weniger politisch kontraproduktiv wirken dürften als im Falle Fidels. Immerhin ist er selbst unheilbar »tief gläubig« und hat es, im Unterschied zu Fidel, mit einer hochgradig christlich infizierten Bevölkerung zu tun.

Einer Meinungsumfrage im Jahr 2004 zufolge genießt die katholische Kirche immerhin bei 72 % der Venezolaner »großes« oder »einiges« Vertrauen. Nach einer anderen Meinungsumfrage, im Juni

2005 und nach einem massiven Angriff eines hohen Vertreters des Klerus, lag diese Quote sogar bei 79 %.

Armut und Bevölkerungsexplosion

Die enorme Armut in Venezuela hat, wie international anerkannt wird, unter Chávez zwar abgenommen. Infolge der radikal veränderten Politik aber, die die Armen ermutigt, sich auch außerhalb ihrer *barrios* zu zeigen, ist sie zugleich sichtbarer geworden. Das verleitet die Chávez-Kritiker zu der propagandistisch genutzten Selbsttäuschung, es gäbe jetzt mehr Arme als zu ihren Zeiten.

Was die Kinder betrifft, gibt es bisher noch keine Methoden, die Effekte der speziell auf sie gerichteten Sozialprogramme zu messen. Jedenfalls aber hat dem *United Nations Development Program* (UNDP) zufolge die Zahl der extrem Einkommensschwachen während Chávez´ Amtszeit um mindestens 4 Millionen Personen abgenommen.

Ende Oktober 2005 gab der Chef des Statistischen Zentralinstituts Elías Eljuri die nach den sehr exakten Kriterien dieses Instituts ermittelten aktuellen Zahlen bekannt. Ihnen zufolge war da die Zahl der Armen insgesamt bereits auf unter 35 % – von 42 % 1999 bzw. 54 % nach dem Ölputsch – gesunken und die der extrem Armen, deren Einkommen nicht einmal für den Erwerb des »Lebensmittelkorbs« ausreicht, auf unter 10 %. Hierbei sind nur die finanziellen Einkommen berücksichtigt, nicht die Effekte von *Barrio Adentro* oder die Gratismahlzeiten in den Bolivarianischen Schulen und die »Ausspeisungs«mission PROAL.

Chávez sieht (wie auch Kofi Annan), daß Venezuela den im Jahr 2000 international beschlossenen »Jahrtausendzielen« immer näher kommt und hat, wie gesagt, der Armut im Lande den Kampf angesagt. Er meint, sie bis zum Jahr 2021 beseitigen zu können – nicht »mit lauem Wasser und Kosmetik«, sondern durch Angriff auf ihre historischen Ursachen, mit Hilfe von Ausbildungs-, Gesundheits-, Beschäftigungs- und Wohnungsbauprogrammen bzw. mit Hilfe einer alle

Missionen umfassenden *Misión Cristo,* die er im September 2005 offiziell lancierte.

Dieses Vorhaben aber könnte sich als schwieriger erweisen, als er wahrhaben will, nicht zuletzt wegen des exzessiven Bevölkerungswachstums von an die 3 % pro Jahr, an dem Venezuela (in krassem Gegensatz zu Kuba) leidet.

Dieses Bevölkerungswachstum aber spielt in der allgemeinen Debatte keine Rolle. So operierte man z.B. noch 2005 mit der einigermaßen gesicherten Zahl von knapp 25 Millionen Einwohnern – ermittelt im Jahr 2000. Chávez selbst durchbricht dieses Muster einmal, »beschuldigt« aber die Jugend des Willens zu diesem Wachstum. Tatsächlich dürfte die Einwohnerzahl mittlerweile bei mindestens 28, wenn nicht bei annähernd 30 Millionen liegen, so wie sie auch zwischen 1980 und 2000 von etwa 14 auf knapp 25 Millionen gestiegen ist.

Das Problem, das aber niemand mit den längerfristigen Entwicklungschancen des Landes in Beziehung setzt, wird sichtbar in den übervölkerten *barrios* und manifestiert sich auch in einer extrem hohen Zahl von Schwangerschaften – und nachfolgenden Entbindungen – jugendlicher Frauen. Dies wird zwar gelegentlich bejammert, die Maßnahmen dagegen aber liegen eher auf der Linie des Vatikans als auf der einer modernen revolutionären Gesellschaft.

So könnte sich insbesondere die nach wie vor mittelalterliche Gesetzgebung zur Schwangerschaftsunterbrechung zusammen mit der steigenden Lebenserwartung früher oder später als ein gefährliches Hindernis – nicht nur bei der Armutsbekämpfung, sondern auf dem Weg der Revolution überhaupt – erweisen. Bis auf weiteres ist diese Gesetzgebung nicht progressiver als beispielsweise die des Iran. Erst die Reform des Strafgesetzes, an der die Nationalversammlung bis zum Ende der vergangenen Legislaturperiode gearbeitet hat und damit in der eben begonnenen weiter machen wird, könnte minimale Öffnungen bringen.

Den progressivsten Vorschlägen zufolge, soll Schwangerschaftsabbruch dann zumindest im Falle von polizeilich und ärztlich erwiesener (!) Vergewaltigung oder Inzest und eventuell auch im Fall einer Mißbildung des Fötus nicht mehr strafbar sein, wohl aber im Falle einer Gefahr für die Gesundheit der Frau, von sozialen Indikationen nicht zu reden.

Eine solche Reform könnte zwar jährlich einige hundert Leben retten, die derzeit infolge dilettantischer Eingriffe verloren gehen, und das Land würde gesetzgebungsmäßig zumindest auf das Niveau von Saudiarabien aufsteigen – vorausgesetzt, daß die Widerstände der Männer in der Nationalversammlung und – natürlich – der Bischofskonferenz überwunden werden können.

Nach der Neuwahl der Nationalversammlung kündigte die Chefin der MVR-Fraktion Cilia Flores eine breite Debatte über die strafrechtliche Verfolgung des Schwangerschaftsabbruchs und gegebenenfalls eine beratende Volksabstimmung an – dies letztere natürlich mit nahezu erwartbarem Ausgang, da hier auch die Männer und alle katholisch Infizierten mitstimmen würden.

María León, die kämpferische Vorsitzende des Frauenverbands, bekennt sich als Kommunistin. Sie verficht – im Einklang mit einigen Genossinnen und entgegen der Mehrheit der vorgeblich revolutionären Parteibürokraten – den Marxschen Klassenbegriff, verteidigt (im Unterschied zu Chávez) die gestürzten sozialistischen Staaten in Europa, sieht die Diffamierung des Feminismus als parallel zu der des Kommunismus, stellt »Geschlechtsbewußtsein«, »Klassenbewußtsein« und »Vaterlandsbewußtsein« als gleichgewichtig nebeneinander und meint, daß der von Chávez verkündete »Sozialismus des 21. Jahrhunderts« nichts anderes als Kommunismus bedeuten könne.

Als Frau beklagt sie, ohnmächtig vorerst, schon die bloße Tatsache, daß Fragen, die spezifisch die Frauen angehen, überhaupt als strafrechtlich relevante behandelt werden, wie es in der Nationalversammlung geschieht. Das sei um so absurder, als die Verfassung ausdrücklich alle gesetzlichen Regelungen, die ihr widersprechen – und hierunter fielen die Strafbestimmungen über den Schwangerschaftsabbruch – als abgeschafft erklärt.

Wohnungsnot

In Venezuela fehlen oder bedürfen dringend der Renovierung etwa 2 Millionen Wohnungen, und die Regierung sieht eine ihrer dringlichsten Aufgaben darin, dieses Problem anzugehen. In seinen ersten Amtsjahren ließ Chávez insgesamt 30.000 Wohnungen bauen bzw. renovieren, wobei die Streitkräfte zu einem konstruktiven Einsatz kamen. In zwei Jahren danach weitere 150.000, einschließlich der erforderlichen Infrastruktur.

Für 2005 war der Bau von 120.000 Wohnungen geplant. Anfang Juni waren 10.000 davon fertiggestellt – eine nicht sehr beeindruckende Zahl, die Chávez' Vorhaben, das gesamte Problem innerhalb von zehn Jahren zu lösen, als wenig realistisch erscheinen läßt.

Wie als Rettungsmaßnahme wurde das Programm SUVI *(Sustitución de Ranchos por Viviendas)* ins Leben gerufen, das darauf abzielt, zumindest die menschenunwürdigsten Wohnungen zu renovieren. Im Dezember wurde mit dem Iran ein Abkommen über den Bau von 10.000 Wohnungen im Lauf von vier Jahren zum Preis von 870 Milliarden Bs. (330 Millionen Euros) geschlossen.

Zu den Aufgaben des 2004 gegründeten Wohnungsbauministeriums gehört die Verteilung von Krediten für Haus- und Wohnungsbauten, jedoch ausdrücklich auf eine Weise, die im Einklang steht mit den sozialpolitischen Vorstellungen der Regierung. So gilt es, zu vermeiden, Luxus- und in Spekulationsabsicht geplante Mietwohnungen zu finanzieren. Statt dessen sollen Projekte bevorzugt werden, die die Errichtung von für die Darlehensnehmer selbst gedachten Wohnungen zum Ziel haben. Für solche Fälle sind auch nach dem Familieneinkommen gestaffelte Subventionen – je niedriger das Einkommen, desto höher die Unterstützung – vorgesehen.

Chávez und sein Minister möchten gern die Bevölkerung – über die *Núcleos de Desarrollo Endógeno* und die *Organizaciones Comunitarias de Vivienda* – direkt in den Wohnungsbau einbezogen sehen.

Für bedürftige Familien – und als solche gelten 90 % aller Familien – gibt es auch Wohngeld, und Leute, die aus katastrophengefährdeten Gebäuden ausziehen müssen, gelten als katastrophengeschädigt und werden ins staatliche Wohnungsbauprogramm einbezogen.

Vorbehaltlich einer gesetzlichen Regelung ist auch an die Enteignung von ungenutzten für den Wohnungsbau geeigneten städtischen Grundstücken gedacht.

Ausbildung

Wie nicht anders zu erwarten, trägt das traditionell unterentwickelte Schulsystem in Venezuela – so wenig wie irgendein westliches – kaum dazu bei, autonome und verantwortungsbewußt handelnde Menschen heranzuziehen. Die Schulen funktionieren – mit Ausnahmen natürlich –, wie fast überall auf der Welt, als Dressuranstalten, domestizierend, passivisierend, derart daß es, ebenfalls wie fast überall, unsystematischem außerschulischem Lernen überlassen bleibt, die Heranwachsenden zu Revolutionären zu formen.

Die Verantwortlichen aber verstehen schon lange die Bedeutung einer qualifizierten Ausbildung und Erziehung sowie die von funktionierenden Familien und nehmen, als Menschen und als Politiker, die Bedürfnisse der Kinder und Jugendlichen ernst.

Bildungs- und Sportminister Aristóbulo Istúriz erläutert in einem Interview das Konzept von Ausbildung, das die Verfassung vorschreibt und mit dem sich die revolutionären Kräfte identifizieren. Seine Rede ist leider geprägt von Wunschdenken, voll von Gemeinplätzen und gespickt mit Widersprüchen, die plötzlich vereinbar erscheinen: Erziehung als ein »individuelles« Recht, aber, je nach Gusto, in den Händen der – unvermeidlich nicht selten reaktionären – Familie sowie der privaten und/oder religiösen Schulen.

Im Hintergrund spukt der »neue Mensch« des Che Guevara, der »solidarische«, »demokratische« oder »republikanische« Mensch. Dazu – wie bei Fidel – die Illusion von der grenzenlosen Erziehbarkeit des Menschen, sowie von der unbegrenzten Lebenserwartung und einer sozialistischen Zukunft der Menschheit.

Das Interview macht mehr als irgendetwas anderes die langfristige

Unmöglichkeit des Projekts einer christlich durchsäuerten, liberalrevolutionären, am Ende doch sozialdemokratischen Gesellschaft deutlich, einer Gesellschaft, deren Führung es auf die Dauer vermeiden können sollte, sich mit anderen als allenfalls ihren frechsten Feinden anzulegen.

Istúriz präsentiert ein Projekt, das sicherlich ein paar Jahrzehnte, möglicherweise also bis zum Verschwinden des *homo sapiens* von diesem Planeten, halten kann, aber eben doch die Augen verschlossen hält vor der menschlichen - vielleicht auch nur männlichen - Neigung und Fähigkeit zum Herrschen und Ausbeuten, zum Wettkampf und zum mehr oder weniger blinden Streben nach Fortschritt.

In jedem Fall wollen die Revolutionäre den Schülern die eingeübten kapitalistischen Werte und Denkweisen aus den Köpfen schlagen und Solidarität, Zusammenarbeit und Kreativität an Stelle von Individualismus, Wettkampf und Konsumismus setzen. Alles zweifellos erstrebenswert und, wie in Kuba, in – durchaus nicht seltenen – Einzelfällen erreichbar, jedoch niemals in ausreichender Häufigkeit, um eine ganze Gesellschaft zu verändern, namentlich in einer Welt, in der, außer in einem (1) % der Gesellschaften, die genannten »Laster« unangefochten den Ton angeben.

Bei aller Traumtänzerei hat Isturiz´ Konzept auch realistische Züge: ohne Zweifel können zumindest die ganz frühen Benachteiligungen, speziell die durch Mangelernährung, durch politische Maßnahmen vermieden werden. Das ergäbe, mit der Zeit, kompetentere, wahrscheinlich auch glücklichere Leute – von denen allerdings ausreichend viele in der unheilbar, unsichtbar, verdeckt kompetitiven Gesellschaft früher oder später immer noch ihre individualistischen Tendenzen entwickeln würden.

Mit Recht zitiert Istúriz auch einige punktuelle Verbesserungen, die das Chávez-Regime eingeführt hat: vor allem die Schulpflicht und Kostenlosigkeit der Ausbildung, die Wiedereröffnung der *Escuelas Técnicas Robinsonianas,* die Gründung der Bolivarianischen Universitäten, die Ausbildungs-Missionen, alles natürlich Beiträge zu einer – höchst wünschenwerten und auch beispielhaften! – Veränderung, aber eben von begrenzter Dauer und Tragweite.

Fraglich bleibt außerdem, inwieweit Istúriz, Chávez und ihre Genossen, von revolutionärem Optimismus verblendet, der Realität ins Auge sehen: dem Mangel an revolutionären Lehrern und dem Umstand, daß, so freundlich und engagiert manche dieser Lehrer auch sein mögen, derartige Ziele in einem traditionell angelegten Schulsystem bestenfalls ansatzweise erreichbar sind.

Wenn Chávez verkündet, »die Lehrer« seien wie »Scheinwerfer und Leuchttürme, die mit ihrem Beispiel den Kindern und Jugendlichen mit Gesang und Licht den Weg erhellen«, so kann ein Kenner der Schulrealität nur den Kopf schütteln, sowohl über das Wunschdenken wie über die Erwachsenenarroganz, die da zum Ausdruck kommen.

Nach wie vor unterstützt der Staat mit jährlich nahezu 400 Milliarden Bs. (ca. 160 Millionen Euro) katholische Schulen, die sich schwerlich die Vorstellungen des Ministers Istúriz zu eigen machen werden.

Ein anderes, selten angesprochenes Problem stellen die immer noch reaktionär dominierten privaten Universitäten dar. Diese haben sich – nach zeitweilig blutigen Auseinandersetzungen mit revolutionären Studenten in den 70er und 80er Jahren – als Antwort auf die Bolivarianische Revolution in Hochburgen der Ultrarechten gewandelt, unter Beibehaltung ihrer Privilegien, ihre Korruptions und Veruntreuungspraktiken. Ein revolutionäres Universitätsgesetz soll sie nun zwingen, zumindest ihr Finanzgebaren offenzulegen und in größerer Zahl ökonomisch schwache Studenten aufzunehmen.

Die staatlichen Bolivarianischen Universitäten sollen ihnen Konkurrenz machen, ebenso wie die – noch lange nicht optimal funktionierenden – revolutionären Stundentenorganisationen den bestehenden, die zumeist konservativ bis reaktionär orientiert sind.

Rassismus und Homophobie

Fast jedermann in Venezuela leugnet, daß es Rassismus gäbe, Diskriminierung der eingeborenen oder dunkelhäutigen Bevölkerung.

Dies trotz der sichtbaren Korrelation zwischen sozioökonomischem Status und Hautfarbe, trotz der mit Rassenzugehörigkeit korrespondierenden Wohnsegregation und der mit ihr assoziierten kulturellen Unterschiede, trotz der gängigen gegen Eingeborene und Schwarze – nicht zuletzt auch gegen den Präsidenten – gerichteten rassistischen Anzüglichkeiten, trotz des grob rassistischen Sprachgebrauchs in den Medien, eines Sprachgebrauchs wie er in Europa undenkbar wäre, trotz der augenfälligen Unterschiede zwischen Chávez-Anhängern und -Gegnern...

Diese Leugnung eines höchst realen Phänomens bzw. die Umdefinition des Worts »Rassismus«, die sie impliziert, findet sich in allen Bevölkerungsgruppen, sowohl bei denen, die den Rassismus aktiv praktizieren, als auch bei dessen Opfern, bei Bürgerlichen wie auch bei Linken.

Das Phänomen wird als historisches Erbe und Unvermeidlichkeit akzeptiert und nicht problematisiert. Auch die Opfer machen das Spiel mit. Die meisten verleugnen ihre Abstammung oder schämen sich ihrer.

Selbst in den Schulbüchern, auch in jenen, die während der Revolution unter dem Bildungsminister Istúriz, der selbst schwarz ist, erschienen sind, figurieren Angehörige der Ursprungsbevölkerung als Erscheinungen der Vergangenheit und Schwarze und Dunkelhäutige als Abkömmlinge von Sklaven, also ebenfalls als der Vergangenheit zugehörig.

Und vollständig außer Zweifel steht, daß in den Gefängnissen Schwarze und Mulatten ebenso überrepräsentiert sind wie in den USA.

In der Verfassung der Vierten Republik kam das Rassenthema einfach nicht zur Sprache und erst in derjenigen der Fünften Republik ist rassistische Diskriminierung ausdrücklich verboten.

Die in Südafrika 2001 formulierte *Durban Declaration Against Racism* hat Venezuela zwar ratifiziert, aber nicht ins Werk gesetzt.

Eine Ausnahme gilt für die *indígenas,* die Ursprungsbevölkerung. Sie sind, wie schon besprochen, in der neuen Verfassung ausführlich und in vorbildlicher Weise berücksichtigt. Nur daß Entsprechendes nicht gilt für die wesentlich zahlreicheren Schwarzen, Mulatten und

Mestizen. Und zwar ausdrücklich und bewußt nicht. Als Chávez, der selbst sowohl von indigenen als auch von afrikanischen Vorfahren abstammt, sich dessen auch bewußt und stolz darauf ist, und Vertreter der Afro-Venezolanischen Gemeinde während Ausarbeitung der Verfassung vorschlugen, die Diskriminierung der afro-stämmigen Bevölkerung in das Dokument aufzunehmen, wurde ihnen – von einem linken Mitglied der Verfassungsgebenden Versammlung! –, entgegnet, die Diskussion über die Rechte der Ursprungsbevölkerung sei schon schwierig genug gewesen…

So blieb das Thema auch in der Verfassung der Bolivarianischen Republik ausgespart. Mit gravierenden Folgen: In keinem der Organischen Gesetze, die sich aus der Verfassung ableiten, wird es angesprochen, weder im Landreform-, noch im Ausbildungs- oder im Kulturgesetz, weder im Gesetz über soziale Entwicklung noch in den Statuten des Frauenverbands INAMUJER.

Und tatsächlich geht die Diskriminierung sowohl der Eingeborenen wie auch der Sklavenabkömmlinge ungehemmt weiter. Die weißen Bürgermeister mehrerer Gemeinden, wie der seinerzeitige Oberbürgermeister von Caracas oder der (wiedergewählte) Bürgermeister der Caracas-Gemeinde Chacao, haben ihre Polizeien spezifisch auf Eingeborene und Schwarze gehetzt, und als Chávez 2002, bei seinem ersten Versuch, die PdVSA-Führung umzubauen, einen hochqualifizierten Afro-Venezolaner vorschlug, lehnten das die weißen Damen und Herren in dieser Führung entrüstet ab.

Die trotz der offensichtlichen Vielzahl von Venezolanern afrikanischer Abstammung schwache Afro-Venezolanische Gemeinde hat wiederholt gefordert, in statistischen Erhebungen ihre Anzahl und vor allem ihren sozio-ökonomischen Status zu ermitteln. Und dabei haben sie sogar einen seltenen Erfolg gehabt: Der Minister für Planung und Entwicklung Jorge Giordani sagte zu, diesem Wunsch bei der nächsten Volkszählung zu entsprechen.

Außer diesem haben die Afro-Venezolaner noch zwei andere wichtige Wünsche: eine Umarbeitung der Schulbücher und Lehrpläne, die ihre Realität thematisiert, und eine Umsetzung der Durban-Deklaration, d.h. die Eliminierung rassistischer Diskriminierung in der

Ausbildung, im Rechtswesen und in der öffentlichen Verwaltung, Maßnahmen, die in reaktionär regierten Ländern wie Kolumbien, Ecuador und Costa Rica wie auch in Brasilien und Uruguay bereits – und sei es auch nur auf dem Papier – getroffen worden sind.

Außer den Afro-Venezolanern lebt in Venezuela, wie gesagt, auch etwa eine halbe Million Angehöriger von Ursprungsbevölkerungen, auf etwa 30 Völkergruppen verteilt. Sie bewohnen ländliche Gebiete, hauptsächlich in der Nähe der Grenzen zu Kolumbien, Guyana und Brasilien. Die mit Abstand größte Gruppe – um die 300.000 – sind die Wayúus, in Zulia, im Grenzgebiet zu Kolumbien ansässig.

Die *indígenas* sind seit 1989 im *Consejo Nacional Indio de Venezuela* unter der Präsidentschaft von Nicia Maldonado zusammengeschlossen. Drei ihrer Vertreter sitzen – innerhalb des *Bloque de Cambio* – in der Nationalversammlung, und andere haben Posten in der Regierung. Nie zuvor war diese vormals marginalisierte Bevölkerungsgruppe so anerkannt. Kein anderes Land in Südamerika hat sich der Herausforderung, die sie verkörpert, so ernsthaft gestellt wie Venezuela. Chávez ist, wie gesagt, stolz, mit ihnen verwandt zu sein, begünstigt sie nach Kräften und bekommt dafür die entsprechende enthusiastische Antwort.

Im Jahr 2003 wurde die *Misión Guaicaipuro* ins Leben gerufen, benannt nach einem indigenen Häuptling, der im 16. Jahrhundert gegen die Spanier gekämpft hatte. Diese Mission hat die Aufgabe, die in der Verfassung festgelegten Rechte der Ursprungsbevölkerung in Realität umzusetzen, sie teilhaben zu lassen an den »Missionen« und sonstigen sozialen Projekten der Regierung – eine Aufgabe, die wegen der Lebensweise und sprachlichen Isolierung der meisten der betroffenen Gruppen schwierig ist und nur langsam voranschreitet.

So wurde z.B. sehr spät damit begonnen, das wichtige Versprechen der Verfassung einzulösen, die Wohngebiete der Eingeborenen abzugrenzen, zu schützen und ihnen Land zuzuteilen. Das geschah dann außerdem in einer Weise, die bei anderen, noch nicht berücksichtigten Stämmen den Verdacht weckte, es geschähe mit dem Hintergedanken, deren Land um so leichter für den Kohleabbau annektieren zu können.

Immerhin aber stellte die Regierung im August 2005 der *Misión Guiaicaipuro* 270 Milliarden Bs. (etwa 100 Millionen Euro) für diverse infrastrukturelle und soziale Projekte zur Verfügung.

Die Homosexuellen und Lesben in Venezuela sind mit Chávez zufrieden und stützen ihn. Zugleich scheinen sie die einzige Gruppe zu sein, die die katholische Kirche als reaktionäre Kraft erkennt und angreift. Von der Bevölkerung wie auch innerhalb der Nationalversammlung werden sie zwar, wie überall auf der Welt, noch lange nicht akzeptiert, geschweige denn unterstützt, jedoch von Chávez persönlich ausdrücklich verteidigt und zumindest nicht mehr mit offizieller Billigung verfolgt.

Umwelt

Die Verfassung der Bolivarianischen Republik Venezuela verpflichtet den Staat und die Bürger zum Schutz der Umwelt, der biologischen und genetischen Vielfalt, der Luft, des Wassers usw., verbietet die Patentierung lebender Organismen, die Einfuhr giftiger oder sonstwie gefährlicher Abfälle und fordert für alle potentiell umweltschädlichen Maßnahmen eine vorherige Prüfung ihrer Umwelt- und sozio-kulturellen Verträglichkeit. Der Staat wird auch verpflichtet, eine haltbare Landwirtschaft und eine sichere Lebensmittelversorgung zu garantieren.

All das aber steht bisher nur in der Verfassung und – infolge der Überlastung der Nationalversammlung und der Sabotage der Opposition – in keinem spezifischen Gesetz.

So kommt es, daß trotz Chávez´ emphatischer Propaganda für Souveränität allgemein und im Lebensmittelbereich im besonderen und trotz seiner immer wieder geäußerten Aversion gegen transnationale Konzerne, einschließlich natürlich der Saatgut produzierenden wie Monsanto oder Cargill, in Venezuela ein ungehemmter und unkontrollierbarer Import ausländischen genmodifizierten Hybrid-Saatguts, speziell Mais und Soja, stattfindet. Ein Import, der, wie sich in Argentinien, Brasilien und Paraguay zeigt, in kurzer Zeit eine

Katastrophe für Landwirtschaft und Umwelt mit gravierenden sozialen Folgen herbeiführen kann und eine dauerhafte Entmündigung und Abhängigkeit von übermächtigen ausländischen Produzenten schafft und somit auch eine ernste Bedrohung für Chávez´ Unabhängigkeitspläne darstellt.

Viele venezolanische Produzenten gehen auch immer wieder der frechen Propaganda der genannten Firmen auf den Leim, und bisher hat es nicht viel geholfen, daß Chávez bei seinem Besuch in Brasilien 2004 sich gegenüber der Landlosenbewegung und der *Vía Campesina* verpflichtete, sich an der Einrichtung einer Lateinamerikanischen Agroökologischen Schule zu beteiligen.

Überhaupt hat Venezuela schwere und bisher unbewältigte Umweltprobleme. Die Gewinnung bzw. Herstellung von Erdöl, Erdgas, Gold, Diamanten, Kohle, Stahl und Aluminium veruracht gewaltige Umweltschäden. Dazu kommen Wasserverschmutzung, Müllberge, illegale Bergbauaktivitäten in den unzugänglichen Riesenstaaten Amazonas und Bolívar, Abholzungen und Bodenerosion.

Venezuela verfügt nicht nur über die größten Erdöl- und Erdgasreserven, sondern – zu seinem Unglück – auch über die größten Goldreserven in Südamerika, was das Land für ausländische »Investoren« nur noch attraktiver macht. Immerhin ist die Regierung auf die Schäden, die vor allem die Goldförderung im Bundesstaat Bolívar verursacht, bereits aufmerksam geworden. Dort wird in den beiden Flüssen – Caroní und Paragua –, die den für die Stromproduktion überaus wichtigen Stausee Guri füllen, Gold gefördert, auf legale, oft aber auch illegale und fast immer umweltschädliche Weise. Also wurde ein besonderes Militärkommando gegründet, das die Aufgabe hat, diese Tätigkeiten zu überwachen, gegebenenfalls zu stoppen und die Sanierung der Flüsse einzuleiten. Nach relativ kurzer Tätigkeit dieses Kommandos wurden bereits über 100 illegale Minen geschlossen. Nun steht die schwierige Aufgabe an, den illegalen und nach und nach auch den legalen Bergarbeitern zu menschenwürdigen Lebensbedingungen zu verhelfen.

Die Revolution hat im Lauf der Jahre 150 Anlagen der Wasseraufbereitung gebaut und versorgt nun 3,5 Millionen Menschen mehr als zuvor mit sicherem Trinkwasser, insgesamt 94 % in den Städten und 78 % auf dem Land (womit eins der »Jahrtausendziele« der UNO bereits erreicht ist).

Andererseits wird mit Wasser unverantwortlich verschwenderisch umgegangen, und städtische Abwässer werden zumeist unbehandelt in Flüsse geleitet. Immerhin aber will die Regierung in 2005 und in den kommenden Jahren jeweils 500 bis 600 Millionen US-Dollar in den Bau von Abwasserreinungsanlagen investieren, um die 21 % so behandelten Wassers (gegenüber 12 % vor der Revolution) im Lauf von fünf Jahren auf 40 % zu erhöhen.

Müll wird bislang zumeist unbehandelt auf Halden gesammelt. Wohl gibt es vereinzelte Lichtblicke. So wurde, mit kanadischem Kapital, in Guacara bei Valencia im Bundesstaat Aragua eine große und exemplarisch funktionierende Müll-Aufbereitungsanlage errichtet. Diese wird von Kooperativen betrieben und versorgt die ganze Region, behandelt allerdings bisher nur festen Müll. Immerhin wurde damit dem bisherigen mafiakontrollierten manuellen Müllsammeln ein Ende bereitet, die zuvor ausgebeuteten Arbeiter wurden mit Freiheit und Würde begabt, die Platzvergeudung eingeschränkt, Gesundheitsrisiken verringert und ein Schritt auf dem Weg einer Lösung des Armutsproblems in der Gegend getan.

Bemerkenswert ist auf der anderen Seite, daß Venezuela das Kyoto-Protokoll von 1997 erst 2004 ratifiziert und damit, zusammen mit Rußland, sein Inkrafttreten ermöglicht hat.

Chávez predigt vor einer internationalen Versammlung von Energiearbeitern und auch sonst bei jeder Gelegenheit den »rationalen Gebrauch von Energie« und geißelt die notorische Energieverschwendung in den USA. Gleichzeitig aber wird auch unter seinem Regime der Erwerb von Privatautos gefördert und vor allem werden nach wie vor Benzin und Diesel an den Tankstellen praktisch verschenkt. Benzin kostet da, trotz Inflation auf anderen Gebieten, heute ebenso wenig wie vor drei Jahren: unter 0,04 Euro pro Liter – weniger als ein Fünfundwanzigstel des Preises in Europa bzw. ein Zehntel des Preises in den USA – und Diesel etwa die Hälfte davon.

Das hat unter anderem zur Folge, daß der Durchschnitts-Venezolaner doppelt so viel Kohlendioxyd in die Luft schickt wie die übrigen Lateinamerikaner, daß benzinschluckende PKWs die Straßen verstopfen, Busfahrer ihre Motoren prakisch nur abstellen, bevor sie sich abends zu Bett legen und daß der Schmuggel von Treibstoff nach Kolumbien – vor allem für die dortigen Paramilitärs – ein lohnendes Geschäft bleibt. Es bedeutet auch einen wichtigen Beitrag zur Förderung des volkswirtschaftlich kostspieligen Individual- auf Kosten des Kollektivverkehrs, der sich – von den U-Bahnen abgesehen – in einem in jeder Hinsicht katastrophalen Zustand befindet. Eine (natürlich nicht von heute auf morgen und nicht ohne entsprechende Kompensationen mögliche) Anhebung dieser Preise auch nur auf USA-Niveau würde der Staatskasse etwa 4 Milliarden Euro pro Jahr einbringen, die in sinnvolle infrastrukturelle Maßnahmen investiert werden könnten.

Überhaupt sind viele von Chávez´ wirtschaftlichen Ambitionen unter dem Gesichtspunkt des Umweltschutzes bedenklich, wenn nicht offenbar gefährlich. So z.B. der Plan einer Ölleitung durch Kolumbien bis Panamá, der einer Stromleitung nach Brasilien oder der des Kaufs eines Atomreaktors in Argentinien.

Im September 2004, kurz nach dem gewonnenen Referendum, erließ Chávez, entgegen seinen früheren Versprechungen wie auch entgegen den Wünschen der *pro forma* »konsultierten« Eingeborenenbevölkerung, ein höchst fragwürdiges Dekret. Dieses hob ein zuvor gegen ein gleichartiges Dekret seines Vorgängers erlassenes Moratorium auf und gab große Teile eines riesigen Naturreservats im Bundesstaat Bolívar für Goldsuche und Abholzung – überwiegend durch ausländische Konzerne, die sich in der Vergangenheit nie anders als verantwortungslos verhalten haben – frei.

Die Umweltschutzorganisationen des Landes hatten, wie sie sagen, noch nie so wenig Einfluß und waren noch nie so kritisch gegenüber der Regierungspolitik auf diesem Sektor wie zur Zeit.

Auch die Aussagen der Verfassung über die Rechte der Ursprungsbevölkerungen sind viel zu schön und zu weitgehend, als daß sie nicht gelegentlich auf dem Altar anderer Interessen – wirtschaftlicher oder außenpolitischer – geopfert werden könnten.

Am 31. März 2005 veranstalteten mehrere Delegationen von Eingeborenengruppen aus Zulia, begleitet von Umweltaktivisten und Regierungsanhängern, einen Marsch auf den Präsidentenpalast. Sie wollten gegen die ihren Lebensraum, insbesondere die jetzt schon kritische Wasserversorgung bedrohenden Pläne eines ausgeweiteten Kohleabbaus protestieren – Pläne, deren Verwirklichung dem Land noch nicht einmal nennenswerte Gewinne bringen würde.

Noch ehe sie den Palast erreichen konnten, wurden sie von Bereitschaftspolizei gestoppt. Von Chávez erhielten sie zunächst keine Antwort. Zwei Monate später allerdings stellte sich die Umweltministerin Jacqueline Faría hinter ihre Forderungen.

In Venezuela sind auch schon – zum Teil zumindest dem Treibhauseffekt geschuldete – Klimaveränderungen zu bemerken. Das Land bereitet sich systematisch darauf vor, diesen zu begegnen. So wurden mehrere Beobachtungsstationen eingerichtet, Flüsse werden ausgebaggert und eine *Misión Semilla* (Mission Besamung) wurde ins Leben gerufen, die kritische Zonen wiederbewalden soll, um Überschwemmungskatastrophen vorzubeugen.

Im September 2005 verkündete die Umweltministerin ein umfassendes Aufforstungsprojekt.

Erdölförderung und Bergbau

Spätestens seit der »Verstaatlichung« durch Carlos Andrés Pérez im Jahr 1975, die 90er Jahre hindurch und bis heute ist Venezuelas Erdöl nicht nur ökonomisch, sondern auch politisch von großer Bedeutung. Leider hat die venezolanische Bevölkerung infolge eines skandalösen Umgangs mit dieser wertvollen Ressource während der Vierten Republik lange Zeit wenig von ihr gehabt.

Schon Pérez´ Maßnahme zielte in Wirklichkeit darauf ab, das Öl zu »globalisieren«. Bis zu seiner »historischen« Entscheidung hatte die Öl-Wirtschaft des Landes in den Händen der 1960 gegründeten *Corporación Venezolana de Petróleo* (CVP) gelegen. Nun aber wurde PdVSA gegründet und die CVP zu deren Filiale degradiert.

Von Anfang an lag die Leitung von PdVSA in den Händen von im Ausland ausgebildeten, »international orientierten« Managern. Diese Damen und Herren, die später so genannte Meritokraten, begannen auch sofort – entgegen dem Sinn der Verstaatlichung – mit einer ausgeprägt »antinationalen«, USA-freundlichen Politik. Sie reihten ein schlechtes Geschäft ans andere und zahlten Steuern lieber im Ausland als in Venezuela.

Ab 1984, als die Ölpreise noch hoch waren, gelang es ihnen, sich Schritt für Schritt, unter anderem durch Manipulationen des Obersten Gerichts, von jeder staatlichen Kontrolle frei und PdVSA zu einem Staat im Staate zu machen. Sie begannen – was enorme Konsequenzen hatte –, die Ölpreise nach Gutdünken festzusetzen, das hieß in der Praxis, den jeweiligen Käufern – angefangen bei der deutschen Veba-Öl (später Ruhr-Öl) – beträchtliche Rabatte einzuräumen. Was sie auf diese Weise im Lauf der Zeit in Form von Preisnachlässen verschenkten, entspricht in heutigem Geldwert etwa 11,4 Milliarden US-Dollar. Dazu kamen Verluste durch unnötige steuerliche Verpflichtungen im Ausland.

Allgemein sollte das Ölgeschäft den glücklichen Ölbesitzern, sofern andere dieses Geschäft für sie betreiben, vier Arten von Einkünften bringen: Exportsteuern, Gewinnanteile, Einkommenssteuern und Dividenden. Jede einzelne dieser Einkünfte hat die PdVSA-Meritokratie entweder abgeschafft oder auf ein minimales Niveau gedrückt.

Dennoch blieb der Konzern – mit einer kurzen Unterbrechung im Frühjahr 2002 – bis nach dem Ölputsch von dieser Elite dominiert. Mit Unterstützung der Medien präsentierte sie sich selbst als unerreichbar kompetent und den Konzern als exemplarisch geführt.

Ein Vergleich mit anderen Gesellschaften derselben Branche wie ExxonMobil, ChevronTexaco, Shell oder BPAmoco zeigt jedoch, daß besondere das letztere eine reine Legende war. PdVSA erwirtschaftete sowohl im Verhältnis zum investierten Kapital als auch zur Zahl der Angestellten und zu den Kosten der Produktion überhaupt wesentlich weniger an Gewinnen als die genannten Gesellschaften und führte außerdem von diesen mageren Gewinnen einen kleineren Teil an den Staat ab. Ein Vergleich mit Mexiko z.B. zeigt, daß PEMEX, ein kleinerer Konzern, von seinen etwa gleich großen Gewinnen fast drei mal mehr an den Staat abführte als PdVSA: 58 gegenüber 21 %.

Erst als Anfang 2003 die ersten ernsthaften Schritte zur Nationalisierung der Öl-Wirtschaft – die im übrigen bei weitem noch nicht komplett ist –, getan waren, konnte die neue Führung damit beginnen, die vielfältigen und überaus komplizierten Geschäfte ihrer Vorgänger zu durchleuchten. Dieser Prozeß ist längst noch nicht abgeschlossen und wird in vielen Hinsichten auch nie abgeschlossen werden können, da die erforderlichen Dokumente »verschwunden« sind.

Im Vordergrund stand in der zweiten Hälfte von 2005 die Durchleuchtung der da geltenden Verträge mit ausländischen Partnern, 32 »Operativ«- und vier »Assoziations«abkommen, sowie die Bewertung der CITGO.

CITGO, seit 1990 ein PdVSA-Tochterunternehmen, betreibt zur Zeit in denUSA allein oder mit anderen acht Raffinerien sowie 14.000 Tankstellen und beschäftigt 250.000 US-Bürger. Die Firma kauft venezolanisches Öl mit einem Rabatt von 2 bis 3 US-Dollar pro Faß ein und bringt oder brachte zumindest bis vor kurzem keinerlei Profit. Im Gegenteil: die Verluste des venezolanischen Staats allein infolge der genannten Rabatte belaufen sich seit 1986 auf etwa 14 Milliarden US-Dollar, die zu den genannten 11,4 Milliarden hinzukommen.

Nach Meinung des vormaligen PdVSA-Chefs Alí Rodríguez und anderen stellt CITGO ein unergiebiges, wenn nicht sogar ein Verlustgeschäft dar. Das in den CITGO-Raffinierien verarbeitete Öl könnte – was auch schon ins Auge gefaßt wird – zweckmäßiger in Venezuela raffiniert werden.

Das auf 10.000 Millionen US-Dollar bewertete Unternehmen hatte seinem Eigner, dem venezolanischen Staat, seit seinem Bestehen weder Steuern noch Dividenden überwiesen. Gewinnanteile wurden nur dreimal, 2000, 2003 und 2005, insgesamt etwa 1.100 Millionen US-Dollar, ausbezahlt. Der 2005 ausbezahlte Anteil für das Geschäftsjahr 2004 betrug rund 450 Millionen Dollar. Diese Summe wurde sofort unter anderem für die Finanzierung der zweiten Etappe des MERCAL-Projekts eingesetzt.

Die genannten Operativ-Verträge kamen in drei Schüben in den 90er Jahren zustande. Alle wurden sie seinerzeit dem Kongreß – dem, was heute die Nationalversammlung ist – gegenüber geheim gehalten und sind, wie sich rasch feststellen läßt, der Form nach illegal. Es handelt sich nicht, wie es gelegentlich heißt, um Dienstleistungsverträge, sondern um Konzessionen, die die jeweiligen Partner frei schalten und walten lassen, d.h. um ungesetzliche Privatisierungen.

Das im Rahmen dieser Abkommen geförderte Öl – insgesamt etwa 500.000 Faß pro Tag, d.h. der sechste bis siebente Teil der gesamten Ölförderung – kauft PdVSA, und zwar für Preise, die immer weit höher, im schlimmsten Fall sieben mal höher liegen als die Kosten für Förderung in eigener Regie.

Von ihren Gewinnen müßten die Vertragspartner dann mindestens eine »Dienstleistungs«steuer von 34 % bezahlen, wenn nicht, wie es ihrer Rolle als *de-facto*-Konzessionäre entsprechen würde, eine Öl-Steuer von 50 %. Tatsächlich aber haben sie bisher zwecks Vermeidung von Steuerzahlungen in Venezuela Verluste im Ausland deklariert oder auch ganz einfach darauf verzichtet, irgendwelche Steuern zu bezahlen.

Die Regierung freilich ist entschlossen, diese Zahlungen einzufordern, und versprach, daß ab spätestens Ende 2005 alle Einkünfte aus diesen Verträgen beim venezolanischen Staat bzw. Volk landen würden. Konkret sollte das bewerkstelligt werden, indem die Abkommen an das jetzt geltende Ölgesetz angepaßt und in *Joint Ventures* umgewandelt würden. Dabei sollte PdVSA Mehrheitseigner werden bzw. bleiben und die Partner vor allem anderen 30 % ihrer Bruttoeinnahmen als Gewinnbeteiligungen an den Staat abführen. 2006 werde es keine Operativverträge mehr geben, erklärte im Oktober der nunmehrige PdVSA-Chef und Minister Rafael Ramírez.

Zugleich sollte der bisher üblichen routinemäßigen Steuerhinterziehung ein Riegel vorgeschoben werden. Die Konzerne sollten zunächst die mit dem Einkommensteuergesetz von 2001 fällig gewordenen Steuern von 50 % – plus Zinsen – nachzahlen. Ihre offene

Steuerschuld beläuft sich nach Rechnung der Regierung auf insgesamt etwa 3 Milliarden US-Dollar. Die meisten der betroffenen Firmen erklärten sich hierzu auch bereit, oder zumindest dazu, die geschuldeten Steuern nach entsprechenden Verhandlungen allmählich zu begleichen.

Neben den 32 Operativ-Verträgen gab es noch vier Assoziationsverträge, die sich auf die Förderung und erste Veredlung des im Orinoco-Delta geförderten Schweröls bezogen. Dabei handelte es sich um 660.000 Faß Schweröl pro Tag, die zu 600.000 Faß »Normal«öl veredelt wurden.

Diese Arbeit lag in den Händen von ausländischen Konzernen, die sich ebenfalls alle mehr oder weniger vertragswidrig verhielten. Am schlimmsten trieb es dabei die SINCOR, eine Tochtergesellschaft der französischen TOTAL. Sie überzog systematisch die vereinbarte Produktionsmenge und nutzte eine weitaus größere als die konzessionierte Bodenfläche.

Außerdem bezahlten alle vier Firmen von ihren Einkünften genau 1 % an Gewinnbeteiligung. Ab sofort sollten es 16 % sein.

Schließlich und vor allem förderten alle vier Firmen – zweien von ihnen wäre das ausdrücklich verboten gewesen – das Öl auf die billigst mögliche Art und Weise (ohne, wie es geboten wäre, regelmäßig Dampf in die Bohrlöcher zu pumpen), was zur Folge hatte, daß über 90 % des vorhandenen Öls unwiederbringlich verloren gingen.

Im Mai 2005 verbot Chávez, an Transnationale mit US-Dollars zu bezahlen. Sie sollten mit der einheimischen Währung vorlieb nehmen. Zugleich verbot er, an ausländische Partner, deren Tätigkeit dem Land Verluste bringt, überhaupt noch irgendetwas zu bezahlen.

Im Oktober 2005 gab Minister Ramírez bekannt, daß PdVSA sich nunmehr ungewöhnlich guter Einnahmen erfreue, und damit – erstmalig – auch die Staatskasse. Und dies letztere nicht dank des hohen Ölpreises, sondern dank der neuen Praxis, die dem Staat zustehenden Gewinnanteile, Steuern und Dividenden tatsächlich an ihn abzuführen.

PdVSA importiert jährlich für etwa 5 Milliarden US-Dollar

Maschinen, Ersatzteile und Dienstleitungen. Ein guter Teil dieser Importe könnte und soll nach und nach durch Eigenproduktion ersetzt werden.

Verständlich, daß dieses, wie auch die zuvor genannten Vorhaben, von der Bevölkerung und den PdVSA-Angestellten begeistert unterstützt wird.

Umgekehrt standen trotz des neuen, scharfen Kurses der Regierung noch im April 2005 ausländische Konzerne - REPSOL (Spanien), STATOIL (Norwegen) und TOTAL (Frankreich) - Schlange, voller Eifer, in die venezolanische Öl- und Erdgaswirtschaft zu investieren. Und tatsächlich sind auch bereits jahrzehntelang geltende Konzessionen zur Ausbeutung von venezolanischem Erdgas im Orinoco-Delta an ausländische Konsortien vergeben worden.

Venezuela gehört schon seit längerem zu den wichtigsten Erdöllieferenten der USA. Zeitweilig stößt es sogar auf Platz 1 vor. Trotz der Spannungen mit dem Imperium steht jedoch ein Rückzug von diesem Markt oder auch nur eine Verminderung der Lieferungen bis auf weiteres nicht zur Debatte.

Im übrigen aber gewinnen Chávez und seine Regierung mit ihren Maßnahmen, Forderungen und Restrukturierungen keine Freunde, weder unter den Ölgesellschaften und noch weniger unter den entlassenen Mitgliedern der vormaligen Meritokratie. Diese existiert nämlich, nach dem Ölputsch als *Gente del Petróleo* und derzeit als *Cámara Petrolera Venezolana* organisiert, noch immer. Als solche führte sie im Mai/Juni 2005 eine Medienkampagne gegen PdVSA an, in der der Konzern aller möglichen Versäumnisse und Schwächen angeklagt wurde.

Diese Kampagne wurde allerdings an verschiedenen Stellen des Landes mit heftigen Pro-PdVSA-Manifestationen beantwortet. Immerhin hatte sich im Oktober 2004 in einer Meinungsumfrage PdVSA - nach den Universitäten - unter 19 Institutionen als diejenige herausgestellt, die am meisten Vertrauen genoß: 48 % der Befragten bekundeten »großes« und 27 % »einiges« Vertrauen.

Im Juni 2005 gab PdVSA-Chef Ramírez die Aufnahme von - zunächst - gut der Hälfte der vormals nur zeitangestellten Mitarbeiter und der zu diesem Zeitpunkt noch immer nicht belohnten Helden im Kampf gegen den Ölputsch bekannt.

Trotz alledem ist der Konzern noch weit davon entfernt, wirklich »dem Volk« zu gehören. Nach wie vor sind es, wie Arbeiter sich beschweren, befehlsgewohnte Technokraten alten Stils, die den Ton angeben. Dazu kommen Unkenntnis der Verfassung und der Arbeiterrechte und, auf der anderen Seite, eine Tendenz, den Arbeiterkampf zu kriminalisieren.

Eine schwerwiegende Klage war im Oktober 2004 zu hören: nämlich daß zu dieser Zeit das Orinoco-Delta für Ölförderung vorbereitet und zugleich im Westen des Landes im Rahmen des *Proyecto Rafael Urdaneta* Erdgas-Konzessionen vergeben würden, beides ohne auch nur einen Arbeiter zu Rate zu ziehen.

Zugleich wird von Gewerkschaftsseite eine echte Teilnahme an den Tarifverhandlungen gefordert, was erschwert erscheint durch die Zerplitterung der Arbeiterschaft, die in PdVSA auf vier Fachklubs verteilt ist. Die Hoffnungen der Aktivisten richten sich nun auf eine Einigung unter dem Dach der UNT.

Auch der Abbau von Mineralien, namentlich von Gold und Diamanten, ist in Venezuela vielfach ausländischen Konzernen überlassen. Diese nutzen ihre Konzessionen zum großen Teil überhaupt nicht oder aber in illegaler und umweltschädlicher Weise. Im September 2005 jedoch gab die Regierung einen Kurswechsel bekannt: Die bestehenden Konzessionen sollten überprüft, revidiert und gegebenenfalls zurückgenommen werden. Ein staatlicher Bergbaukonzern sollte gegründet und unter dessen Aufsicht sollten neue Konzessionen an Kooperativen vergeben werden, die als *Empresas de Produccón Social* arbeiten sollten. Damit sollte zugleich ein Stop gesetzt werden für illegale Aktivitäten.

Auch wurde die *Misión Piar* wiederbelebt und ausgeweitet, jetzt mit dem Auftrag, Aspiranten auf neue Konzessionen entsprechend auszubilden und vor allem die Lebensbedingungen und das politische Bewußtsein der bisher vernachlässigten Bergarbeiter zu verbessern bzw. zu erhöhen. Eine große Mehrheit der betroffenen Personen scheint diese Lösung zu akzeptieren.

Korruption und Bürokratismus

Ein bislang nur mit mäßigem Erfolg angegriffenes Problem: die in der kapitalistischen Welt und anscheinend besonders in Lateinamerika grassierende Korruption. In Venezuela wird sie gern als ein Erbe der Vierten Republik betrachtet, ein von der Bevölkerung und Teilen der gegenwärtigen Führung herzlich verabscheutes Erbe. Ein Übel, das allgemein demoralisiert, den sozialen Projekten enorme Summen entzieht und die Gesellschaft von innen her faulen läßt.

Nach den Worten von Außenminister Alí Rodríguez hat Venezuela zwar eine revolutionäre Regierung, aber keinen revolutionären Staat, statt dessen einen Staatsapparat aus der Vierten Republik, vielfach mindestens untauglich und ineffizient.

Korruption findet – von Wirtschaft und Finanzwesen erst einmal nicht zu reden – auf allen Ebenen der Verwaltung und regierungsgeförderter Projekte, des Militärs und nicht zuletzt des Rechtswesens statt. Es beginnt damit, daß Beamte sich für gewöhnliche Verwaltungsmaßnahmen und erst recht für beschleunigte oder ihrer Natur nach schwierige Amtshandlungen bezahlen lassen, geht über Machtkämpfe und Freundschaftsdienste verschiedenster Art bis hin zur regelrechten Unterschlagung von Geldmitteln, speziell im Zusammenhang mit Einkäufen, beispielsweise von Ausrüstungsgegenständen und Waffen bei Ermittlungsbehörden und Streitkräften.

In diesem letzteren Bereich hat die Chávez-Regierung schon früh einen wichtigen Schritt getan, um Ordnung zu schaffen, indem sie die riesigen Geheimfonds, aus denen sich die jeweils Verantwortlichen vorher großzügig bedienten, weitgehend abschaffte und den größten Teil der Haushaltsmittel unter öffentliche Kontrolle stellte.

Auch in PdVSA, wo es zumeist um riesige Summen geht, häufen sich die Anzeigen und die nötigen Kontrollen, die auch bereits zu zahlreichen Entlassungen geführt haben. Der Rechnungshof überschüttet die Anklagebehörden mit Anzeigen aus allen möglichen Bereichen und in einer Zahl, die deren Kapazität bei weitem übersteigt.

Womöglich noch größeren Kummer bereitet aber die Korruption im Rechtswesen, das nicht erst seit dem Übergang von Miquilena zur Opposition nach seinem eigenen Belieben funktioniert und in dem es von voreingenommenen oder bestechlichen Staatsanwälten und Richtern – die letzteren noch dazu praktisch unkündbar – wimmelt. Als Bestecher oder auch Erpresser fungieren insbesondere mächtige Drogenhändler, nicht selten aber auch Angehörige der Sicherheitskräfte.

All dies hat zur Folge, daß es für eventuelle Kläger, namentlich für die Exekutive, regelmäßig auf ein Glücksspiel hinausläuft, wenn sie offenkundige Fälle von Korruption oder auch von Verleumdungen seitens der Medien verfolgen lassen wollen. So ist beispielsweise bis heute außer Carlos Ortega nicht einer der Verantwortlichen für die Attacke auf PdVSA von 2002/03 vor Gericht gestellt oder inhaftiert worden. Immerhin aber scheint neuerdings das reformierte Oberste Gericht gegen einige korrupte Richter durchzugreifen.

Die Polizei und sonstigen Ermittlungsbehörden, die sich zum Teil aktiv am Putsch von 2002 beteiligten, sind teilweise gesäubert, jedoch noch lange nicht so zuverlässig wie es wünschenwert wäre. Schlimmer noch: in manchen Gegenden, z.B. im Bundesstaat Lara, agieren sie außerhalb jeglicher gesetzlichen Kontrolle als Todesschwadronen und können sich dabei sicher fühlen. Rechtsanwälte, Kollegen, Ankläger und Richter stehen ihnen schützend zur Seite.

Erschwert wird das Problem durch die unüberschaubare Menge von Institutionen, Vereinigungen und Fonds, die kontrolliert werden müßten; durch nach wie vor geltende gesetzliche Schutzbestimmungen für alle möglichen Funktionäre; durch die mangelhafte Vorbereitung und Erfahrung der neuen Funktionäre, komplizierte bürokratische Prozeduren und nicht zuletzt durch gewöhnliche menschliche Trägheit und Widerstände gegen Veränderungen.

So fleißig in der Nationalversammlung auch gearbeitet wird, so müssen doch noch hunderte von Gesetzen geschrieben, diskutiert und verabschiedet werden, bis, erst einmal gesetzgebungsmäßig, die Fünfte Republik besteht.

Immerhin wird seit Juni 2005 eine radikale Reform des bestehenden Antikorruptionsgesetzes diskutiert. Die Hauptidee ist, Korruptionsdelikte unverjährbar zu machen und mit extrem hohen Strafen zu belegen, eine mit besonderen Befugnissen ausgestattete Antikorruptionspolizei und eine auf Korruptionsdelikte spezialisierte Gruppe von Richtern zusammenzustellen.

Die Revision und Umgestaltung der Institutionen ist eine andere Aufgabe, die mit diesem Kampf gegen die Korruption Hand in Hand gehen muß.

Auch die Regierung, der Rechnungshof und die Generalstaatsanwaltschaft haben bereits tapfere Anstrengungen unternommen, den Problemen der Korruption und Straflosigkeit beizukommen, haben dabei aber, selbst in ihren eigenen Reihen, nur begrenzten Erfolg gehabt – eine Folge unter anderem des geradezu sklavischen Respekts des Präsidenten vor der Verfassung.

Chávez will sich nicht – und könnte sich wohl auch nicht – als Diktator gebärden. Er selbst sieht das Problem, von möglichen Gesetzgebungs- und Ausbildungsmaßnahmen abgesehen, als ein im wesentlichen pädagogisches und erhofft sich viel davon, Geldmittel direkt an volkliche Organisationen zu vergeben, da diese sie verantwortungsvoller verwalten.

Ein verwandtes, oberflächlich besehen ärgerliches, demoralisierendes und alle Fortschritte bremsendes Problem stellt der – nicht nur in Venezuela – grassierende Bürokratismus dar. Er ist hier zum Teil als verkappte Sabotage von Seiten der offenen und der verdeckten Opposition zu sehen. Die Bevölkerung bekommt ihn tagtäglich, z.B. als Langsamkeit bei der Auszahlung von Krediten, Umständlichkeit behördlicher Erledigungen, Unbegreiflichkeit behördlicher Entscheidungen etc. zu spüren. Die Verantwortlichen stehen dem wie auch dem üblichen Nepotismus ziemlich machtlos gegenüber. Das Volk aber reagiert zunehmend mit Unzufriedenheit und Ungeduld, aber auch mit vielfältigen Protesten und konstruktiven Vorschlägen.

Ein nicht zu unterschätzendes Gegengewicht stellen loyale militärische Führungspersönlichkeiten dar, denen Chávez denn auch immer wieder wichtige Aufgaben überträgt.

Steuern und Zölle

Deutlich besser funktioniert die Steuer- und Zolleintreibung durch den *Servicio Nacional Integrado de Administración Aduanera y Tributaria* (SENIAT) unter der Leitung von Gregorio José Vielma Mora. Dieser ist personell bestens ausgestattet und übertrifft, in Erfüllung der Pläne *Evasión Cero* (Null Steuerhinterziehung) und *Contrabando Cero* (Null Schmuggel) und gestützt auf den *Código Orgánico Tributario,* seine Zielsetzungen immer wieder in beträchtlichem Ausmaß. Für 2005 stellte das Finanzministerium ein Erhebungsziel von 27 Billionen Bs. auf, erreicht aber werden voraussichtlich 37 Billionen.

SENIAT kann unter anderem Betriebe und Läden aller Art wegen Vorenthaltung von Steuern und anderer Versäumnisse strafweise für begrenzte Zeit schließen und nutzt diese Möglichkeit mit bemerkenswerter Häufigkeit, gegebenenfalls selbst gegen transnationale Giganten wie IBM und Microsoft oder die einheimische private Telefongesellschaft. 2005 konzentrierte man sich außerdem auf eine besonders interessante Gruppe von Steuerhinterziehern, die freiberuflichen Ärzte, Architekten, Ingenieure und Steuerberater.

Dennoch gibt es hier ein anderes, von der Regierung bisher, wie es scheint, kaum gesehenes, geschweige denn in Angriff genommenes Problem: die Steuergesetzgebung stammt zum größten Teil noch aus der Vierten Republik und begünstigt systematisch die Bestverdienenden und erst recht die profitablen Großunternehmen auf Kosten der »kleinen Leute«.

Die größte Profitquelle, speziell für die Unternehmer, stellen dabei die Doppelbesteuerungsabkommen dar, die mit 22 Ländern bestehen, und die es diesen Leuten erlauben, ihre Steuern, wenn überhaupt, dort zu bezahlen, wo es ihnen behagt, d.h. wo sie am niedrigsten sind.

Dafür bezahlt der »gemeine Venezolaner« außer einer Mehrwertsteuer von *de facto* ca. 20 % (die die Händler vielfach nicht weiterleiten) ab einem gewissen Einkommen Lohnsteuer und, je nach Gruppenzugehörigkeit, diverse Beiträge zur Sozialversicherung, Arbeitslosenkasse etc.; außerdem – vor allem kleine und mittlere Unternehmer – diverse spezielle Abgaben an die jeweilige Gemeinde, die diese zum Teil nach Belieben erhöhen kann. Hinzu kommen – für alle – unsichtbare Zahlungen in der Form von Veräußerung bzw. Verschleuderung nationaler Bodenschätze und Abwertungen der einheimischen Währung.

Umgekehrt werden die Reichen, von dem schon Erwähnten abgesehen, begünstigt, indem sie ungestraft Steuern schuldig bleiben oder ihr Geld in mehr oder weniger steuerbefreiten Stiftungen anlegen. Gesetzeslücken nutzend, verweigern oder verzögern sie die geschuldeten Steuern oder ziehen gegen den Staat vor Gericht. Obwohl die Banken insgesamt um die 60 % des öffentlichen Vermögens verwalten und als Darlehnsgeber Wucherzinsen kassieren, bezahlen die Bankiere und sonstigen Vermögensbesitzer minimale Steuersätze, profitieren aber gegebenenfalls an staatlich finanzierten Infrastrukturmaßnahmen.

Die Gläubiger des Staats kassieren jährlich zwischen 3 und 6 Milliarden US-Dollar an Zinsen, ohne für diese Einkommen irgendwelche Steuern zu bezahlen. Nicht zu reden schließlich von den Eignern der riesigen auf Konten im Ausland deponierten Vermögen in der Größenordenung von mindestens 100 Milliarden US-Dollar.

Insgesamt werden nach einer offiziellen Schätzung etwa 30 % der geschuldeten Steuern hinterzogen.

Schon länger existiert ein neues Einkommensteuergesetz, das zum ersten Mal Gefängnisstrafen für Steuerhinterziehung vorsieht und den transnationalen Gesellschaften verbietet, im Ausland gemachte Verluste in ihren Steuererklärungen abzusetzen.

Und im Mai 2005 wurde ein Gesetz erlassen, das erstmalig das ausgebreitete Glücksspiel besteuern und gleichzeitig eine Kontrolle über die Kasinos etc. einführen soll.

Ein mit der Steuerhinterziehung verwandtes Problem stellt oder stellte zumindest der lebhafte Schmuggel von Waren, vor allem über die kaum kontrollierbare Grenze zu Kolumbien, dar. Bis vor kurzem wurden 25 % der Waren – besonders Treibstoff, Speiseöl, Trockenmilch, Butter, Reis, Bier und vorgekochtes Maismehl – geschmuggelt. Auf diese Weise gingen dem Staat enorme Zolleinnahmen verloren, und davon profitierten nicht etwa die Konsumenten, sondern Mafiaorganisationen.

Seit Oktober 2004 hat SENIAT Röntgenapparate zur Verfügung, mit deren Hilfe man hofft, den Schmuggel besser bekämpfen zu können.

Der verbissenste Klassenkampf seit 1916/17

Im Unterschied zu Kuba, wo die herrschende Kapitalistenklasse schon im ersten Jahr der Revolution das Land verließ – in der bis heute frustrierten Hoffnung, bald wiederkehren und die gewohnten Machtpositionen wieder einnehmen zu können –, sind die Vertreter dieser Klasse in Venezuela geblieben und haben bis auf weiteres einen großen Teil ihrer Macht zu bewahren gewußt.

Diese Macht ist nun zwar angekratzt, aber immer noch beträchtlich und bedrohlich. Nach wie vor verfügt die venezolanische Oligarchie über enorme ökonomische Mittel und beherrscht weitgehend das Finanzwesen, die Wirtschaft, die Medien und sicherlich auch immer noch Teile der Streitkräfte. Auf ihrer Seite stehen große Teile der staatlichen, bundesstaatlichen und kommunalen Bürokratie, die Reste der noch immer nicht einflußlosen abgehalfterten Partei- und der allmählich verschwindenden alten Gewerkschaftsführungen, vielfach auch Teile der Sicherheitskräfte sowie – in einer unbegreiflichen Allianz – eine ultralinke Gruppierung, die *Bandera Roja*. Schließlich wird sie natürlich kräftig unterstützt vom katholischen Klerus und nicht zuletzt von der US-Administration.

Eine nicht zu unterschätzende Rolle spielen auch die anticastristische Mafia in Miami sowie etliche CIA-unterwanderte sogenannte Nicht-Regierungs-Organisationen, wie *Súmate* oder *Alianza Popular,* die sich selbst als »Zivilgesellschaft« ausgeben. Hinzu kommen CIA-unterwanderte internationale Organisationen wie *Human Rights Watch* (HRW), *Reporteros sin Fronteras* (RSF), die *Sociedad Interamericana de la Prensa* (SIP, in Miami ansässig), *Transparencia Internacional* (TI) oder die *Comisión Interamericana de Derechos Humanos* (CIDH) der

OEA, die die Regierung immer wieder mit Anklagen wegen angeblicher Menschenrechtsverletzungen überziehen.

So kann diese kaum in Ruhe ihrer Arbeit nachgehen, sondern muß ständig mit neuen Putschversuchen und Anschlägen auf die Verfassung rechnen und sich in Bereitschaft halten. Dies vor allem wegen der nahezu täglichen und immer unverhüllteren Drohungen aus Washington und aus Miami, wo nach wie vor der Geist des Kalten Kriegs die Tagesordnung bestimmt.

Die interne Opposition hingegen scheint auch in ihren Taktiken gespalten. Gewisse Fraktionen befleißigen sich in weiser Einsicht eines realistischen Verhaltens und versuchen, sich der Regierung zu nähern. So FEDECÁMARAS unter ihrem im Juli 2005 gewählten neuen Präsidenten José Luis Betancourt (beteiligt am Putschversuch von 2002 sowie mutmaßlicher Befehlshaber von Killerbanden und bis kurz zuvor einer der wildesten Gegner von Chávez´ Landreformgesetz) und einige Großgrundbesitzer. Diesen Fraktionen gegenüber stehen Gruppen, die weiterhin Regierung und CNE des Wahlschwindels bezichtigen und/oder auf gewaltsamen Umsturz setzen und sich beispielsweise in verschiedenen Teilen des Landes kleinere und größere Waffenlager halten.

In jedem Fall leben die beiden hauptsächlichen antagonistischen Klassen des Landes nach wie vor in getrennten und kraß verschiedenen Welten. Die Armen in ihren *barrios,* in ihren Blech- oder Lehmhütten oder primitiven Ziegelbehausungen, zum Teil ohne reguläre Strom- und Wasserversorgung und bei jedem schwereren Regenfall Erdrutschgefahren ausgesetzt – wenn auch neuerdings einigermaßen satt, medizinisch versorgt und vielfach selbstbewußt und hochgradig aktiviert. Die Reichen dagegen residieren in ihren Festungen, vornehmlich im Osten von Caracas oder im Ausland und pflegen einen in vielen Hinsichten grotesk abgehobenen Lebensstil sowie ihre Vorurteile gegen die verachtete und gefürchtete »Plebs«, mit der sie zumeist weder Kontakt haben noch ihre Lebensbedingungen kennen.

So war es zwar im wesentlichen auch vor der Revolution, nur daß die beiden Klassen da, wie durch einen Zwangsvertrag verpflichtet, wie Herren und Sklaven miteinander auskamen und nur selten – vor allem in den 70er Jahren und im Februar 1989 – in Konfrontationen aufeinander stießen.

Weiterhin darf nicht vergessen werden, daß in dem in gewissem Sinn triumphalen Referendum vom 15. August 2004 immerhin vier Millionen gegen Chávez gestimmt haben. Und dabei handelte es sich nur zum kleineren Teil um Angehörige der Oberklasse. Es gab Wahlbezirke mit an die 95 % Ja-Stimmen! Aussichtslos, dort Revolutionäre gewinnen oder heranziehen zu wollen.

In einer Meinungsumfrage im Mai/Juni 2005 votierten in der Frage, ob Venezuela eine »Diktatur« oder »Demokratie« sei, immerhin 23 % für »Diktatur« und »nur« 74 % für »Demokratie«. In derselben Umfrage befürworteten 26 % ein kapitalistisches System, allerdings immerhin schon 48 % ein sozialistisches.

Zweifellos sind viele jener vier Millionen durch jahrzehntelange Indoktrinierung und durch Fernsehshows, in denen keine dunkelhäutigen oder dicklippigen Personen vorkommen, wohl aber eventuell Hugo Chávez als Affe präsentiert wird, hirngewaschen und teilen mit ihren abgetakelten Ex-Führern deren klassistische Überheblichkeit und deren Rassismus. Zudem sind sie in ihren segregierten Wohnvierteln und oft auch an ihren Arbeitsplätzen einem groben Meinungsterror ausgesetzt. Nur auf die Gefahr hin, verlacht und ausgestoßen zu werden, könnten sie es wagen, ihre eventuellen »chavistischen« Sympathien zu erkennen zu geben.

Hinzu kommt, daß die Interessen dieser Menschen – und das haben sie mit der eigentlichen Oberschicht gemein – objektiv nicht mit denen der Revolutionäre zusammenfallen. Sie sehen verständnislos auf diese herab, während sie sie gleichzeitig fürchten und hassen: Klassenangst und Klassenhaß.

Den bolivarianisch gesonnenen Armen und Arbeitern steht somit nicht nur die eher schmale Oberschicht gegenüber, sondern, dieser zur Seite, auch die wesentlich breitere Mittelschicht. Deren Angehörige haben zwar von einigen der Maßnahmen der revolutionären Regierung bzw. des Obersten Gerichts profitiert – wie etwa von der Abschaffung der »indexierten Kredite«, die mit ihren Wucherzinsen den Banken enorme Profite gebracht und so manchen Darlehnsnehmer ruiniert hatten, von der Restrukturierung der alten Kredite, der Rückerstattung geraubter Vermögen, der Einführung des umsatzsteuerbefreiten »Familienautos«... –, behielten aber dennoch, verblendet durch die Propaganda der privaten Medien, ihre feindselige Einstellung bei.

Es handelt sich, kurz gesagt, um das in jedem revolutionären Prozeß schwierigste Hindernis: die Mittelklasse. Einen substanziellen Anteil ihrer Angehörigen zu gewinnen – oder zumindest zu neutralisieren –, wird eine wichtige, aber keine leichte Aufgabe sein. Wird sie jedoch nicht gelöst, so bleibt der Klassenkampf im gegenwärtigen verdeckten, unter der Oberfläche aber immer noch virulenten Stadium stecken und damit die Revolution in Gefahr.

Mit der Feindseligkeit des nordamerikanischen und europäischen Imperialismus allerdings wird Chávez sich abfinden müssen. Hier kann er nur, wie Fidel, durch geschicktes Manövrieren, eine abschrekkende militärische Vorbereitung und die Schaffung von zuverlässigen Allianzen – zur Zeit ist und bleibt wahrscheinlich für lange Zeit die Allianz mit Kuba die einzige wirklich zuverlässige – einer militärischen Aggression vorzubeugen versuchen.

Immerhin kann er sich dabei auch auf die Macht, die ihm das Erdöl gibt, und auf die erwiesene Feigheit der US-amerikanischen Eliten verlassen.

Politische Organisation

Chávez´ hauptsächliche politische Stütze ist sein *Movimiento Quinta República* (MVR) bzw. der *Bloque de Cambio,* in dem das MVR die mit Abstand größte Fraktion darstellt. Innerhalb des MVR wie auch in den übrigen Fraktionen des *Bloque* werden allerdings immer wieder bürokratische, karrieristische und sektiererische Tendenzen bemerkbar, was dem MVR den Spitznamen *»Acción Burocrática«* eingetragen hat.

Im Mai 2005 unterzeichneten die 15 Parteien und Gruppierungen, die sich dem *Bloque de Cambio* zurechnen, einen Pakt, mit Blick auf die Wahlen am 7. August. Am Ende traten dann allerdings nur die drei größten dieser Gruppierungen – MVR, PODEMOS *(Por la Democracia Social)* und PPT *(Patria Para Todos)* – als Einheitsliste an und eroberten nicht zuletzt dank dieses Schachzugs deutlich mehr der zu besetzenden Stühle als ihrem Stimmenanteil entsprochen hätte.

Das MVR ist noch nicht als Partei registriert, hat weder Vorsitzenden noch Vorstand, lediglich ein *Comando Táctico Nacional,* so daß es auch keine offiziellen Mitgliederzahlen gibt. Nach einer Schätzung des Generalsekretärs von PODEMOS Ismael García haben die drei genannten Fraktionen zusammen etwa 3,5 Millionen Mitglieder. Damit wären sie prozentual etwa ebenso stark wie die Kommunistische Partei Kubas (PCC) und um ein Vielfaches stärker als sämtliche politischen Parteien in sämtlichen westlichen »Demokratien« jeweils zusammengenommen.

Die Organisation innerhalb dieser Gruppierungen allerdings läßt, besonders im Vergleich zur PCC, noch zu wünschen übrig, und Chávez ruft immer wieder zu engerer Zusammenarbeit auf, wobei er sich am Ende wohl einen Zusammenschluß denkt. Was er allem Anschein nach nicht wahrhaben will, ist, daß selbst in seiner eigenen Organisation und auf bedeutungsvollen Vertrauensposten nach wie vor, als Chavisten maskiert, Vertreter der Vierten Republik, zum Teil von den USA gesteuert, ihr Unwesen treiben.

Andererseits sollen in der partizipativen Demokratie, die die Bolivarianische Republik Venezuela sein will, die politischen Parteien ohnehin nicht die Hauptrolle spielen. Diese ist der Basis, den Bürgern selbst zugedacht. Sie sollen sich, im Rahmen staatlicher Vorgaben, selbst organisieren und ihre Interessen »direkt« wahrnehmen.

So tauchten denn auch schon im Jahr 2000 die ersten *Círculos Bolivarianos* auf, nicht von der Regierung ins Leben gerufen, aber doch bald von ihr beachtet und unterstützt. Nach dem Putschversuch im April 2002 wurden sie formell anerkannt und erhielten eine Satzung. Dieser zufolge sollen sie aus sieben bis elf Personen bestehen und sich mit Studien der venezolanischen Geschichte und der neuen Verfassung beschäftigen. Bald gingen sie auch dazu über, sich um mehr hautnahe Themen wie Ausbildung und Gesundheitsversorgung zu kümmern und sich in politische Beschlußprozesse einzuschalten. Sie erhielten eine regionale und nationale Organisation und wurden für eine längere Zeit Chávez´ bevorzugte Basisorganisation. Als solche zogen sie den Haß der Opposition auf sich, die sie als Kopie der kubanischen Komitees zur Verteidigung der Revolution und als Schlägertrupps verteufelte.

Nach den beiden Putschversuchen vermehrte sich die Zahl dieser Zirkel jeweils sprunghaft und liegt zur Zeit bei mehreren Hunderttausend. Sie widmen sich – unterschiedlich engagiert und erfolgreich – allen möglichen Tätigkeiten und Aufgaben, von allfälligen Arbeiten in der unmittelbaren Umgebung, über die Organisation von kulturellen Veranstaltungen bis hin zu nationalen Kampagnen und Manifestationen.

Sie treffen sich nun vorzugsweise in »Bolivarianischen Häusern« – davon gibt es etwa eins in jedem der gut tausend Bezirke des Landes – und arbeiten dort mit anderen Verbänden zusammen, um regionale, nationale oder auch internationale Aktionen voranzutreiben. Diese Häuser sollen Bürgertreffpunkte sein, in denen die verschiedenen Organisationen ihre jeweiligen Beiträge zur Förderung der Zielsetzungen der Verfassung und zum Aufbau der neuen Gesellschaft leisten.

Je nach ihren Interessen und Fähigkeiten widmen sie sich, gewöhnlich in Zusammenarbeit mit anderen Gruppen, einem oder mehreren Arbeitsgebieten: Planung und Entwicklung, Ausbildung, soziale Wirtschaft und Produktion, Kultur und Kommunikation, Ernährungssicherheit, Gesundheit, Umwelt, Sicherheit, soziale Dienstleistungen, Infrastruktur und Transport, Tourismus, Freizeitgestaltung und Sport, lateinamerikanische Integration, internationale Solidarität und Souveränität.

Auch an vielen Stellen im Ausland gibt es Bolivarianische Zirkel. Diese arbeiten zum Teil sehr aktiv, speziell im Kampf gegen die Desinformation über Venezuela.

Wie andere Organisationen auch erhalten die Zirkel Mittel vom *Fondo Intergubernamental para la Descentralización*, die Funktionäre jedoch arbeiten ehrenamtlich. Auch die nationale und die regionalen

Zentralen haben keine eigenen Mittel zur Verfügung und können nur Beratung und andere nicht-materielle Hilfen bieten.

Schon vor der Einrichtung der Bolivarianischen Häuser arbeiteten die Zirkel mit anderen Gruppen zusammen, doch keineswegs immer in der Hauptrolle. Vielerorts liegt diese in den Händen anderer Organisationen.

Chávez´ MVR verzichtet zwar unter Hinweis auf reaktionär agierende sogenannte sozialistische Parteien und auf die Mitgliedschaft der *Acción Democrática* (AD) und des *Movimiento al Socialismo* (MAS) in der Sozialistischen Internationale darauf, sich dieser Organisation anzuschließen. Zugleich aber verhält das MVR sich doch in vielem wie jede beliebige politische Partei in jeder beliebigen bürgerlichen »Demokratie«. Männliche Abgeordnete, Machtstreben, »vertikale« Entscheidungen und Intrigen zeichnen auch diese Organisation aus.

Und so gibt es denn einen bisher noch selten wahrgenommenen Konflikt zwischen der realen »Repräsentativität« und der in der Verfassung verkündeten »Partizipation«, ein Konflikt, in dem bis auf weiteres die Repräsentativität in Gestalt der Parlaments»bürokraten« die Oberhand hat.

Auch die Initiative von William Izarra wird so verständlich. Dieser Mann, ein zuerst abgesprungener, dann wieder heimgekehrter Chavist und Marxist, jetzt Vizeminister und ideologischer Anführer der entschlossenen Linken, gründete die *Centros de Formación Ideológica* (Zentren für ideologische Ausbildung). Diese sollen je mindestens 30 Mitglieder haben und dem Reformismus und den Bürokratisierungstendenzen, die Izarra im MVR um sich greifen sieht, entgegenarbeiten.

Seine Ideen lancierte er auf einer Konferenz im Mai 2005. Die etwa tausend Anwesenden (vor allem aus den Bolivarianischen Häusern) schlossen sich ihnen an. Ein nationales Koordinationsbüro ist geplant.

Eine besondere Aufgabe, der die Organisation sich widmen will, soll die Rekrutierung eines neuen diplomatischen Corps sein, das das alte, zum großen Teil noch aus der Vierten Republik stammende ersetzen soll. Dasselbe gilt auch für die Bürgermeister, die vielfach nur nach außen hin Chavisten sind.

Die Verfassung sieht, wie gesagt, vor, unter Beibehaltung der Spielregeln der »repräsentativen« Demokratie westlicher Prägung eine effektive Bürgerbeteiligung, eine »partizipative« Demokratie zu schaffen. Dementsprechend wurde schon im Juni 2002 eine *Ley de Consejos Locales de Planificación Pública* (CLPP, Gesetz über die Lokalen Räte für Öffentliche Planung) verabschiedet.

Dieses Gesetz stieß von Anfang an auf den Widerstand der Opposition und konnte sich nur sehr allmählich – bis heute nicht überall – durchsetzen. Es bestimmt, daß in jeder Gemeinde ein solcher *Consejo* eingerichtet werden soll. Dieser soll sich zusammensetzen aus den Gemeinderäten, den Vorsitzenden der Bezirksversammlungen sowie Repräsentanten der jeweils vorhandenen Bürgerorganisationen. Diese letzteren sollen in besonderen Gemeindeversammlungen gewählt werden und in der Mehrheit sein. Den Vorsitz im Rat hat allerdings der Bürgermeister.

Die CLPPs sollen, nach dem Willen des Gesetzes, die Dezentralisierung der gesellschaftlichen Entwicklung administrativ, technisch und finanziell unterstützen. Sie müssen einmal im Monat zusammentreten, um dem Bürgermeister Bericht zu erstatten und Vorschläge zu machen.

Sie haben allerdings bislang keine gesetzgeberische Funktion und verfügen über keine eigenen Mittel, um ihre Vorschläge und Pläne zu verwirklichen. Sie können »nur« – was freilich nicht wenig ist – die Wünsche und Frustrationen der Bürger strukturieren, artikulieren und den jeweils zuständigen Gesetzgebern darlegen. Mehr noch: sie arbeiten auch an den Haushaltsplanungen mit, können den Fortgang der jeweiligen Projekte überwachen und so nicht zuletzt der Korruption entgegenwirken.

So haben diese Versammlungen bis auf weiteres hauptsächlich eine psychologische und »sozialhygienische« Funktion und bewirken, daß die Bürger sich – in ungewohnter Weise – ernstgenommen und beteiligt, ja sogar »ermächtigt« fühlen, wesentlich mehr als es die gelegentliche Stimmabgabe in irgendwelchen Wahlen könnte.

Sie haben auch eine pädagogische Funktion, nämlich die Bürger zu informieren, sie zusammenzuschließen und zur Bildung eigener Organisationen anzuregen, so daß sie am Ende ihre – vormals von anderen wahrgenommenen – Angelegenheiten tatsächlich als die *ihrigen* erkennen.

Die Themen und Probleme, die die Bürger beschäftigen und für die sie Lösungen suchen, können von Gemeinde zu Gemeinde sehr verschieden sein. Es kann sich um Ausbildung handeln, um Gesundheitsversorgung, Trinkwasserversorgung, Abfallbeseitigung, Entwässerung, Verbrechensbekämpfung, Transport, die informelle Wirtschaft, die Wohlfahrt der Alten und Behinderten, Umweltpflege, Sport, Kultur, Freizeiteinrichtungen usw. oder, in ländlichen Gemeinden, um alles, was die Landwirtschaft betrifft.

Die CLPPs, soweit sie sich bereits konstituiert haben, funktionieren auch von Ort zu Ort sehr unterschiedlich. Immerhin aber sorgt diese Einrichtung für eine ständige Interaktion zwischen den Bürgern und ihren gewählten – und abwählbaren – Funktionären.

Außer den in der Verfassung ausdrücklich vorgesehenen CLPPs sind vielerorts auch mehr informelle Bürgerorganisationen entstanden. Diese können sich mit was immer ihnen wichtig erscheint beschäftigen und die zuständigen Funktionäre auf eventuelle Mißstände zumindest aufmerksam machen. So existierten z.B. im Juni 2005 bereits 1.600 *Mesas Técnicas de Agua* (Wasserräte) die unter anderem vor Ort dafür sorgen, daß die Wasserversorgung und Abwasserentsorgung nicht bürokratisch vonstatten gehen, sondern an die tatsächlichen Bedürfnisse der Bevölkerung angepaßt, und im Oktober wurden die ersten *Mesas de Energía* mit einer vergleichbaren Zielsetzung ins Leben gerufen.

Auf Chávez´ Initiative fanden in der ersten Hälfte des Jahres 2005 sieben Sitzungen von sogenannten *Gabinetes Móviles Regionales* statt, d.h. Kabinettssitzungen an strategisch gewählten Plätzen außerhalb von Caracas, zu denen jeweils Gouverneure, Bürgermeister und Bürgervertreter mehrerer Staaten eingeladen waren. In diesen wurden die jeweiligen regionalen und lokalen Probleme und Projekte vorgestellt, diskutiert und zu weiterer Bearbeitung in die Hauptstadt mitgenommen. Die Einrichtung hat den Zweck, Regierungsentscheidungen zu dezentralisieren und näher an die Bürger heranzubringen.

Im Mai bzw. Juli 2005 wurden die ersten in diesen Sitzungen diskutierten Projekte akzeptiert und die Mittel für sie beschlossen. Im Oktober wurden dann die Mittel für die 237 Projekte der ersten Etappe – rund 1 Billion Bs. (knapp 400 Millionen Euro) – übergeben.

Ab 2006 sollen auch *Gabinetes Móviles Parroquiales* stattfinden, also die Regierungsentscheidungen noch näher an die Bürger herangebracht werden.

Carora im Bundesstaat Lara, eine vormals bürokratisch beherrschte Gemeinde, soll – nach einem *Referendo Aprobatorio,* einer der vier Formen der in der Verfassung vorgesehenen Referenden – das erste *Municipio Bolivariano* werden, in dem das Volk an allen Entscheidungen teilhaben wird.

7 Schlußbetrachtungen

Venezuela, ein zweites Chile?

Viele Beobachter sehen beunruhigende Parallelen zwischen dem venezolanischen und dem gescheiterten chilenischen Revolutionsversuch und befürchten für Venezuela ein Schicksal wie dasjenige, das am 11. September 1973 Salvador Allende und danach die gesamte chilenische Nation erlitt.

Ohne Zweifel schätzen diese Beobachter die Ziele und Praktiken der US-Administration und der lokalen Oligarchie richtig ein. Zugleich übersehen sie allerdings einige wichtige Unterschiede: Chávez ist, so gewaltfrei er auch agiert, kein naiver Pazifist wie Allende es war. Die Bedrohung aus dem Norden hat er – spätestens nach dem April 2002 – wesentlich besser verstanden als dieser und auch, ebenfalls im Unterschied zu ihm, bereits angefangen, das Volk für eine bewaffnete Auseinandersetzung zu rüsten.

Der vielleicht bedeutendste Unterschied: In Venezuela ist auf lange Sicht kein Militärputsch mehr zu erwarten. Chávez ist selbst Militär und hat, wie gesagt, nach dem April-Putsch die Streitkräfte gründlich gesäubert, so daß sie zur Zeit unter dem Kommando zuverlässiger Gefolgsleute des Präsidenten stehen.

Ein weiteres wichtiges Plus ist die Ölmacht, die Venezuela darstellt: mit wechselnder Position unter den vier größten Öllieferanten der USA, und das in einer Zeit, in der diese wie schon lange nicht mehr auf zuverlässige Öllieferungen angewiesen sind und sich, schon aus diesem Grund, einen bewaffneten Überfall auf Venezuela nicht erlauben können.

Schließlich der enorme und noch immer wachsende Rückhalt,

den Chávez mit seinem Projekt in der Bevölkerung findet. Zwar ist diese, ähnlich wie seinerzeit in Chile, gespalten, die Oligarchie ist jedoch demoralisiert, desorientiert, zerstritten, aktionsunfähig und ihr gegenüber Chávez´ Anhängerschaft hochgradig politisiert und kampfbereit.

Zwei Revolutionen

Der Vergleich mit Chile ist also zwar naheliegend, aber doch unangemessen, ebenso unangemessen wie die Illusion der US-Eliten, die bolivarianische Revolution mit den in Chile so erfolgreich angewandten Methoden zu Fall bringen zu können.

Ebenfalls naheliegend, zugleich jedoch wesentlich angemessener erscheint da der Vergleich mit Kuba und der kubanischen Revolution (gegen die der Imperialismus bis heute noch kein Mittel gefunden hat) und naheliegend auch ein Blick auf andere »Kandidaten«, d.h. auf diejenigen lateinamerikanischen Länder, in denen zur Zeit progressive und populäre Präsidenten am Ruder sind: Brasilien, Argentinien und Uruguay (in Zukunft vielleicht auch Bolivien).

Was den Vergleich zwischen der kubanischen und der bolivarianischen Revolution angeht, so kann man zunächst feststellen, daß beide Revolutionen ihr Zustandekommen ungewöhnlich günstigen Umständen verdanken. In beiden Ländern hatte jahrzehntelang eine ausnehmend skrupellose und dumm-überhebliche Elite mit schwacher sozialer Basis geherrscht, eine Elite, die die sozialen Ungleichheiten und damit in der Bevölkerung den Wunsch nach einer radikalen Veränderung in einer für sie selbstmörderischen Weise wuchern ließ.

Und in beiden Fällen kam dazu ein charismatischer, kompromißlos engagierter und opferwilliger Führer.

Diese Bedingungen sind bis zu einem gewissen Grad auch in den genannten »Kandidatenländern« erfüllt, es fehlen aber entscheidende Komponenten, namentlich die charismatischen, kompromißlos engagierten und opferwilligen Führer.

In allen drei Ländern herrschen skrupellose und überhebliche

Eliten, und in allen drei Ländern gibt es enorme soziale Ungleichheiten, wenn diese auch in keinem so kraß sind wie sie seinerzeit in Kuba und in Venezuela waren.

Alle drei Länder sind oder waren zumindest bis vor kurzem mehr oder weniger perfekte Elitendiktaturen, derart daß in allen drei Ländern das Volk gegen die Herrschenden aufstand und sich – in zwei Fällen (Brasilien und Uruguay) bewußt und im dritten (Argentinien) mit Glück – neue Hoffnungsträger wählte.

Dann freilich erwies sich Brasiliens Präsident Lula da Silva zwar als ein Befürworter der lateinamerikanischen Integration und Bewunderer der venezolanischen Demokratie, jedoch als unfähig, die seinen Wählern gegebenen Versprechen einzulösen, seiner Rolle als Präsident nicht gewachsen, als politisch ungebildet, naiv, eitel, opportunistisch und als Marionette der einheimischen Oligarchie. Überdies war seine Partei (die größte des Landes, mit einer Mitgliederschaft, die 0,5 % der Bevölkerung entspricht...) nie eine revolutionäre Organisation und hat längst selbst ihre sozialdemokratischen Ideale aufgegeben.

Argentiniens Kirchner – ein wahrer Glücksfall für das argentinische Volk, das offenbar nicht wußte, wen es da gewählt hatte – erwies sich ebenfalls als ein großer Befürworter der lateinamerikanischen Integration, auch als ein entschiedener Kritiker der US-Hegemonie, jedoch als fest in seine alles eher als progressive peronistische Partei eingebunden.

Und Tabaré Vázquez, der ewige Hoffnungsträger der urugayischen Armen und Linken, blieb das, was er immer schon war: ein intelligenter Großbürger mit sozialem Engagement – Olof Palme vergleichbar –, nicht inkompetent wie Lula, jedoch in seinem Eifer, die wirtschaftliche Situation seines Landes zu verbessern, unterwürfig gegenüber dem IWF, liiert mit der US-Administration und dem reaktionären Präsidenten Kolumbiens Uribe Vélez sowie geschworener Gegner der kolumbianischen Guerillabewegungen.

In allen diesen Ländern herrscht zwar ausgeprägte Unzufriedenheit mit den gegenwärtigen und/oder zumindest den jüngst vergangenen und vermeintlich überwundenen Verhältnissen, jedoch nichts, was eine organisierte revolutionäre Bewegung in Gang setzen könnte.

Bolivien und Ecuador weisen ähnliche »objektive« Bedingungen auf wie seinerzeit Kuba und Venezuela, doch gibt es in keinem dieser Länder eine organisierte revolutionär orientierte Opposition und schon gar keinen Lenin, Castro oder Chávez. Boliviens Evo Morales kann als Hoffnungsträger gesehen werden.

So bleibt die venezolanische Revolution in allem Wesentlichen vergleichbar nur mit der kubanischen, und weitere Parallelen zwischen Venezuela und Kuba können dann darin gesehen werden, daß (a) weder Castro noch Chávez sich von vornherein als Marxisten oder Sozialisten verstanden, sich vielmehr an lokalen Helden – Martí bzw. Bolívar – orientierten, daß beide aber umgehend zu objektiv marxistischen Klassenkämpfern wurden; (b) daß beide ohne eine fertige politische Organisation, ohne Partei, antraten und Jahre darauf verwendeten, eine solche zu schaffen; daß aber (c) beide verstanden, daß ohne aktive Teilnahme des Volks keine revolutionäre Umformung der Gesellschaft möglich ist, und diese Teilnahme denn auch nach Kräften beförderten; und schließlich (d) daß beide Revolutionen durch die ständigen Angriffe des Imperialismus vorangetrieben wurden.

Im Unterschied zu Kuba gilt für Venezuela, daß bei aller Politisierung, Begeisterung und Aktivität von großen Teilen der Bevölkerung immer noch der Präsident eine entscheidende Rolle spielt für den Fortgang des begonnenen Prozesses, der immerhin schon ins achte Jahr eingetreten ist und zur Zeit rasant voranschreitet.

Dieser Präsident zeigt auch – im Unterschied zu seinem kubanischen Kollegen – keine Hemmungen, der Welt die Leistungen und Fortschritte seiner Revolution als beispielhaft zu präsentieren. So reisten z.B. nach dem Erscheinen eines in mehreren Punkten ungenauen und ungerechten Bericht der CEPAL über die sozialen Errungenschaften der Revolution zwei Minister an den Sitz der CEPAL in Chile, um die kritischen Punkte richtigzustellen – und das mit unmittelbarem Erfolg. Im gleichen Sinne wurden dann vor der UNO-Vollversammlung die durch die diversen Missionen erzielten Fortschritte präsentiert.

Auch die Definition von »Lebensqualität« in den berühmten »Jahrausendzielen« wurde als allzu eng, allzu sehr am pekuniären Einkommen orientiert, kritisiert. Und ebenso wenig entging der alljährliche »Bericht über die menschliche Entwicklung« des *United Nations Development Program* (UNDP) einer kritischen Durchleuchtung – auch das im Gegensatz zu Kuba, das sich gegen die diskriminierende Behandlung in diesem Bericht nie zur Wehr gesetzt hat.

Andererseits freilich zeigt sich Chávez im Unterschied zu dem (nicht nur in dieser Hinsicht) unerreichbaren Fidel Castro in der politischen Analyse als Anfänger und als historisch halbgebildet, nicht ohne Vorurteile und mit seinen immerhin 51 Jahren impulsiv wie ein Halbwüchsiger. Manche seiner Vorhersagen – z.B. die einer sozialistischen Revolution in den USA – sind von geradezu peinlicher Naivität – Schwächen, die allerdings seine Anhänger wenig stören.

Manchen fällt auch die enorme Dynamik der venezolanischen Revolution und die Vielfalt der Formen der Mobilisierung, in der sie sich ausdrückt, auf und sie vergleichen diese mit den eher eingefahrenen Routinen der kubanischen und der bei allen lautstarken Manifestationen doch erkennbaren Selbstzufriedenheit der Kubaner.

Dabei vergessen sie allerdings, daß die venezolanische Revolution, wie gesagt, gerade in ihr achtes Lebensjahr eingetreten ist, die kubanische hingegen in ihr achtundvierzigstes. Ein angemessenerer Vergleich wäre also mit der kubanischen Revolution im Jahr 1966, und da stand diese, was ihre Dynamik betrifft, der venezolanischen von heute nicht nach.

Dasselbe gilt im übrigen auch für die Bedeutung der Revolutionäre Castro und Chávez für den Fortgang ihrer jeweiligen Projekte. Fidels Rolle ist heute, bei aller Liebe, die ihm entgegengebracht wird, für den Bestand der Revolution nicht mehr ausschlaggebend, 1966 aber war sie es sehr wohl.

Im übrigen kann kein Zweifel bestehen, daß die venzolanische Revolution bisher bei weitem nicht so gradlinig verläuft wie die kubanische es dank ihres überragenden Chefs und dank der wesentlich günstigeren historischen Situation, in der sie stattfand, konnte und kann.

Revolutionär Chávez

Unter Iberoamerikanern, d.h. Lateinamerikanern plus Spaniern und Portugiesen, gilt Chávez einer Meinungsumfrage zufolge nach Fidel und vor Lula da Silva, Vicente Fox und Álvaro Uribe als die zweitbedeutendste politische Persönlichkeit Lateinamerikas. Dementsprechend konzentrieren sich auf ihn nicht nur der Haß der Opposition und des Imperiums im Norden, sondern vor allem auch die Hoffnungen der Bevölkerung.

Weitere interessante Daten finden sich in den Ergebnissen der alljährlichen internationalen Befragung durch das *Latinobarómetro,* einer von der Interamerikanischen Entwicklungsbank, der Weltbank und mehreren lateinamerikanischen Regierungen getragenen Organisation. 2004 stellte dieses fest, daß Venezuela das einzige von 15 lateinamerikanischen Ländern (Kuba nicht eingeschlossen) war, in dem das Vertrauen in »Demokratie« nennenswert zugenommen hatte, und mehr noch: daß dieses Vertrauen seit Chávez´ Amtsantritt mehr als irgendwo sonst – um 14 Prozentpunkte – gewachsen war.

Auch die subjektive Zufriedenheit mit den politischen Verhältnissen hatte in Venezuela am stärksten zugenommen. Nur 51 % der Venezolaner gegenüber 85 % der Peruaner meinten zu diesem Zeitpunkt, daß das Land im Interesse der Mächtigen regiert werde.

2005 wurde Venezuela, von den Venezolanern selbst, als das demokratischste unter jenen 15 Ländern angesehen. Es lag mit 7,6 von 10 erreichbaren Punkten nicht nur über dem lateinamerikanischen Durchschnitt von 5,5 Punkten, sondern auch deutlich über den Werten für die am nächst höchsten bewerteten Länder, Chile, Kolumbien und Mexiko (6,2, 5,8 bzw. 5,1 Punkte). Außerdem erklärten sich 56 % der Venezolaner als »sehr zufrieden« mit ihrer Demokratie, gegenüber 43, 29 bzw. 24 % der Bewohner der genannten Länder. 65 % der Venezolaner erklärten sich mit Chávez´ Regierungsführung einverstanden, 61 % bekundeten Vertrauen zu ihm und 54 % meinten, daß Venezuela ökonomisch voranschreite. 50 % bekundeten auch Vertrauen für Chávez´ Regierungsmannschaft. Die am nächst höchsten bewertete Regierung war die Brasiliens, wo 47 % mit Lula, jedoch nur 26 % mit seiner Regierungsmannschaft einverstanden waren (das allerdings vor den peinlichen Korruptionsskandalen in Lulas Partei).

60 % der Venezolaner bekundeten, über ihre Bürgerrechte Bescheid zu wissen, mehr als in irgendeinem anderen der untersuchten Länder vertrauten auf die Sauberkeit ihrer Wahlen und nur 40 % – die niedrigste Quote – erklärten, politische Vorgänge seien undurchschaubar kompliziert. (Nicht eins dieser Ergebnisse wurde in der etablierten europäischen Presse referiert.)

Drei nicht sehr zuverlässigen Meinungsumfragen neutraler bis regierungsfeindlicher Organisationen zufolge lag Chávez´ Popularität in der ersten Hälfte von 2005 bei 61 bis 81 % – in jedem Fall die mit Abstand höchste Quote im kontinentalen Amerika, nicht zu vergleichen mit der dem Verschwinden sich nähernden Popularität beispielsweise des peruanischen Präsidenten Alejandro Toledo.

In einer dieser Umfragen bezeichneten sich 46 % als Anhänger Chávez´, gegenüber 15 %, die sich als Gegner erklärten. 59 % bekundeten Vertrauen für ihn und 55 % würden ihm in einer Wahl ihre Stimme geben. Erklärtermaßen spielten bei all dem die sozialen Programme der Regierung die ausschlaggebende Rolle.

Einer anderen Umfrage zufolge schätzten 55 % der Befragten Chávez als den besten Präsidenten seit Einführung der »Demokratie« in Venezuela ein. Gleichzeitig drückten 54 % Vertrauen für Chávez´ Politik aus, während 24 % der Opposition den Vorzug gaben. Das MVR ließ mit 42 % der Präferenz bei eventuellen Wahlen *Primero Justicia* (PJ, eine relativ neue rechtsextremistische Gruppierung) und die AD, mit 9 bzw. 6 % weit hinter sich zurück.

Auch wenn nach allgemeiner Zuneigung gefragt wurde, gewannen Chávez und der zuletzt zum Gouverneur von Miranda gewählte (und dabei über einen der vormals maßgeblichen Führer der Opposition, Enrique Mendoza, siegreiche) Diosdado Cabello mit 57 bzw. 42 % der Sympathien über Oppositionsvertreter wie Henrique Salas Feo (Ex-Gouverneur von Carabobo) sowie Julio Borges (PJ) mit 40 bzw. 38 % – die letzteren immerhin noch recht ansehnliche Ziffern.

Feststellungen wie »Venezuela hat sich für immer verändert«, »Chávez hilft dem Volk« oder »Venezuela gehört jetzt allen« wurde von 58 bis 66 % der Befragten zugestimmt. Interessanter noch: Die Behauptung, daß sie jetzt am Ölreichtum teilhätten, der in vorrevolutionären Zeiten nie mehr als 20 % zugestimmt hatten, bejahten jetzt 45 %.

Die Popularität des Präsidenten erreichte in dieser Befragung dagegen »nur« 57 %. Immerhin aber meinten 59 %, daß Chávez mehr an die Gemeinschaft als an sich selber denke. 60 % hielten es für nötig, daß die Opposition neue Führungspersönlichkeiten entwickle, aber 61 % sahen keine solche am Horizont.

Chávez ist mittlerweile ein zuverlässiger Revolutionär, Antiimperialist und Sozialist oder gibt sich jedenfalls immer klarer so zu erkennen. Bislang ist er allerdings noch weit davon enfernt, dem Kapitalismus als solchem den Krieg zu erklären. Was bekämpft werden müsse, meint er, sei nicht der Besitz von Kapital, sondern dessen Konzentration in wenigen Händen.

Manche Beobachter sehen als Kern seiner revolutionären Taktik die Installierung von »Parallelen«, von Institutionen, die mit bestehenden, jedoch mehr oder weniger mangelhaft funktionierenden konkurrieren. *Misión Robinson* und die übrigen Bildungs-»Missionen« als Konkurrenz zum nicht einmal mangelhaft funktionierenden alten Ausbildungswesen; *Barrio Adentro* als Konkurrenz zum nicht einmal mangelhaft funktionierenden alten Gesundheitswesen; MERCAL, Kooperativen, TELESUR, Volksbank, ALBA…

Von radikalen Linken wird Chávez gern seiner Vorsicht, seiner anscheinend naiven Nachgiebigkeit, seiner übertriebenen Geduld, seiner Dialogbereitschaft und Versöhnlichkeit wegen kritisiert. Doch wird man zum einen akzeptieren müssen, daß er sich streng

an die von ihm selbst inspirierte Verfassung hält, die seine Handlungsmöglichkeiten – insbesondere gegenüber dem Rechtsapparat – zum Teil massiv einschränkt. Und zum anderen kann heute kaum mehr ein Zweifel daran bestehen, daß dieses Agieren bisher gefährliche Eskalationen, Gewaltexzesse der Konterrevolution und nicht zuletzt eine ausländische Intervention vermieden hat.

Die physische Beseitigung von Chávez, die von Teilen der einheimischen Opposition, von den Anticastristen in Miami, dem landflüchtigen Ex-Präsidenten Carlos Andrés Pérez, von Exilanten in Kolumbien und einigen Wahnwitzigen in Washington erwogen wird, würde seinem Projekt sehr wahrscheinlich ein Ende bereiten, nicht ohne jedoch einen Bürgerkrieg von völlig ungewissem Verlauf und Ausgang auszulösen. An einem solchen aber – und sei es nur wegen der Abhängigkeit vom venezolanischen Öl – kann auch die sonst so skrupellose Führung in den USA derzeit nicht interessiert sein – ein Umstand, der den Kubanern, nicht aber Chávez klar ist.

Dieser bewegt sich seit längerem mit zunehmender Vorsicht, derart daß er sogar angekündigte öffentliche Auftritte kurzfristig absagt und sich beispielsweise, anläßlich des UNO-Gipfeltreffens im September 2005, anfangs weigerte, ohne seine Leibwache und ohne sein Ärzteteam, denen die Bush-Administration die Einreisevisa verweigerte, den Boden der USA zu betreten.

Je mehr Zeit allerdings vergeht und je weiter die Revolution voranschreitet, wird ein Mordanschlag und erst recht ein militärischer Überfall nur ständig noch riskanter. Das letztere vor allem wegen der seit Anfang 2005 in Gang gesetzten Bewaffnung des Volkes, der einerseits Chávez´ alte Idee einer Allianz zwischen Streitkräften und Volk bzw. einer Integration der Streitkräfte ins zivile Leben zugrunde liegt und andererseits ein Konzept wie das von der kubanischen Regierung seinerzeit auf Reagans Drohgebärden hin entwickelte Konzept des »Volkskriegs« *(Guerra de todo el Pueblo)*.

Die bereits bestehende, den regulären Streitkräften unterstellte Reserve von anderthalb Millionen Soldaten soll um jährlich zweimal 50.000 Mitglieder, Männer und Frauen, aufgestockt werden und einen fünften Zweig der Streitkräfte bilden. Die neuen Reservisten sollen – möglichst in der Nähe ihrer Wohnorte – eine Ausbildung von jeweils viereinhalb Monaten durchlaufen und gleichzeitig allfällige zivile Arbeiten leisten. Ihre Waffen und Uniformen bleiben im Gewahrsam der Streitkräfte.

Was Kuba auf diese Weise geschafft hat, nämlich sich praktisch unangreifbar zu machen, dürfte auch Venezuela gelingen (wozu im Falle von Venezuela kommt, daß ein Überfall am wahrscheinlichsten von Kolumbien aus gestartet würde, dort aber mit dem Widerstand der alles eher als ungeteilt USA-freundlichen Streitkräfte zu rechnen wäre).

Neben dem großen Aufrüstungsprogramm läuft weiterhin die im Oktober 2003 proklamierte *Misión Miranda*. Diese umfaßt aktuell arbeitslose Reservisten im üblichen Sinn und bietet ihnen Mindestlohn, Ausbildung in kooperativer Form und eventuell Zugang zu Kleinkrediten. Schon bei der Verkündigung des Programms standen 50.000 Personen dafür bereit und weitere 50.000 hatten ihr Interesse, sich in naher Zukunft anzuschließen, bekundet.

Mit dem Haß und den Anfeindungen der imperialistischen Mächte im Norden des Doppelkontinents und in Europa werden die venezolanischen genauso wie die kubanischen Revolutionäre bis ans Ende der Zeiten leben müssen. Doch haben sich die Zeiten geändert. Die USA sind trotz ihrer unbestreitbaren (wenn auch durchaus nicht auf Dauer gesicherten) Supermachtposition nicht mehr in der Lage, Südamerika und speziell Venezuela als ihren Hinterhof zu beherrschen und zu dirigieren. Venezuela hat sich dank Chávez´ weitsichtiger Politik politisch unangreifbar gemacht, verfügt über mehr oder weniger zuverlässige Verbündete und nicht zuletzt über bedeutende Ölreserven und andere Reichtümer.

Das Land ist außerdem mit keiner kommunistischen Großmacht verbündet und somit relativ immun gegen die gröbsten Angriffe und gegen Versuche, es in der Region zu isolieren. In allen diesen Hinsichten steht Venezuela besser da als Kuba in den ersten Jahren der Revolution, wo es der Führung eines politischen Genies bedurfte, um die Unabhängigkeit des Landes zu verteidigen.

Zukunftsperspektiven

Der eigentümliche, anscheinend »unmarxistische« Weg einer schrittweisen, friedlichen Umformung der kapitalistischen venezolanischen Gesellschaft wird noch mehrere mehr oder weniger schwierige Etappen zu durchlaufen haben. Und früher oder später wird mindestens ein drastischer Schritt – eine effektive Einschränkung der Macht des

Privatkapitals und seiner Verfügungsgewalt über die Produktionsmittel – getan werden müssen.

Die turbulente Entwicklung, die die Bolivarianische Revolution derzeit durchläuft, macht es fast unmöglich, vorherzusehen, welche Art von »Demokratie« sich da dereinst herauskristallisieren wird.

Da ist auf der einen Seite der charismatische Hugo Chávez, der seinen enormen Einfluß – in fairer Weise, aber eben doch – zu nutzen weiß und dem eine große Mehrheit wie einem Propheten folgt. Auf der anderen Seite ist da das mit seinem Stil kaum vereinbare Konzept der »Volksmacht«, der Machtausübung durch eine aktive, unübersichtlich organisierte, jedoch politisch nicht allzu reife Masse. Nicht zu reden von den heimlichen und den erklärten Feinden der Revolution, den machtbewußten Politbürokraten und der Oligarchie.

Das Imperium wird natürlich jede progressive Veränderung zu verhindern suchen. Doch wehen in Südamerika – und nicht nur dort – ihm eher ungünstige Winde. Es kann, wie gesagt, auf seinem »Hinterhof« bei weitem nicht mehr so ungestört agieren wie im vergangenen Jahrhundert. Es gelingt ihm nicht, eine »Koalition der Willigen« gegen Venezuela zu schmieden. Es gelingt ihm nicht, sein wirtschaftliches Modell – ALCA – voll durchzusetzen. Es gelingt ihm nicht, zu verhindern, daß einige wichtige Länder sich in Richtung Asien orientieren und mit China, Indien, dem Iran und anderen Konkurrenten Kontakte knüpfen und – insbesondere auf dem Energiesektor – kooperieren. Es gelingt ihm nicht, Kuba zu isolieren, und muß sich darein finden, daß 11 der Länder, die den Internationalen Strafgerichtshof ratifiziert haben und sich weigern, eventuellen US-Verbrechern Straffreiheit zu gewähren, lateinamerikanische sind.

Hinzu kommt die, gelinde gesagt, schwierige Situation im Nahen Osten, wo die USA sich im afghanischen und im irakischen Sumpf gefangen sehen. Speziell das offenbar scheiternde Irak-Abenteuer bzw. der unzähmbare irakische Widerstand muß als der wichtigste Faktor gesehen werden, der den Südamerikanern den Rücken frei hält – ein Zusammenhang der in Caracas allem Anschein nach nicht gesehen wird.

Die Herren und Damen in Washington stehen vor der zur Zeit

unlösbaren Aufgabe, für neue kriegerische Abenteuer Kämpfer zu gewinnen. Erwiesenermaßen wird dennoch im Pentagon, in der CIA und im Weißen Haus mit dem Gedanken gespielt, Venezuela militärisch oder mit einer neuen Variante von Putsch anzugreifen, und erwiesenermaßen werden auch entsprechende Dokumente erarbeitet.

Derartige Gedanken und Pläne zu verwirklichen, besteht aber bis auf weiteres keine Möglichkeit. Und so hat die bolivarianische Revolution ebenso gute Aussichten, sich zu behaupten, wie die kubanische.

Das große geopolitische Ziel, das Chávez und Fidel verfolgen, eine lateinamerikanische Emanzipation und Einigung, erscheint erreichbar. Mit einer »Ansteckung« der derzeit befreundeten Länder mit Chávez revolutionärer Praxis ist bis auf weiteres nicht zu rechnen, wohl aber andererseits mit der Skrupellosigkeit der US-amerikanischen und der mit ihnen befreundeten Geheimdienste, die in ganz Lateinamerika präsent sind.

Fraglich erscheint auch, ob mit einer solchen Integration, wovon manche träumen, auch das Problem der Unterentwicklung, richtiger gesagt: der Unterlegenheit gegenüber den imperialistischen Mächten, gelöst werden kann. Diese verdanken ihren Vorsprung ja nicht ihrer Einigkeit, die relativ jungen Datums ist, sondern ihrer Effizienz bei der Eroberung und Ausbeutung von Kolonien. Und damit werden sie fortfahren, auch wenn Südamerika teilweise ihrer Kontrolle entgleiten und China als ernsthafter Konkurrent aufsteigen sollte. In diesem Punkt hat kein südamerikanisches Land Aussicht, etwas aufzuholen.

Und welchen Effekt werden Texte wie der vorliegende haben? Chávez wird Wahlen gewinnen können, so viele er will, die imperialistischen Agenturen und Medien werden im Vollgefühl ihrer Macht weiterhin seine Leistungen ignorieren oder herunterspielen und ihn in die Ecke der verdächtigen Populisten, der Diktatoren und Kommunisten zu stellen wissen. Und die große Masse der Medienkonsumenten wird ihnen das willig abkaufen

An Stelle eines Literaturverzeichnisses

In der heutigen Zeit der Informationsverbreitung via Internet ist es fast unmöglich, die Unzahl der für den vorliegenden Text benutzten Quellen festzuhalten und einzeln zu zitieren. Für den Text selbst wurden hauptsächlich folgende Netzzeitungen beutzt:

venezuelanalysis.com - rebelion.org - argenpress.info - aporrea.org
rnv.gov.ve - venpres.gov.ve - abn.info.ve - jornada.unam.mx
inamujer.gov.ve - handsoffvenezuela.org - tribuna.inf.br
venezuela.gov.ve - gobiernoenlinea.gov.ve - wdrc.cubaresearch.info
panorama.com.ve - ultimasnoticias.com.ve - espacioautogestionario.com
globovision.com - cadenaglobal.com

Außerdem die Papierzeitungen »Liberación« (Malmö – mit besonders großem Gewinn), Proletären (Göteborg) und junge Welt (Berlin).

Von der großen Zahl von Autoren, deren Texte benutzt wurden, sind vor allem zu nennen:

Heinz Dieterich Steffan, Marta Harnecker, Sarah Wagner und Gregory Wilpert.

Außerdem –
Fernando Buen Abad Domínguez, Leobardo Acurero, Philip Agee, Ricardo Alarcón de Quesada, Michael Albert, Charley Allan, Laia Altarriba, Bernardo Álvarez, Leonardo Anoceto, Fernando Arellano Ortiz, William M. Arkin, Julian Armington, Jorge Arreaza, Maximilien Arvelaíz, Carlos Aznárez, Dario Azzellini, Daniel Badenes, Luis Báez, Richard Bagley, Teo Ballvé, Diana Barahona, Simone Baribeau, Areanny Bastidas, Horacio Benítez, Federico Bernal, Jeremy Bigwood, Larry Birns, Miguel Bonasso, Pascale Bonnefoy, Fernando Ramón Bossi, Luis Britto García, Julian Brookes, David Brooks, Roger Burbach, Bill Burgess, Joaquín Bustelo, Julia Buxton, Orlando Cáliz, Stella Calloni, Arturo Cano, Ernesto Carmona, Mike Ceasar, Elio Cequea, Noam Chomsky, Efraín Chury Iribarne, Ignacio Cirio, Luisiana Colomine, Marcelo Colussi, Emilio J. Corbière, Juan Pablo Crespo, Alberto Cruz, Carlos Enrique Dallmeier, Benjamin Dangl, John W. Dean, Ricardo De Dicco, Guayú De Falkón, Justin Delacour, Bernardo Delgado, M. Delgado Marcucci, José Del Grosso, Seth DeLong, Thierry Deronne, Edouard Diago, Eleazar Díaz Rangel, Blanca Eekhout, Rosa Miriam Elizalde, Steve Ellner, Abigail Elwood, Tom Engelhardt, Dick Emanuelsson, Gabriel Espinosa González, Richard Estes, Nancy Faría, Gerardo Fernández Casanova, Gustavo Fernández Colón, Jainelly Fernández Urdaneta, Wilmer Ferrer, José Daniel Fierro, Alejandra Fleitas, Bill Fletcher jr., Ariel Florit, Francisco Forteza, Edith Franco, Joshua Frank, Alan Freeman, Federico Fuentes, Gabriel Furshong, Dawn Gable, Stan Gacek, Helio Gallardo, Nelson Gámez, Homar Garcés, Antonio Guillermo García Danglades, Guillermo García Ponce, Jesus »Chucho« García, Leocenis García, Franck Gaudichaud, Jonah Gindin, Al Giordano, Eva Golinger, Fernando Omar Gómez, Gonzalo Gómez, Humberto Gómez García, Jorge

Gómez Barata, Alejandro González, Ángel González, Edgar González Ruiz, Juan González, Amy Goodman, Tomás Gorman, Eleonora Gosman, Richard Gott, Martín Guédez, Ángel Guerra Cabrera, Modesto Emilio Guerrero, María Antonieta Guevara Rengel, Félix Gutiérrez, Janeth Gutiérrez Blanco, David Hernández Castro, Edgard A. Hernández, Luis Hernández Navarro, Érika Hernández Orozco, Miguel Ángel Hernández Arvelo, Héctor Herrera Jiménez, Karen Hill, William E. Izarra, Jesse Jackson, Deborah James, Kiraz Janicke, Claudia Jardim, Roberto Jorquera, Michael Keefer, Ted Koppel, Nikolas Kozloff, Jeroen Kuiper, Yannick Lacoste, Gustavo Lahoud, Indira A. R. Lakshaman, Renaud Lambert, Saul Landau, Edgardo Lander, Maitane Larrañaga, Marcelo Larrea, Michael A. Lebowitz, Maurice Lemoine, Michael Levenson, Félix López, Ricardo López, María Gabriela Lozano, Miguel Lozano, Hampden Macbeth, Guillermo Magariños Martínez, Antonio Maira, Teresa Maniglia, Roberto Mansilla Blanco, Emilio Marín, Humberto Márquez, Jorge Martín, Manuel C. Martínez M., Rubén Martínez Dalmau, Judith Martorelli, Gary Marx, Benjamin Mast, Linda McQuaig, Félix Alfredo Méndez Correa, Jorge Mier Hoffman, Susan Milligan, Frida Modak, Yolanda Monje, Alberto Montero Soler, Heilet Morales, Carmen Moreno, Jesús Moreno, Maikel Moreno, Hugo Moyer Agostini, Stuart Munckton, Carles Muntaner, Ike Nahem, Ernesto J. Navarro, Guillermo Navarro Jiménez, Harald Neuber, Ralph. T. Niemeyer, Robin Nieto, Tobías Nóbrega, Brenda Norrell, Eduardo Núñez, Miguel Ángel Núñez, Néstor Núñez, John Olmsted, Javier Ortiz, Hugh O'Shaughnessy, Estanslao Oziewicz, Chhandasi Pandya, Christian Parenti, Alessandro Parma, Maira Cecilia Perozo, James Petras, John Pilger, José Pinto, Justin Podur, Julio Pomar, Hugo Presman, Susan Price, Edgar Ramírez, James S. Rafael Ramírez, Jessica Resnick-Ault, Héctor Reyes, Luis Jonás Reyes Flores, Domingo Riorda, Yensi Rivero, Ramón Rocha Monroy, Alí Rodríguez Araque, Angel Rodríguez Alvarez, Arleen Rodríguez Derivet, Eduardo Rodríguez-Baz, Javier Rodríguez, Wilfredo Rojas, Fred Rosen, Iván Oliver Rugeles, Manuel Rugeles, Hugo Ruiz Díaz, Jorge Eduardo Rulli, Gil Ricardo Salamé Ruiz, Ramón Samblas, Edwin Sambrano Vidal, Roberto Sanabria, Álvaro Sánchez, Isaac Saney, Abel Sardiña, Kim Scipes, David Segarra, Pascual Serrano, Jim Shultz, Clete Sojo, Toni Solo, Isrrael Sotillo, Vinod Sreeharsha, João Pedro Stédile, Lee Sustar, Roberto Justiniano T., Américo Tabata, Manuel Talens, Ernesto Tamara, Fabrice Thomas, Noelio Tiuna, María Toledano, Juan Torres López, Igor Torrico, Eric Toussaint, Adalberto Trejo, Luismi Uharte Pozas, Eleuteria Uhuru, Francisco Valderrama Mutis, Manuel Valencia A., Rosa Elvira Vargas, America Vera-Zavala, Flavia Vern, Roberto Viciano Pastor, Ana María Villasmil Canga, Vladimiro Villegas, Mark Weisbrot, Carol J. Williams, Margarita Windisch, Mike Whitney, Alan Woods, Augusto Zamora R., Raúl Zibechi.

Bei der anfangs zitierten Arbeit über die Ressourcennutzung in 160 Ländern der Erde handelt es sich um die Arbeit des Autors »Soziale Gleichheit und Frauenrechte im weltweiten Vergleich«, Köln: PapyRossa 1998.

Personenregister